大河歷史小說

通天門

❷

양량의 전투

大河歷史小說

通天門

❷

양량의 전투

솔과학
SOLGWAHAK

글을 쓰면서

고구려인은 우리와 한 핏줄을 이은 겨레로서 자랑스런 우리 역사의 일부분임에 틀림이 없으나, 중국은 오히려 자신의 변방사로 치부하려는 시도를 끊이지 않는 것이 현실이다. 오늘날에 와서는 고구려에 대한 사료의 부족과 북한에 위치하는 지리적인 상황으로 말미암아 관심이 소홀하고 얼마간 신기루와 같은 환상적 신비주의에 빠지는 과오를 범하기도 한다.

나는 이 소설에서 어떤 역사적인 한 인물을 영웅시하여 일대기적인 영웅담을 이야기하려는 것보다는, 오히려 중국의 통일 제국인 수, 당과 극단적 대립관계에 있었던 고구려인들의 사상과 행적을 다루면서, 수, 당의 입장이 아니라 철저한 고구려의 입장에서 사건과 내용을 파악하고 고구려인의 위대한 기상과 투혼을 노래하고자 했다.

또한 재미에만 충실한 황당무계한 이야기를 꾸며냄으로써 본말(本

末)을 오도(誤導)하는 내용은 삼가고 가급적 사서의 기록내용에 충실하고자 하였지만, 한편 전설이나 야담류의 이야기에도 관심을 가지고 귀를 기울여 새롭게 재구성하고자 했다.

역사란 인류의 지나간 발자취로써 인간의 지적·예술적·사회적 활동의 총체적 산물을 의미한다. 그리고 역사인식의 대상과 내용은 시대와 역사의식의 발전에 따라 다양하게 변모를 겪어왔다. 중국을 비롯한 동양에서는 역사를 사(史), 감(鑑), 통감(通鑑), 서(書), 기(記) 등으로 썼는데, 왕조를 중심으로 한 통치제도를 중시하여 사관의 자의적 해석은 배제되고 군주와 신하 등 이른바 지배계층의 업적이나 언행 등의 정확한 기록을 중시하였다. 그리고 사관이나 집필자의 견해는 사론·찬(贊)·안(案)·평(評)이라는 제목으로 역사의 기록과 구분해 붙였다.

동양의 성인으로 추앙받고 있는 공자는 객관적인 사실에 입각한 기사(記事)와 대의명분에 입각한 자신의 판단에 따라 직분을 바로잡는 정명(正名), 칭찬과 비난을 엄격히 하는 포폄(褒貶)의 3대 원칙 아래 춘추(春秋)를 집필하였는데, 이후로 중국에서는 역사기록의 근본정신이 되었다.

올곧은 몇몇 사관은 목숨을 걸고서라도 역사적 사실을 지키려하였지만 심지어 당태종과 같은 군주들도 사관의 기록을 간섭하고 보고자 했기 때문에, 오히려 군주에 대한 충성을 요구하는 유교적 정통성의 명분론에 가려져 적당한 곡필과 왜곡도 서슴없이 자행되기도 했다.

특히 중국 측 사서기록은 중국의 왕실을 중심으로 한 것이어서 고구려, 백제, 신라, 왜, 유구, 거란, 말갈, 토번, 토욕혼, 언기, 돌궐, 설연타 등 역사상 헤아릴 수 없이 많이 존재했던 중국 주변의 다른 나라들에 대해서는, 이른바 중국의 입장에 따라 직분을 바로 잡는 정명과 포폄이 빈번하게 행해졌기 때문에 역사 왜곡의 문제가 심각하게 제기되고 있는 실정이다.

우리나라에서는 일제시대라는 질곡의 역사를 거치면서 부왜민족반역자들의 식민사관으로 심각한 훼손을 입었고 또한 시라도리(白鳥庫吉)나 이케우치(池內宏) 등의 일본학자들이 주도한 이른바 사료의 검증과 비판을 중시한

실증사학이 횡행하였는데, 이는 이미 한 차례 곡필로써 왜곡된 사서의 내용들이 오히려 정통성을 확립하는 결과를 낳고 말았다.

독일의 고고학자 하인리히 슐리만은 당시의 사학자들과는 달리 일리아드 오디세이의 내용을 한갓 신화나 전설의 일부로 노래 가사로만 치부하지 않고 마침내 트로이를 발굴해 냄으로써 사실적 역사임을 증명하였음은 결코 간과할 일이 아니다.

눈을 감고 생생이 들어보라, 광활한 요동 벌판을 거침없이 내달으며

외치던 고구려인의 함성을! 이제 이 글에서 그들의 전설이 눈앞에 펼쳐질 것이다.

  마지막으로 이 글을 쓰는데 여러 가지 조언을 아끼지 않은 여러분들과 기꺼이 출판을 허락해 주신 솔과학(당고) 출판사 사장님께 감사를 드린다.

2011년 10월 정상규

次例

0. 글을 쓰면서 / 4

1. 요서 대장정 /11

2. 양량의 원정 / 59

3. 흔들리는 삼국 / 105

4. 아막산성의 혈전 / 145

5. 모반의 싹 / 169

6. 양제의 등극 / 205

7. 양량의 난 /243

8. 은원의 굴레 / 283

9. 제1차 여수전쟁 / 313

제 1 장

요서 대장정

진(陳)을 병합한 문제는 군인들을 노고를 치하하여 50세가 되면 부역을 면하게 하고 군역을 그들의 고향에 있는 주현에 속하게 하는 등 민심잡기에 나섰다.

또한 남방에 대한 통치를 강화하기 위하여 지방 관리들을 중앙에서 직접 파견하였다. 하지만 이런 정책은 남방 세가 대족이나 지주들의 정치, 경제 특권에 심히 위험이 미쳤기 때문에 반란이 끊임없이 일어났다.

"더 이상 두고 보아서는 안 된다."

대노한 문제는 양소(楊素)를 대장으로 삼아 반란을 평정하게 하였는데 양소는 천여 리를 돌아 복건(福建), 천주(泉州)까지 나아가 전면적인 승리를 거두었다.

광동령남(廣東嶺南)의 소수 강호 추왕(酋王)이 진의 구 귀족들과 내통하고 내란을 일으켰는데 양소는 군사를 돌려 이들도 진압하였다. 이때 양소는 앞으로는 절대로 반란이 일어나지 못하게 완전히 짓밟아 버리기 위해, 추왕의 군사들은 물론이고 백성들도 사정없이 살육하였고, 부녀자들을 마음대로 겁간하게 하였으므로 그 참혹함이 이루 말할 수 없었다.

하지만 반란의 기운은 수그려 들지 않아 번우이(番禺夷)의 반란이 있었고, 이듬해는 등왕(滕王) 찬(瓚)이 역모를 꾀하여 주살 당했다.

연이어 난(亂)이 일어나자 문제는 마음이 불안했다. 불사를 크게 올려 나라의 태평을 기원해 보았으나 별로 신통한 기분이 들지 않았다.

마침 등왕 휘하에 소길(蕭吉)이라는 도사가 있었는데 점술에 능하였다. 세상 사람들은 '신인'(神人)이라 일컬으며 신봉하여 그를 따르는 제자만 천 명이 넘었다.

그는 진나라 말기에 나라가 망할 것을 예언했다가 관(官)에 쫓겨 산속에 숨었다. 과연 몇 해 지나지 않아 진나라가 망했는데 등왕이 신통하게 여겨 휘하에 두었다. 그런데 등왕이 반란을 실패하고 주살 당하자 소길은 달아나 양자강 근처에서 어부 노릇을 하고 숨어 있다가 붙잡혔다.

수문제가 그를 장안으로 불러 들였다.

"네가 전일에 진(晉)의 멸망을 예언한 것이 사실이냐?"

"진이 망할 징조는 세 번이나 있었으니 천기(天機)를 볼 줄 아는 사람이라면 누구나 알았을 것입니다."

문제가 흥미가 생겨 물었다.

"네가 말하는 망할 징조라는 게 도대체 무엇이더냐?"

"지금부터 십여 년 전에 양자강에서 큰 거북이 붙잡힌 적이 있었습니다. 어부들이 배를 가르자 그 속에 글이 나왔는데 진은 보름달이요 수는 초승달이라는 글이 있었습니다."

"보름달이란 크고 밝지 않은가?"

"보름달은 이미 찼으니 이지러질 것이요, 초승달이란 반드시 크게 차게 되는 것이 이치입니다."

문제가 얼굴에 화색을 띠면서 고개를 끄덕였다. 소길은 신이 난 듯 말을 계속 이었다.

"두 번째 징조는 진나라 왕성의 하늘에서 별들이 우박처럼 쏟아졌으니 그것은 수많은 목숨이 떨어질 것을 암시한 것입니다."

"세 번째는 무엇인가?"

"진 선제(先帝)의 능(陵) 앞에 세워둔 비석에서 보름 동안이나 붉은 땀이 그치지 아니하였으니 이러한 일들은 모두 진의 멸망을 알리는 징조였습니다."

문제가 갑자기 사나운 목소리로 호통 쳤다.

"이런 무엄한 놈. 어느 안전이라고 감히 함부로 입을 놀리려드는가. 네놈이 정녕 천기를 안다면 어찌하여 등왕의 편에 서서 반란에 가담했는가?"

소길은 눈앞이 캄캄해지고 등에 식은땀이 흘렀다. 자칫 잘못 입을 놀리다가 당장이라도 목이 떨어질 판이었다. 간신히 마음을 가다듬고 조심스레 입을 열었다.

"천하의 운세가 장안에 있으니 반란은 결코 성공할 수 없었습니다. 등왕이 신의 말을 들었다면 결코 반란을 꾀하지 않았을 것이요 신 또한 등왕의 말을 따랐다면 지금 이 자리에 있지 않을 것입니다."

문제는 노여움이 누그러진 듯 약간 부드러운 목소리로 다시 물었다.

"그대는 짐을 위하여 수(隋)의 국운을 점쳐보라."

소길이 난감한 표정으로 문제를 올려다보았다. 그리고 조심스럽게 말을 이었다.

"천기를 누설하고 목숨을 보전한 자는 없습니다. 불행히 저의 목숨은 헤아리지 못하니 어찌 함부로 입을 놀리겠습니까?"

"바른대로만 말한다면 너의 목숨은 내가 보장할 것이어니와 만약 속인다면 하늘에 맡겨야 할 것이다."

문제의 다짐을 받은 연후에야 소길이 입을 열었다.

"겉이 단단한 밤이나 호두는 안에서 썩는 법입니다. 옛날 진시황제는 흉노를 두려워하여 만리장성을 쌓아 지켰으나 종래에는 안에 있는 도적 환관 조고 때문에 나라를 망치고 말았으니 바로 이러한 이치입니다.[1]

폐하께서는 천도(天道)를 받들어 천하를 평정하시자, 변방의 나라들이 모두 달려와 조공을 바치게 되었습니다. 하지만 좋은 비단에는 좀이 잘 슬고, 아름다운 구슬에는 흠이 나기 쉬운 법입니다.

나라의 일도 이와 같아서 태평성대가 오면 간사한 무리들이 자신의 부귀를 위하여 일을 꾸미고 참언을 일삼는 법입니다. 모름지기 나라에 법을 엄히 세워 권신들을 먼저 따르게 하고 아래로는 백성들에게 예법을 권장하여 풍속을 아름답게 한다면 능히 천년 제국을 이룰 것입니다."

쾌도난마와 같은 소길의 설명을 듣자 답답했던 문제의 마음은 저절로 풀리는 듯 했다. 더구나 천년제국이란 말을 듣자 입이 함박만 하게 벌어졌다.

---

1) 李斯와 趙高 등의 奸計에 의해 훗날 항우에게 나라가 망함

그 자리에서 소길을 풍수사로 임명하고 비단 열 필을 상으로 내렸다.

그리고 각 주군(州郡)에 영을 내려 형 집행을 엄정하게 하도록 지시하고, 아무리 권신들이라 하더라도 사형(死刑)은 사사로이 하지 못하게 하여 대리(大理)로 옮겼으며 그해 12월에는 사신을 보내어 토지를 나누어 주었다.

한편 다르빈을 포살한 동돌궐의 막하카한은 서돌궐마저 멸망시키고자 하였다. 이듬해 대군을 일으켜 공격하였지만 빗발치듯 쏟아지는 화살에 맞아 어이없게도 전사하고 말았다.

막하카한의 아들인 아사나염간(阿史那雍染干)[2]은 제 아비를 이어 카한에 욕심을 내었다. 여러 부족장들을 찾아가 자신이 카한의 위를 이어야 한다고 주장했지만 돌궐에서는 형제상속이 원칙이었기 때문에 토이[3]의 결정에 따라 막하카한의 동생인 아사나옹우려(阿史那雍虞閭)[4]가 즉위하였다.

도람카한은 성격이 거칠고 호전적이었다. 그는 돌궐이 항상 서로 싸워 중국에 오히려 지배당하는 것을 분하게 여겼다.

"우리 돌궐족은 하나로 뭉쳐야 한다."

이렇게 선언하고 아파카한 다르빈의 뒤를 이어 즉위한 이리카한(泥利可汗)[5]에게 사람을 보내어 말했다.

"우리는 한 조상을 모신 형제들이 아닌가. 간악한 수주가 우리를 이

---

2) 돌리카한(突利可汗)
3) Toy(귀족회의)를 말함.
4) 도람카한(都藍可汗)
5) 양소특근(壤素特勤)의 아들

간질하고 있으니 더 이상 그들의 꼭두각시놀음을 해서는 안 된다.”

이렇게 약속하고 수를 크게 공격하였다.

도람카한과 이리카한의 군사들이 합세하여 무서운 기세로 진격해오
자 수군들은 곳곳에서 패했다. 돌궐 사정에 능통한 장손성이 말했다.

“돌궐족들이란 떠돌이 유목민들이어서 궁술과 기마술이 뛰어나므로
군사들로서 제압하려면 엄청난 희생을 치러야 합니다. 그러나 그들은
야만적이고 욕심이 많아서 눈앞에 이익이 보이면 언제든지 태도를 돌
변하는 무리들입니다.

북변의 소카한 돌리카한(突利可汗)[6]란 자는 막하카한의 아들로서
숙부인 도람카한에게 위를 빼앗긴 것에 대하여 원한을 품고 있습니
다. 그 자를 이용하여 내분을 일으키면 됩니다.”

돌궐은 수의 큰 골치 덩어리였다.

그런데 도람카한과 이리카한이 합세하여 동서 돌궐이 동맹을 맺으
면 수의 운명도 풍전등화와 같았다. 문제가 장손성의 건의를 받아 들
여 많은 재물을 보내어 회유하자 돌리가 칭신을 약속했다.

“폐하께서 저를 도와주신다면 상국(上國)으로 모시겠습니다.”

이에 문제는 돌리와 밀약을 맺고 3만 명의 정예군사와 막대한 군수
물자를 보내었다.

뜻밖에 돌리의 역습을 받은 도람카한은 대노했다.

“원수와 내통한 자는 반드시 죽여야 한다.”

서돌궐의 타르두와 다시 연맹을 맺고 대군을 끌고 돌리를 공격했다.
돌리는 정예 5천 기병을 내세워 싸웠으나 날랜 타르두의 군사를 상대

---

6) 계민카한(啓民可汗)이 된다.

하기에는 역부족이었다. 순식간에 몰살당하자 수의 군사들은 뿔뿔이 달아나 버렸다.

다급해진 돌리는 전에 사발략카한이 도망쳤던 수의 변방인 박도천 (白道川)에 은거하여 수에 칭신하고 또 혼인을 맺음으로써 의탁하고 자 하였다.[7]

"신(臣)은 항상 중화의 우수한 문화를 사모하였으므로 이제부터라 도 대국으로 섬기고자 합니다. 마땅히 궁인(宮人)을 내리시면 부마가 되고자 합니다."

야심이 많은 진왕 양광은 이 기회에 돌리를 자신의 세력권으로 끌어 들이고자 생각하고 적극적으로 추천했다.

"타르두는 사납고 용맹하여 다루기 어렵습니다. 돌리가 패망한다면 서돌궐의 날카로운 칼날은 바로 우리에게 향할 것입니다. 돌리를 거 두시는 것이 현명합니다."

이렇듯 강성한 서돌궐은 수의 가장 큰 걱정거리였다. 그런데 돌리가 스스로 속국이 되어 부마가 되기를 청하니 거절할 이유가 없었다.

박도천(白道川)의 대리성(大利城)에다 카한정(可汗庭)을 설치하고 그를 위로하며 의리진두계민카한(意利珍豆啓民可汗)이라는 카한호 (可汗號)를 내리고 종실 안의공주(安義公主)를 시집보냈고 뒤이어 문 제의 막내딸인 의성공주(義成公主)를 출가시켜 부마로 삼았다.

의성공주는 훗날 양제가 안문성에서 시필카한(始畢可汗)의 공격을 받아 위태롭게 되었을 때 결정적으로 구원하게 된다.

---

7) 597년

이때 엉뚱한 사건이 일어났다. 계민을 치고 동돌궐을 장악한 도람카한은 포악한 성정을 그대로 드러내어 마음에 들지 않는 부족이나 신하들은 가차 없이 처형했다. 그러나 그의 학정에 불만을 품은 부하들이 모반을 일으키자 도람카한은 2년도 채 가지 못하고 암살당하고 동돌궐은 큰 혼란에 빠졌다.[8]

야심만만한 서돌궐의 타르두가 그런 좋은 기회를 놓칠 리가 없었다. 돌궐을 통일하여 옛 영화를 다시 일으키고자 하였다.

"지금이야말로 위대한 돌궐제국을 다시 일으킬 때다."

대군을 일으켜 동돌궐로 진격하여 도람카한의 영지를 모두 점령하고 계민의 거주지인 박도천도 공격했다. 이때 타르두는 스스로 돌궐의 진정한 대카한인 보가카한(步迦可汗)이라 칭하며 끝끝내 저항하는 동돌궐의 소카한들을 무자비하게 공격했다.

도람카한의 충실한 부하였던 철륵계 부족들은 보가카한의 침략을 견디지 못하고 여러 부락민을 이끌고 수에 투항하여 이후로 이들의 문제는 당나라까지 이어져 항호(降胡)의 문제를 일으키게 되었다.

한편 계민카한이 수의 군사를 빌려 항전하자 타르두가 대노하였다.

"여우와 같이 교활한 수부터 없애야 한다."

군사를 돌려 수의 장안 백여 리까지 위협해 들어왔다.

"철륵은 타르두와 원한이 깊습니다."

고경의 건의를 받은 문제는 셀렝게강 유역에 거주하고 있던 철륵부족들을 부추겼다.

"대규모 무기와 군수물자를 원하는 대로 주겠다. 타르두를 저지하

---

8) 서기 599년

면 그 땅도 주겠다."

많은 재물과 영지에 욕심이 난 철륵의 소카한들은 수와 밀약을 맺고 대규모 반란을 일으켜 타르두를 역습했다. 서돌궐의 소칸인 이리카한과 육야구브[9]가 이들의 진압에 나섰다가 대패하였고 이 전투에서 이리카한은 철륵의 장수의 창에 찔려 그 자리에서 즉사했다.

당시 토욕혼은 서돌궐의 영향력 아래 놓여있었는데 철륵의 반란에 영향을 받아 자립을 선언했다. 타르두는 토욕혼을 버려두면 다른 부족들까지 반란을 일으킬까봐 걱정했다.

친히 군사를 이끌고 토벌에 나섰는데 깎아지른 듯 높은 절벽 위에 있는 성을 공격하다가 커다란 바위에 맞아 중상을 입은 뒤 그 후유증으로 죽고 말았다.

막강한 군사력을 자랑했던 타르두가 어이없이 전사하자 서돌궐은 급격히 쇠퇴했고 수의 보호를 받던 계민은 막북의 적대세력을 모두 제압하여 다시 동돌궐의 지배자가 되었다.

이때 계민의 세력을 의식한 장손성이 또 계책을 올렸다.

"계민의 휘하에는 2만 장(帳)이 있습니다. 그 세력을 분산시키는 것이 좋습니다."

1만 장은 약 오만 명으로 계민이 거느린 10만의 대군은 언제든지 수의 위협이 될 수 있었던 것이었다. 문제가 옳게 여겨 그 부하 5만 명을 오르도스로 이주시킴으로써 수는 마침내 북방의 근심을 잊을 수 있었다.

---

9) 육엽호카한(陸葉護可汗)

문제는 평소 근검절약을 중히 여겼다. 그래서 자신은 물론이고 황자들에게도 항상 검소하게 살도록 명령하였는데 한번은 관중에 기근이 들어 초근목피로 연명하는 백성들이 많았다.

문제는 걱정하면서 국고를 풀어 구휼하게 하였고 고관대작들이 사사로이 술을 빚는 것을 금하였다. 또한 자신의 식사에도 술과 고기를 올리지 못하도록 명령을 내렸는데 셋째 황자인 진왕(秦王) 양준(楊俊)은 부친 몰래 화려한 궁실을 만들었다.

문제가 이를 알고 양준을 구금하였다.

약삭빠른 양소(楊素)는 문제가 양준을 곧 풀어 줄 줄 알았기 때문에 자신이 선수를 쳐서 진왕을 위하여 두둔했다. 그러나 그것은 큰 오산이었다.

노여움이 풀리지 않은 문제가 오히려 꾸짖었다.

"황자와 백성의 법률은 오직 하나일 뿐이다. 그렇지 않으면 어찌 황자의 법률을 다시 세워야 하지 않겠는가?"

이토록 엄격하게 법을 집행하여 관직을 빼앗고 하옥시켜 버렸다. 이에 다른 관리들도 감히 딴 마음을 품을 수 없었다. 자연히 탐관오리가 없었고 사회질서가 안정이 되었다.

또한 풍속을 순화시키기 위하여 예악을 일으키기에 힘을 쏟아 신악(新樂)을 반행(頒行)하였으며, 공경(公卿) 이하의 신하에게 직전(職田)을 반급(班給)하여 국가체제를 강력하게 바로잡았다.

595년 정월, 아직도 눈바람이 거세고 대지는 꽁꽁 얼어붙어 있었다. 신년 하례식을 끝낸 직후 문제가 유사(有司)를 불러 명하였다.

"짐이 보위에 오른 후에 천하가 평안히 다스려지니 오륜이 바로 서고 풍속이 아름답게 되었다. 이러한 모든 것은 천지신명께서 돌보신 것이니 봉선제(封禪祭)를 올리고자 한다."

고대 중국에서는 제천의식을 중히 여겨 국가제례 중에서 으뜸으로 여기고 주로 도성 밖 교외에서 행하였다. 보통 왕으로 불리워지는 제후(諸侯)들은 사직(社稷)에만 제사를 지낼 수 있는데 반해, 봉선제(封禪祭)란 하늘에 대한 제천의례를 말하는 것으로 오로지 천자만이 올릴 수 있었다.

봉선은 본래 천인감응의 황노사상(黃老思想)[10]에 기반을 둔 태산에서의 천지 제사를 의미하는 것인데 옛 주나라 시절부터 행해졌다고 한다.

진시황은 천하를 통일한 후에 황제(黃帝) 신화를 실현코자 주나라 이후 명맥이 끊어졌던 봉선의식을 거행하기로 하고 오악(五嶽)의 으뜸인 태산(泰山)을 등봉하였다.

한 무제도 원봉 원년 제왕의 천명성을 드러내어 태산 등봉을 재현하면서 이후 5년마다 거행되는 국가의 큰제사로 발전하기에 이른다. 이때 태사(太史) 사마담이 주남(周南)[11]에 가 있었기 때문에 참석하지 못했다.

사마담은 이를 한하여 죽음에 이르렀는데 회수와 낙수 사이에서 아들 사마천을 만나 '너는 후일 태사가 되어 내가 말하는 바를 잊지 말라.'고 유언을 남긴 것으로 유명하다.

후한의 광무제 이후 중국 대륙이 어지러워지면서 봉선제는 한 동

---

10) 황제 헌원과 노자의 사상
11) 낙양을 말함

안 폐지되었는데 수 문제가 개황 15년에 태산에 순행하여 다시 거행하였다.

봉선이란 왕조의 성공을 하늘에 알리는 것일 뿐만 아니라, 군주가 권력을 얻기 위해 저질렀던 자신의 죄를 갚기 위하여 신령에게 스스로를 바치는 속죄의 의례행사였다.

그러므로 봉선의식의 가장 중요한 요점은 군주가 자신의 대체물로서 상제에게 바친 희생물이 당연히 받아들일 것이라고 확신이 서야 했다.

이러한 확신은 개국시조나 정치적으로 걸출한 업적을 남겨 상서로운 징조가 출현하는 등 특별한 경우에만 정당화되었다.

문제 역시 이 행사를 매우 중요하게 여겼다. 어가(御駕)를 동순(東巡)하여 태산으로 향할 때 비빈들은 물론이요 만조백관들까지 동행하게 하였다.

이때 죽간자(竹竿子)를 든 사람이 인도하면 그 뒤로는 여러 악사와 무희들이 음악에 맞추어 춤추었으며 앞뒤로 선 호위 무사들만 천여 명이요 대신과 후궁들의 가마까지 합하여 그 길이가 10 리나 되었다.

어가가 태산에 이르자 수백 명의 군사를 동원하여 제단을 9단이나 쌓고 준비해 온 음식과 제물을 차리게 하였다. 이때 의장으로는 앞에는 금월부(金鉞斧)와 금은장도(金銀粧刀), 표미번(豹尾旛), 금절(金節)을 세우고 그 뒤로는 황양산(黃陽繖), 황룡선(黃龍扇)과 홍룡선(紅龍扇), 황개(黃蓋), 영자기(令字旗), 전도황기(前導黃旗), 금은횡조(金銀橫爪), 금은입조(金銀立爪) 등이 줄을 이어 따랐다.

문제는 스스로 제관이 되어 축문을 읽고 여덟 번 절하며 축원하였는데 문득 동쪽에서 큰 회오리바람이 불어와 태양이 빛을 잃고 좌우가 캄캄해졌다.

문제가 안색이 변하여 풍수사인 소길에게 물었다.

"짐이 정성을 다하여 제사를 올리고 축원하였건만 이런 변괴가 일어나는 것은 무슨 까닭인가?"

소길이 육효(六爻)를 펼쳐 점을 친 뒤 아뢰었다.

"천지가 변동이 심하여 아직 안정되지 않았으니 사방에 병란(兵亂)의 조짐이 있습니다. 마땅히 이를 경계함입니다."

문제가 근심하자 고경이 말했다.

"병(兵)이란 것은 잘못 사용하면 병(病)이 됩니다. 이제 천하가 평정되어 사해가 안정되었는데 아직도 전시에 사용했던 온갖 무기들이 민간에 널리 퍼져있습니다. 행여 나쁜 무리들이 있어 사악한 꾀를 도모한다면 자칫 천하가 다시 어지러워질 것입니다. 모름지기 모두 거두어 국고(國庫)에 넣어 둔다면 화근을 막을 수 있을 것입니다."

진(晋)나라가 망한 후, 오호십육국(五胡十六國)이 난립하던 시절부터 세력 있는 왕자나 대신들은 사병을 키우고 심지어 백성들까지도 병장기를 소유하는 것은 예사로운 일이었다.

문제도 오래된 풍습이라 처음에는 대수롭지 않게 생각하고 있었는데 이 말을 듣자 생각이 바뀌었다. 곧장 조서를 내려 전국에 흩어져 있는 모든 병장기는 모조리 거두어 국고로 환수하게 하였다.[12]

개황 17년 2월. 운남(雲南)의 남영만(南寧灣)에서 반란이 일어났다.

---

12) 서기 595년 개황 15년이었다.

고경에게 대장이 되어 반란군을 진압하게 하였는데 지방의 호족들이 몰래 반군을 도왔기 때문에 좀체 난은 수그러들지 않았다.

고경은 전쟁에 이기려면 반역자에 가담한 호족들부터 먼저 제거하지 않으면 안 되겠다고 생각했다. 의심 가는 호족들을 잡아놓고 다음과 같이 엄포를 놓았다.

"그대들은 어쩔 수 없이 반군에 도움을 주거나 가담하게 된 것으로 알고 있다. 하지만 죄를 뉘우치고 자복하는 자는 불문에 부칠 것이지만 만약 발각되는 자는 신분고하를 막론하고 삼족을 멸하겠다."

이러한 위협은 효과가 있어 몇 몇 호족들이 뉘우치고 용서를 구하였다. 고경은 그들을 회유하여 자복하지 않은 호족들을 모조리 색출한 후 사정없이 처단했다.

호족의 지원이 끊긴 반란군은 얼마 못가서 세력을 잃게 되었다. 고경은 이때를 놓치지 않고 맹공을 퍼부어 주동자와 그 참모들 백여 명을 장안으로 압송하여 모두 처형하였다.

그렇지만 민심이 흉흉해져 왕권이 미치지 못하는 산간지방에는 도적이 들끓었다. 이 보고를 받은 문제는 각 지방의 관리들에게 엄명을 내렸다.

"도적들을 모조리 소탕하고 일전(一錢) 이상을 훔치는 자도 모두 처형하라."

서릿발 같은 황제의 명은 어김이 없었다. 관리들은 도적을 잡기에 혈안이 되었고 이 법에 의해 잡혀 죽은 자가 수천 명이나 되었다. 관리들은 죽은 도적의 시체를 이레 동안이나 내버려 두었기 때문에 저자거리에는 피비린내와 시체 썩는 냄새가 항상 가득했다.

한 번은 참외 한 개를 훔쳐 먹었던 세 사람이 함께 처형당하기도 했다. 이러한 소문이 퍼지자 천하의 모든 사람들이 두려워하여 여행하는 사람들은 오해를 받지 않기 위하여 저녁 일찍 잠자리에 들고 아침 늦게야 일어났다.

백성들 사이에서는 불평불만이 비등했고 관리들도 이 사실을 알고 있었으나 아무도 문제에게 바른대로 고하지 않았다. 그때 산동지방에서 몇 사람이 관리를 붙잡아 겁박했다.

"우리가 어찌 재물을 빼앗기 위해 이런 짓을 하겠는가. 다만 억울하게 죽어간 사람들을 위해 이러는 것이다. 옛날부터 나라에 법을 제정하면서 1전을 훔쳤다고 사형에 처했다는 일은 들어본 적이 없다. 네가 황제께 고하지 않는다면 다음에는 반드시 너희들을 죽여 버릴 것이다."

이 보고를 받은 문제가 대노하여 용의자를 수색하게 하였으나 황문시랑 유술이 말렸다.

"운남의 반란이 진압된 지 한 달도 채 되지 않았습니다. 모름지기 덕으로써 교화하여 백성들을 달래줘야 합니다."

이 말을 듣고 문제는 생각을 바꾸어 이 법을 폐지했다.

오월에 고구려에서 사신을 보내왔는데 양제는 태상소경 신단에게 그들을 맞게 하였다.

그런데 고구려 사신이 돌아간 뒤 열흘이 못 되어 대흥성 서궁(西宮)에 백호가 나타나 궁녀를 물어죽이고 달아났다. 군사들이 뒤쫓았으나 오히려 다치기만 하고 놓치고 말았다.

문제는 불길한 생각이 들어 풍수사 소길을 불러 물었다.

"짐이 등극한 후 천제(天帝)를 받들고 지신(地神)을 모시며 백성들을 교화하기를 게을리 하지 아니하였건만 변방의 반란이 그치지 않고 갖가지 재앙이 잇닿는 것은 무슨 연유인가?"

소길이 대답했다.

"백호란 동쪽을 가리키는 신물로써 고구려를 지칭하며, 서궁은 서쪽이니 우리나라를 뜻합니다. 따라서 이 동물이 서궁을 침입한 것은 장차 고구려와 분쟁이 일어날 조짐입니다."

문제는 이때 고구려를 정벌하기로 마음을 먹었다.

가을이 되어 수확기가 끝나자 영주(營州)[13]에 군량을 집결하고 총관 위충에게 명령을 내려 난하 서쪽의 창려를 수복하게 하여 그곳에 수성현(遂城縣), 노룡현(盧龍縣), 영락현(永樂縣) 등을 설치하였다.[14]

그리고 등주를 수군기지로 하여 진과의 전쟁 이후로 남아 있던 전함들을 집결시켜 고구려 정벌의 교두보로 삼았다.

영양왕은 즉위 초에는 큰 포부를 가지고 부국강병에 열을 올렸다. 그러나 온달을 내세운 신라 정벌이 실패로 돌아가자 사기가 크게 꺾였다.

인덕사에 자주 머무르면서 죽은 온달과 평강공주를 위하여 불공에 열을 올렸는데 뜻있는 대신들이 모두 염려하였다.

하루는 재강이 간했다.

"어젯밤 신이 북성(北城)에 올랐는데 형혹성(熒惑星)이 기성(箕星)

---

13) 지금의 朝陽
14) 개황 17년(597년)

을 범하는 것을 보았습니다. 모름지기 대왕께서는 정사를 보살펴 백성들을 돌보셔야 합니다.”

고대 사람들은 형혹성이란 질병과 기근을 가져오는 별로 생각하고 있었다. 그래서 특히 농사철인 봄에 형혹성에서 변괴가 생기면 몹시 두려워하였다.

그렇지만 왕은 오히려 역정을 내었다.

“밤하늘에 별자리가 변하는 것은 자연스런 하늘의 현상인데 어찌 요언을 퍼뜨려 민심을 현혹케 하려는가?”

재강도 굽히지 않았다.

“신 감히 죄를 입을 것을 무릅쓰고 주청을 드립니다. 대왕께서는 즉위하신 후 안으로는 백성들을 돌보고 밖으로는 외적을 정벌하여 나라를 편안케 하였습니다. 하지만 이제 불사에 전념하시고 정사를 돌보지 않으니 이런 요망한 기운들이 엿보이게 되는 것입니다. 뿌리가 흔들리면 나무는 시들게 마련입니다. 신의 충심을 헤아려 주십시오.”

고추대가 명실유현이 재강을 시기하여 참소했다.

“사람의 본성은 본래 미혹됨이 심하여 크게 간사한 것은 오히려 충성스러워 보이고 크게 속이면 더욱 믿게 됩니다. 재강은 가슴 속에 큰 재주를 품고 있어 현자로 행동하지만 실상은 편벽되고 욕심이 많아서 흉악한 계교만 가득합니다. 그의 말을 믿고 따르시면 반드시 세상에 해를 미치게 됩니다.”

왕은 대답하되,

“재강은 그토록 나쁜 사람이 아니다. 다만 성격이 강직하여 타협할 줄 모르기 때문이다.”

이렇게 변호하였지만 이후로는 점점 멀리하였기 때문에 재강은 스스로 벼슬에서 물러나 낙향해버렸다.

그런데 그해는 기후가 불순하고 가뭄과 홍수가 번갈아 일어나서 크게 흉년이 들었다. 왕이 후회하고 사람을 보내어 재강을 불렀는데 그는 벼슬에 물러난 후 마음에 병이 들어 이미 죽은 후였다. 왕이 탄식했다.

"모든 것이 짐의 불찰이로다."

이후로 인덕사 출입을 자제하고 크고 작은 정사들을 직접 처리하였다. 이때 특히 나라의 기강을 세우기 위해 법률을 엄격하게 적용하고 상벌을 분명히 하여 관리들의 부정부패를 더욱 엄단하였다. 반면에 백성들에게는 세금과 부역을 경감해 주고 변방의 수(守)자리를 줄여서 고향으로 돌려보내 농사일을 돕게 하였다.

왕의 이런 정책에 강력하게 반대하고 나선 것은 대장군 강이식(姜以式)[15]이었다.

"아무리 나라가 어렵다고 하더라고 수자리를 함부로 줄여서는 안 됩니다. 고래로 보더라도 중국과 우리는 창과 방패가 되어 그 중 하나가 세력이 강해지면 항상 변방을 다투었습니다.

게다가 남쪽에 있는 신라와 백제마저 수에 빌붙어 우리 뒤를 노리고 있는 이때에 수자리 군사의 수를 줄여서는 안 됩니다."

이렇게 간했으나 왕은 군사력의 증강보다는 백성들을 교화하고 민심을 얻는 일을 더 중요하게 생각했다.

"인군은 날카로운 창이나 칼로써 무기로 삼지 않고 백성들의 흠모

---

15) 진양 강씨의 시조임

와 존경으로 나라를 튼튼히 한다고 하였다."

강이식의 충언을 기어이 물리쳤다. 바로 그해 겨울에 위충이 창려를 침공하자 왕이 후회했다.

"내가 경솔했다."

강이식을 평서대장군으로 삼아 위충의 군사를 막게 하였다. 강이식은 갈석 북쪽에 진을 치고 위충의 군사를 협곡 사이로 끌어들여 크게 깨뜨린 후 표문을 올렸다.

"늑대가 사냥을 할 때는 여러 마리들이 이리저리 공격을 하다가 만약 사냥감이 비틀거리거나 쓰러지면 단숨에 달려들어 목을 물어뜯어 죽인다고 합니다. 저들이 창려를 침공한 것은 시작에 불과합니다. 앞으로도 침공이 끊이지 않을 것이니 이번 기회에 차라리 요서를 점령하여 요새를 튼튼히 쌓는 것이 최선의 방책입니다."

수의 본토를 공격하자는 주장은 실로 파격적인 제안이었다. 당시 고구려는 약 7만 호(戶)로써[16] 말갈과 예맥을 합치더라도 겨우 350만 밖에 되지 않는데 비하여, 당시 수나라는 대략 전국 190군(郡) 1,255군현(郡縣)으로 900만 호(戶)에 5천만에 달하는 인구를 가진 동양 최대의 거대한 국가였기 때문이었다.

명실유현이 반대하고 나섰다.

"아무리 저들의 행위가 괘씸하다고 할지라도 전쟁만이 능사가 아닙니다. 전쟁이라는 것은 정치의 도구일 뿐이니 그 본래 목적은 정치적 의도에 있습니다. 그래서 싸워서 백번을 이긴다 해도 싸우지 않고 이기는 것이 가장 좋다고 한 것입니다. 더구나 수나라는 중국대륙을

---

16) 구당서에는 고구려 말기의 戶數를 69,700호로 기록하고 있다.

차지하고 있는 대국으로 아무리 따져보아도 승산이 없습니다. 이번 사건은 전쟁이 아니라 외교적으로 해결하는 것이 상책이라고 생각합니다."

창려를 빼앗긴 것은 왕도 몹시 분했지만 수와의 전면전은 엄청난 부담이었다. 왕으로서도 결단을 내릴 수 없었다. 나라가 위급해질수록 온달이 간절하게 생각날 뿐이었다.

신하들을 물리치고 내전으로 돌아와서 식음을 전폐하고 깊이 시름에 잠겼는데 숙위사관이 들어와 보고했다.

"왕제께서 알현을 청합니다."

북부지방을 순무하러 나갔던 왕의 이복동생인 고건무(高建武)[17]가 돌아온 것이었다. 왕이 기쁜 빛을 띠우고 맞아들여 수의 창려 침공에 대한 대책을 묻자 건무가 말했다.

"조정의 신하들이란 대개가 모두 간사하여 자신들의 이해관계에 따라 주청을 올릴 뿐입니다. 그들의 간언은 다만 참고로 삼으실 것이지 중요한 것은 오로지 대왕의 뜻입니다."

"나는 말을 빙빙 돌리면서 상대방의 마음을 떠 보거나 눈치나 살피는 자는 좋아하지 않는다. 솔직한 너의 의견을 듣고 싶다."

건무가 황송한 듯 머리를 굽실거리면서 대답했다.

"대왕께서 괘의치 않으시다면 마음에 있는 바를 모두 말씀드리겠습니다. 신이 이번에 북쪽 변방을 돌아보면서 듣고 느낀 바로는 수주의 진정한 목적은 창려 수복이 아니라 우리의 본토를 치려는 것입니다."

영양왕은 가벼운 한숨을 내쉬었다. 사실 자신도 내심 그런 염려가

---

17) 후에 영류왕이 됨

없었던 것은 아니었지만 다른 사람들도 마찬가지 생각을 하고 있다는 것을 알고 적이 놀라지 않을 수 없었다.

"나도 사실은 그 점을 짐작하고 있었다. 그렇지만 여기서 장안까지는 수천 리나 되고 난하와 요하를 비롯하여 큰 강들이 즐비하며 수백 리 요택의 진흙탕과 험난한 단단대령이 가로막고 있는데 어떤 군대가 감히 행군해 오겠는가?"

"지난 일을 돌이켜 본다면 모든 일이 자명해 집니다. 수주의 야욕은 끝이 없어 량과 진을 멸하여 대륙을 통일하였고 만 리나 되는 돌궐과 고창도 잇달아 번국으로 삼았으며 마지막까지 버티던 토욕혼의 모용세부에게 셋째 딸 광평공주를 출가시켜[18] 사위국으로 만들었습니다.

동쪽에 있는 신라와 백제도 다투어 사신을 보내어 번국을 청하고 기치와 휘장을 받았으므로 천하가 모두 복속하였지만 대왕께서는 오히려 창려를 공격하여 수복하였으니 그들 눈에는 다만 가시로 남아 있을 뿐입니다.

그러나 온달 대장군의 위명 때문에 감히 군사를 일으키지 못했는데 이제 대장군께서 전사하셨으니 마침내 그 사나운 발톱을 드러내어 창려를 공격해 온 것입니다. 지금 저들이 운하를 따라 남방에 있는 미속(米粟)을 영주에 옮기고 있는 것은 아마도 우리 본토 침공을 위한 수순이라고 생각합니다."

"영주는 수의 북방기지이므로 행여 돌궐이나 거란과의 분쟁에 대비하는 것인지도 알 수 없는 일이 아닌가?"

"영주에만 미속을 쌓는다면 그렇게도 생각할 수 있습니다. 그러

18) 개황 16년 596년

나 지난날 진의 공격에 앞장섰던 무적함대인 오아전선을 등주로 이동시킨 것은 무슨 뜻이겠습니까? 돌궐이나 거란을 치기 위해서라면 수군은 필요가 없습니다. 수주가 이번에 취한 이러한 일련의 조치들은 오로지 우리나라를 침공하기 위한 것이라는 것이 명명백백해진 것입니다."

왕이 대답하지 않자 건무가 말을 이었다.

"적의 야욕이 백일하에 드러났는데 가만히 앉아서 침공당한 날짜만 기다리시렵니까. 정예병을 보내어 영주를 공략하여 미속을 태워버리고 또 등주에 있는 오아전선을 비롯하여 각종 전함을 파괴하여 저들의 야욕을 완전히 꺾어 놓아야 합니다."

왕이 다시 물었다.

"하나 병력(兵力)과 군비(軍備)의 다과(多寡)가 분명한데 승산 없는 전쟁을 할 수 없지 않은가?"

"전쟁의 승패는 나라의 크기나 인구의 많고 적음에 달려 있지 않습니다. 우리에겐 충성스러운 장수와 용맹한 군사들이 폐하의 명령만 기다리고 있습니다.

게다가 나라 밖에서는 거란과 말갈도 모두 복속하여 충성을 맹세하고 있으니 무엇을 걱정하십니까. 현명한 사람은 위기를 기회로 삼는다고 합니다. 지금이야말로 옛 요서의 구토[19]를 수복하여 저들의 전쟁의지를 꺾어 놓아야 합니다."

태조대왕 3년[20] 요서에 10성을 구축하였는데 관구검의 침공 으로

---

19) 고려진, 옥전보, 안시, 풍성, 건안, 요동, 한성, 석성, 건흥, 하간, 택성, 요택을 말함.
20) AD55년

하간과 택성, 요택 등을 빼앗겼다. 역대 왕들은 이것을 원통하게 여겨 수차례 군사를 일으켰으나 뜻을 이루지 못했는데 호태왕시절에 모두 되찾았다.

이후 중국에서 진이 망하고 오호16국이 들어서면서 다시 빼앗기고 말았는데 건무는 요서를 정벌하고 잃어버린 10성을 수복하자고 주장하고 나섰던 것이었다.

거침없이 말하는 건무의 늠름한 모습을 보자 영양왕은 저절로 든든한 마음이 생겼다.

"짐의 생각도 너와 같다."

홍무 9년 정월.

영양왕은 전쟁을 선포하고 징병령을 내렸다.

"천제(天帝)의 아들이자 하백(河伯)의 외손이신 추모성왕(鄒牟聖王)께서는 북부여에서 나와 나라를 세우시니[21] 사해의 백성들이 노래하고 춤추며 받들었고 귀신이 감응하여 해마다 오곡(五穀)이 풍숙(豊熟)하고 백성들이 모여들어 나라가 부강했다.

호태왕께서는 하늘의 뜻을 받아 후연을 정벌하고 북연왕 고운에게는 종족의 예로서 대하시고 동부여를 아울러 오늘에 이르렀다. 이에 강토는 시라무렌의 남에 이르고 대릉하까지 차지하여 명실 공히 천하의 주인이 되었다.

이제 서쪽 모퉁이에 있는 오랑캐 자손 하나[22]가 어느 날 우쩍 일어서서 사방에 군사를 일으켜 천하를 소란케 하였다. 전쟁은 끊이지 않

---

21) 광개토대왕비문 참조.
22) 수 문제를 말함.

고, 남편과 자식을 잃은 백성들의 울부짖음이 천지에 가득하며, 농사를 지을 때를 놓쳐 굶주려 죽는 자가 길가에 즐비했다.

또한 부렴(賦斂)이 과중하여 억울한 자가 말을 못하고 무수한 백성들이 구학(溝壑)에 몸을 굴려 원한이 하늘에 사무쳤다.

그러고도 오히려 죄를 깨닫지 못하고 이제는 칼끝을 돌려 여우의 교활함과 늑대의 광폭함으로 창려 땅을 범하였으니 짐이 아무리 인의로 타이르려 하나 더 이상 용납할 수 없을 것이다.

제왕이 백성들을 교화하고 간사하고 흉악한 무리를 쳐 없애는 것은 고금의 도리다. 이제 짐의 군사들이 깃발을 높이 세우고 북을 치며 진군한다면 사악한 무리들은 아침 햇살에 이슬처럼 사라질 것이다. 사해의 모든 군사들은 영기(令旗) 아래 모이도록 하라.”

거란과 말갈에도 각각 새서를 내려 군사를 불렀는데 말갈 대 추장 타말가두는 여섯 부락의 정병 이천을 거느리고 직접 달려왔고 거란왕은 삼천 명의 정예병을 보내왔다.

왕은 대동강 가에 사람을 보내어 하백에게 제사를 지내고, 졸본성에서도 동명성제의 사당에 전역(戰役)을 고한 뒤 고건무를 수군 대장으로 임명하고 크고 작은 전함 5백 척을 주어 등주를 공격하게 하고, 자신은 대원수가 되고 강이식을 육군대장으로 임명하고 을지문덕을 부장으로 삼아 말갈과 거란의 군사와 더불어 정예 군사 1만을 거느리고 영주로 향했다.

건무의 전함이 등주 앞에 이르렀을 때였다. 앞서 간 척후선이 돌아와 알렸다.

"포구에는 수백 척의 함선은 물론이고 다섯 척의 오아전선(五牙戰船)도 모두 정박해 있습니다."

오아전선이란 수나라가 진나라를 침범할 때 만든 거대한 함선으로 그 위용은 널리 사방에 알려져 있었다. 건무가 걱정이 되어 섣불리 공격을 결심하지 못하자 고이(高伊)가 말했다.

"덩치가 크면 오히려 더 쉬운 표적이 됩니다. 오아전선을 대양에서 만난다면 감히 당할 수가 없겠지만 포구에 묶여 있다면 쇠사슬에 묶여있는 맹수와 다름없으니 장창이 있다면 소년 병사도 잡을 수 있습니다."

건무가 기뻐하고 밤을 틈타 기습하기로 하였다.

고이는 건무의 아랫동서로서 재주가 뛰어나고 용기가 있었다. 출정에 앞서 영양왕이 널리 장수를 구하자 건무가 그를 추천하였는데 왕이 반대했다.

"친하다는 이유로 장수를 삼아서는 안 된다."

겉으로는 그렇게 말했지만 고이는 고유의 난에 연루되어 실각한 남부욕살 고성부의 조카였기 때문이었다.

그렇지만 건무도 물러서지 않았다.

"성인은 그 아비의 죄로 자식을 연좌하지 않으며 재주가 있다면 반골이라도 쓰기 나름이라고 하였습니다. 고이는 지용(智勇)을 겸비한 인재입니다. 쓸모없는 자는 버리고 쓸모 있는 자는 예우하는 것이 신하를 부리는 도리입니다. 부디 장수로 임명하여 이번 전쟁에 공을 세우게 하고 그 아비의 죄를 사하게 해 주신다면 모든 신하와 만 백성들이 대왕의 덕에 감복하게 될 것입니다."

이에 왕은 허락하였다. 그 말을 전해들은 고이가 말했다.

"여인은 사랑하는 이를 위하여 얼굴을 꾸미고 장부는 알아주는 이를 위하여 목숨을 바친다고 하였다. 대장군께서는 미천한 나를 천거하였으니 나의 목숨은 바로 대장군의 것이다."

고이는 대사자 극엄과 함께 군사들을 수나라 군복으로 갈아입히고 배에다가 수나라 깃발을 걸고 어둠이 으스름하게 깔릴 때를 기다려 포구로 들어갔다.

등주의 기습은 의외로 쉬웠다.

고구려 군의 습격을 꿈에도 생각하지 않았던 수군들은 경계가 허술하기 짝이 없었다. 포구에는 함선의 출입을 통제하는 초소가 있었지만 누구 하나 고이와 극엄이 타고 있는 배를 의심하는 자가 없었다.

고이가 다섯 갈래로 군사를 나누어 오아전선부터 습격하고 미리 준비해온 염초와 기름을 잔뜩 뿌리고 불을 질렀다. 화염은 순식간에 치솟았고 다섯 척의 오아전선에서는 요란한 굉음과 함께 거대한 돛대가 쓰러졌다.

"불이야."

때 아닌 불길에 놀란 수군들은 갈팡질팡하며 날뛰었다. 포구 바깥에서 대기하고 있던 건무가 이 틈을 타서 수백 척의 투함(鬪艦)[23]을 이끌고 들이닥치자 고요하던 포구는 검은 연기로 가득 찼고 함성과 비명이 뒤섞여 난장판이 되었다.

건무의 군사들은 빠르고 용감했다. 작은 주가(舟舸)와 해골(海鶻)[24]

---

23) 전투 주력함
24) 기습용 전함의 하나.

등을 이용하여 불길을 헤치고 다니면서 수많은 청룡전선과 황룡전선을 닥치는 대로 불태웠다.

용감한 몇 몇 수군들은 황망히 내달려 닻을 올리고 배를 띄웠지만 대부분 불타는 자기네 함선에 막혀서 움직이지 못했고, 간신히 포구를 빠져 나간 함선 몇 척도 고구려 함선의 공격을 받아 격침되어 모조리 물속에 가라앉았다.

단잠에 취했던 수나라 해술(海戍)[25]은 함성소리에 놀라 일어나 허둥지둥 달려 나와 발만 동동 굴렀다.

불길은 다음날 아침까지 타올랐고 천여 척이 넘는 수군 함선은 대부분 가라앉았다. 이때 불에 타다 만 널빤지와 무수한 시체들만 파도를 따라 출렁거렸다.

수의 해술은 병사처럼 변장하여 육지로 달아났지만 길목을 막고 있던 고구려 경비병에게 들켜 어이없이 죽었다.[26]

건무는 적군의 코를 베어 전사자 수를 확인하게 하였는데 그 수가 무려 일만 개가 넘었다. 장계를 올려 승전을 고하고 노획한 여러 가지 전리품들을 챙긴 뒤 회군하였다.

건무가 수군을 이끌고 등주로 떠난 후 영양왕도 말갈과 거란군사와 함께 정예병사 1만을 거느리고 요수에 이르렀다. 요동의 정월은 몹시 추웠다. 꽁꽁 얼어붙은 강에는 세찬 바람만 몰아쳤고 건너편 초소는

---

25) 수군(水軍)대장
26) 양제가 이에 원한을 품고 훗날 고구려 정벌의 조서를 쓸 때 '乃兼契丹之黨 虔劉海戍'이라고 하여 죄상으로 지목함.

텅텅 비어 경계병들도 없었다.

"돌다리도 두드려 건너야 한다."

영양왕은 밤이 되기를 기다려 썰매를 이용하여 재빨리 도강하였는데 새벽 무렵에 수군 경비대장 사마연이 뒤늦게 이 사실을 알았다.

급하게 군사를 모아 달려와서 한바탕 접전을 벌였지만, 그의 부장 황엽창이 을지문덕의 칼에 맞아 죽자 나머지 수군들은 꽁지를 빼고 달아났다. 미처 달아나지 못한 사마연은 포로로 붙잡히고 말았는데 왕은 형틀에 매달아 처형하게 하였다. 이때 강이식이 간했다.

"아무리 하찮은 군사나 부대라고 하더라도 살려서 포로로 잡는 것이 상책이고 죽이는 것은 하책이라고 합니다. 소장이 듣기로는 사마연이란 자는 본래 말갈족의 후손으로 항호 장수입니다. 마땅히 타말가두로 하여금 설득하게 한다면 반드시 투항할 것입니다."

이에 왕이 허락하자 타말가두가 사마연에게 말했다.

"우리 일곱 말갈은 본시 동이의 핏줄로 고구려와는 한 핏줄이다. 어찌하여 동족을 배반하고 이족을 따르겠는가. 마땅히 나와함께 대왕을 섬긴다면 부귀영화를 같이하겠다."

사마연이 눈물을 흘리며 대답했다.

"지난날의 사마연은 이미 죽었다. 나는 말갈족의 호예사로 다시 태어났다."

영양왕 앞에 나아와 충성을 맹세하고 포로로 잡힌 그의 군사들과 함께 모두 항복해 왔다.

영양왕이 고구려 군사들이 회원진을 공격할 때 사마연은 자신의 충성심을 증명하기를 원했다. 다섯 군데나 상처를 입었으나 기어이 성벽을 타고 올라 망루에 불을 지르고 성문을 열었다.

때를 맞추어 강이식이 대군을 이끌고 들이닥치자 회원진 성주 모용황은 제 혼자 달아나 버렸고 미처 피하지 못한 군사와 백성들은 모조리 땅에 엎드려 목숨을 구걸했다.

어렵사리 성을 장악한 영양왕은 선무정책을 베풀어 적군과 아군을 불문하고 다친 사람들에게는 약을 나누어주고 치료를 해 주었으며 백성들에게는 창고를 열어 곡식을 나누어 주어 위무토록 하였다.

미축이 성안을 순시하며 객사 앞에 이르렀을 때였다. 수십 명이 넘는 군사들이 건장한 젊은 장수 하나와 대치하고 있는 것을 보았다. 젊은 장수 뒤에는 겁에 질린 십여 명의 여자와 어린 아이들이 떨고 있는 것이 보였다.

미축이 소리쳤다.

"모두들 물러나라."

명을 받은 고구려 군사들이 순순히 물러서자 수군 장수도 잠시 머뭇거리더니 역시 창을 거두고 주춤주춤 물러섰다.

미축이 안내하는 길잡이에게 물었다.

"저 자는 누구이고 또 저 여인네들은 누구인가?"

"저 장수는 모용황의 동생인 모용추란 자이고 그 뒤에 있는 여자와 어린아이들은 모두 성주님의 부인과 가족들입니다."

이때 모용추가 안색이 변하여 비장하게 외쳤다.

"내가 살아있는 한 누구도 성주님의 가족을 해치지 못할 것이다."

미축이 쓴 웃음을 지었다.

"모용황은 참 훌륭한 동생을 두었구나. 그러나 네가 버틴다고 해서 상황이 달라질 것은 없다. 지금이라도 무기를 버리지 않으면 모두들 애꿎은 목숨만 잃게 된다."

모용추의 얼굴에는 잠시 절망의 빛이 스쳤지만 의연하게 대답했다.

"내가 만약 죽음을 두려워했다면 여기에 남아 있지 않았을 것이요. 자신이 있으면 나의 목을 베어가지고 가시오."

"헛된 죽음은 만용에 지나지 않는 법이다. 너는 지켜야 할 가족들이 있거늘 어찌 가벼이 목숨을 버리려하는가?"

미축이 거듭 타이르자 모용추가 더 이상 대답하지 못하고 그 자리에 꿇어앉아 눈물을 펑펑 흘렸다.

회원진을 점령한 영양왕은 사마연을 사자(使者)로 임명하고 모용추에게는 과절(過節)의 벼슬을 내렸으며 투항한 장수와 병사들도 모두 거두어 병사로 삼았다.

다음날 날이 밝자 성문을 지키던 장수가 와서 고했다.

"자칭 회원진 성주란 자가 문 앞에 나와서 투항을 청합니다."

혼자 달아났던 모용황이 두고 온 아내와 어린 자식들이 걱정이 되어 다시 돌아온 것이었다. 머리를 풀고 성문 앞에 꿇어 앉아 성주 인을 바치자 왕이 위로하여 말했다.

"이곳은 원래 고구려 성이었고 그대의 조상도 역시 우리 백성이었다. 이제 바른대로 된 것이다."

옛날 북연왕 고운(高雲)의 할아버지인 고화(高和)는 고구려 왕족이었다. 선비족인 모용보는 아들이 없었기 때문에 그를 양자로 받아들이고 태자로 삼아 모용씨를 주었다.

그 후 고화는 여러 아들을 두어 자손이 널리 퍼졌는데 모용황은 그 후손이었으므로 근본은 고구려 왕실의 사람이었던 것이다. 왕이 모용황의 가족들을 모두 불러 서로 상봉하게 하자 모용추가 달려 나와 말했다.

"대왕께서 은혜를 베푸시어 형수님과 조카들은 물론이고 종복들까지도 무사히 잘 있습니다."

모용황이 감격하여 땅에 엎드려 왕에게 숙배를 올렸다.

"하해와 같으신 성은을 베풀어 비천한 목숨들을 잇게 해주셨으니 백골난망이옵니다. 신과 흑산(黑山)성주 두전(杜佺)은 죽마고우(竹馬故友)입니다. 그를 타일러 보겠습니다.

이때 몇 몇 장수들은 모용황의 저의를 의심하였지만 왕은 태연하게 말했다.

"의심하면 맡기지 말고, 쓴다면 의심하지 말아야 한다."

가까이 불러들여 술을 내리고 모용황을 위로하였다.

다음날 날이 밝자 모용황을 흑산성으로 보내어 투항을 권유하게 했다.

그런데 흑산성주 두전은 오히려 모용황을 체포하였다.

"반역자인 주제에 무슨 배짱으로 나를 찾아 왔느냐."

형틀에 묶어놓고 갖은 고문을 가했는데 모용황이 외쳤다.

"두전아, 생각해보라. 너나 나는 원래 주를 섬겼으니 수의 신하가 아니었다. 어찌 반역이라 하겠는가? 또 우리의 조상은 삼묘(三苗)[27]에서 비롯되어 동이(東夷)의 핏줄이라 고구려와는 같은 형제이다. 이제

---

27) 최동(崔棟)이 지은 '조선상고민족사'에 의하면 삼묘족의 왕 치우(蚩尤)는 구여(九黎)의 임금으로서 동이겨레의 자손으로 밝혀 놓았다.

그릇된 것을 고쳐 바로 돌아가려는 것뿐이다.

화가 난 두전이 모용황의 혀를 먼저 자르고 따라온 종자들까지 모두 참수하여 그 목을 성문에 내걸었다.

모용황을 호위하여 따라왔던 미축은 성 밖에 있어서 화를 면했다. 추격하는 두전의 군사들을 따돌리고 간신히 돌아와 모용황의 죽음을 알리자 영양왕이 격노했다.

"짐이 직접 두전의 죄를 물을 것이다."

친히 대군을 이끌고 가서 흑산성을 공격하였다. 두전도 고구려 군의 침공에 단단히 대비하고 있던 터라 전투는 쉽사리 끝나지 않았는데 모용추가 결사대를 이끌고 성벽을 기어올라 북쪽 망루에 불을 질렀다.

사방에 연기가 자욱하고 불길이 치솟자 두전은 성이 함락되었다고 생각했다. 급한 대로 몸을 피하여 동문으로 달아났지만 그쪽도 벌써 고구려 군사들이 점령하여 우글우글하였다.

다시 방향을 바꾸어 골목길로 들어가 조그만 헛간 안에 숨으려는데 뒤에서 누군가가 큰 소리쳤다.

"이놈 두전아! 아무리 숨으려 해도 나를 피할 수는 없다."

귀에 익은 모용추의 목소리를 확인한 순간 벼락 맞은 사람처럼 제자리에 얼어붙어 말조차 더듬었다.

"아니! 너, 너는 모용추가 아닌가?"

"뻔뻔스러운 놈. 더러운 입으로 내 이름을 부르지 말라."

"잠깐만 화를 가라앉히고 내 말 좀 들어보시게."

두전이 온몸을 사시나무처럼 떨면서 변명하려 하였지만 모용추의 분노를 가라앉힐 수는 없었다.

"형님은 네놈을 친구라 여겼지만 네놈은 도리어 원수로 대했으니 이제는 네놈이 내손에 죽을 차례다. 네놈은 물론이고 네놈의 가족들도 내손으로 도륙할 것이다."

"제발 내 가족만은 해치지 말게나."

이렇게 간절하게 애원했지만 모용추는 싸늘하게 대답했다.

"용서할 것이었다면 처음부터 나서지도 않았을 것이다."

꽁꽁 묶어서 헛간에 가두어놓고 불을 질러 태워 죽였다. 그리고 두전의 관저로 뛰어 들어가 식솔들은 물론이고 노비들까지도 모두 죽였는데 그 수가 무려 60명이나 되었다.

영주 총관 위충은 사냥을 나갔다가 회원진과 흑산이 연이어 함락당했다는 보고를 받았다. 급히 군사를 모아놓고 말했다.

"하구려(下句麗)[28]가 망하려고 발악을 하는 것이다. 내가 친히 나아가 그 왕을 잡아 오리라."

인근 5성에 있는 병마를 모두 징발하여 3만 대군을 이끌고 전선으로 달려갔다.

위충의 선봉장 적영우가 5백 명의 부하를 이끌고 맥원(貊原)에 이르렀을 때는 점심때도 한창 지난 무렵이었다. 잠깐 행군을 멈추고 점심식사를 하고 있었는데 때마침 함성이 일어나면서 수백 명의 군사들이 내달았다.

마침 근처를 지나고 있던 타말가두가 기습을 한 것이었다. 크게 놀란 적영우가 칼을 번쩍 빼어들고 소리쳤다.

---

28) 고구려를 낮추어 이르는 말

"당황하지 말라. 모두들 제 자리를 지켜라!"

다급하게 소리쳤지만 어느새 군사들은 밥그릇과 숟가락을 팽개치고 달아나고 없었다.

"죽여라!"

"한 놈도 놓치지 말라!"

고구려 군사들의 호통소리가 사방에서 어지러이 들렸다. 두려움에 휩싸인 적영우는 필마단기로 달아나 목숨을 구했지만 위충의 노여움은 피할 수 없었다.

"네놈이 정녕 살 수 있다고 생각하느냐?"

장사 마벽진이 간곡히 말했다.

"이제 막 전쟁에 나섰는데 우리 편 장수를 처형하는 것은 군사들의 사기에 큰 영향을 미칩니다."

적영우가 울면서 간청했다.

"이번만 용서해주신다면 반드시 공을 세워 보답하겠습니다."

위충도 적영우를 꼭 처형할 마음은 없었다. 다만 군기를 엄정하게 보이려는 것뿐이었기에 꾸짖어 물리치고는 장수들에게 엄포를 놓았다.

"이번만은 특별히 용서하리라. 하지만 다음부터는 부하들을 잃고 돌아오는 자는 군법에 따라 참수하겠다."

그리고는 마벽진과 우군대장 형우자에게 명령을 내려 적영우를 기습했던 타말가두의 군사를 뒤쫓게 하였다.

한편 전리품을 챙기느라 여념이 없던 타말가두의 군사들은 갑자기 나타난 수의 대군을 보고 깜짝 놀랐다. 재빨리 전열을 정비하여 전투태세를 갖추었으나 마벽진이 이끄는 정예기병의 공격을 받아 크게 패하고 말았다.

타말가두는 포위에 갇히게 되었으나 조금도 두려워하거나 당황한 빛을 띠우지 않았다.

오히려 큰소리치면서 말했다.

"좋다, 한바탕 진하게 놀아 주겠다."

서릿발 같은 반달칼을 휘두르며 춤추듯이 적진을 돌진하여 수십 명을 죽였다. 대노한 마벽진이 형우자에게 신호를 보내어 큰 새가 날개를 벌린 듯 구행진을 펼치고 사방을 에워싼 뒤 소리 높여 호령했다.

"쥐새끼 같은 놈, 아무리 발버둥 쳐보아도 내손에서 결코 빠져나가지 못하리라."

위기에 몰린 타말가두는 좌충우돌하면서 싸웠지만 몇 겹으로 에워싼 포위망을 뚫기란 불가능한 일이었다. 수군들의 창날이 점점 가까이 다가오자 타말가두가 분연히 소리쳤다.

"구차하게 네놈들의 손에는 죽지 않으리라."

그 자리에 꿇어 앉아 스스로 목을 찔러 죽었다.

그날 밤 뒤늦게 타말가두의 죽음을 알게 된 영양왕이 크게 슬퍼하였다. 이때 사마연이 말했다.

"타말가두는 소장의 은인이요 형님과 같습니다. 반드시 이 손으로 원수를 갚게 해주십시오."

왕이 기특하게 여겨 선봉으로 임명했다.

다음날 전쟁은 새벽부터 시작되었다. 밤길을 달려 새벽녘에 맥원에 다다른 영양왕이 곧장 군사를 나누어 기습작전을 펼친 것이었다. 마침 안개가 자욱하여 한 치 앞도 가리기 힘들었는데 이때 사마연이 먼저 나아가 위충의 본진을 에둘러 마소를 기르는 방목장을 급습했다.

수백 마리의 놀란 마소 떼가 울부짖으며 달아나자 위충의 진영은 아수라장이 되었다. 강이식이 기회를 놓치지 않고 5백 명의 효기(驍騎)를 이끌고 적진의 중앙을 깨뜨려 천여 명을 죽이고 크게 승리를 거두었다.

위충의 맞은편 언덕 아래 진을 치고 있던 우군대장 형우자는 위충의 진채에서 불길이 피어오르고 큰 소란이 일어나자 위험에 빠진 것을 알았다.

"아차! 일이 났다."

황급히 군사를 이끌고 달려 나오던 중에 위충의 후군을 공격하고 있던 조의선인 송재의 군사를 보았다. 바람처럼 군사를 휘몰아 돌진하여 송재의 군사들을 덮쳤다.

송재가 대노하여 용감하게 덤벼들었으나 형우자의 적수가 되기에는 역부족이었다. 말과 말이 엇갈리며 몇 차례 겨루어 보지도 못하고 창에 찔려 죽었다. 가까이 있던 사마연이 송재를 구하려고 내달았지만 그 역시 십여 합을 견디지 못하고 형우자의 창에 찔려 땅바닥에 나뒹굴었다.

송재와 사마연이 잇달아 죽고 군사들이 쫓기기 시작하자 영양왕은 근심을 감추지 못했다. 좌우를 돌아보며 물었다.

"누가 나가서 저자를 잡을꼬?"

좌우의 장수들은 주춤거리기만 할 뿐 선뜻 나서는 자가 없었는데 뒤에 있던 소년 장수 하나가 앞으로 나오며 말했다.

"소장이 한 번 나가보겠습니다."

왕이 깜짝 놀랐다.

그는 별군(別軍)의 참군(參軍)인 소사자 연태조[29]로서 서부욕살 연자유의 아들이었기 때문이었다.

연태조는 비록 나이가 어리지만 기개가 호방하고 담력이 강했다. 왕이 요서정벌에 나설 때 병 때문에 출전할 수 없었던 연자유를 대신하여 서부욕살의 군사를 이끌고 왕을 따랐다.

연태조의 어머니 정순옹주는 크게 근심하였다. 그녀는 평원왕의 이복누이로 영양왕에게는 고모가 되었는데 그길로 왕을 찾아가 말했다.

"연태조는 철없는 어린아이에 불과하여 용력을 뽐내기만 좋아할 뿐입니다. 거친 전쟁터에서 사나운 적들과 대적할 만한 장수가 되지 못합니다. 부디 유념해 주시기를 바랍니다."

영양왕은 고모의 간곡한 부탁을 뿌리칠 수 없었다. 몇 가지 궁리 끝에 별군에 배치시켜 군수물자를 나르는 감독을 맡기자 연태조가 반발했다.

"나라가 위험에 처함에 장쾌하게 말을 달리고 적장의 목을 베어 국가에 대공을 세우는 것은 대장부의 떳떳한 도리라고 배웠습니다. 신은 여섯 살 때부터 무예를 연마하여 밤낮을 가리지 않았고 머리맡에서는 병서(兵書)를 놓은 적이 없었습니다. 이제 나라가 환란에 처하였는데 나아가 싸울 수도 없다면 이러한 모든 것들이 무슨 소용이 있겠습니까."

왕은 연태조를 어림군에 배치시켜 호위무사로 종군하게 하였는데 전황이 위급해지자 하필 연태조가 나선 것이었다.

---

29) 서부욕살 연자유의 아들로서 연개소문의 아버지

왕은 당황하여 선뜻 결정을 할 수가 없었다.

고모의 청도 청이려니와 요서 정벌에 나선 군사들 중에는 서부욕살의 관할에서 징발된 자들이 가장 많았으므로 만약 연태조의 청을 물리친다면 군사들의 사기가 크게 떨어지게 될 것은 불 보듯 뻔한 사실이었기 때문이었다.

그때 쩌렁쩌렁한 고함소리가 들렸다.

"고구려왕은 비겁하게 숨어 있지 말고 앞으로 썩 나오너라. 내가 상대해 주겠다."

기고만장한 형우자가 소리를 치면서 욕설을 퍼붓고 있었다.

대로 윤수가 말했다.

"오부(吳付)를 비장(裨將)으로 삼아 함께 보낸다면 크게 염려하시지 않아도 될 것입니다."

"오부라?"

문득 그 소리를 듣자 영양왕은 금세 얼굴이 밝아졌다.

오부는 평민 출신의 젊은 무사로 벼슬은 소형(小兄)에 불과했지만 재주가 뛰어나고 무예에 능통하여 이름이 알려진 장수였다. 특히 본국검법(本國劍法)에 능하여 신수두 검술대회에서 수차례나 우승을 차지하여 군사들은 그를 신검(神劍)이라고 부르면서 존경하였다.

즉시 오부를 불러 들여 몰래 귀띔하여 말하기를,

"그대는 주장을 잘 호위하라."

이렇게 명령을 내렸다.

어렵사리 왕의 허락을 얻어낸 연태조는 의기양양해졌다. 군사들 앞으로 말을 몰고 달려 나가 서릿발 같은 칼을 치켜들고 소리쳤다.

"자랑스런 나의 용사들이여. 이제야 말로 이름을 빛낼 때가 왔다. 적군을 섬멸하여 대공을 세워라."

말에 박차를 가하고 힘껏 돌진하자 창칼이 서로 뒤엉켜 한바탕 격전이 벌어졌다. 혈기 방장한 연태조는 이 기회에 자신의 용맹을 증명하고 싶었다. 단병접전으로 적군 십여 명을 죽이고 적진 깊숙이 들어가자 오부가 가까이 따라 붙으며 외쳤다.

"돌격이 너무 깊습니다. 진격을 멈추십시오."

연태조는 자신을 그림자처럼 쫓아 따라다니면서 간섭하는 오부에게 화가 치밀어 올랐다. 멀리 쫓아버릴 요량으로 엉뚱한 명령을 내렸다.

"그대는 내 뒤를 따르지 말고 적의 좌익을 공격하라."

오부는 크게 난처하였지만 주장의 명을 따르지 않을 수 없었다. 하는 수없이 휘하 군사를 이끌고 떠나자 연태조는 홀가분하게만 여겼다. 거침없이 돌격하여 적진 한복판을 마음대로 휘젓고 다녔다.

형우자가 이런 연태조를 가만히 놓아둘 리가 없었다.

"새파란 애송이 놈아. 내 창을 받아라."

군사들을 헤치고 나와 창을 날렸다. 이에 연태조도 기세를 올려 한바탕 치열한 격전을 벌였지만 연태조 역시 형우자의 적수는 못되었다. 이십 합이 넘어가자 손발이 흐트러지고 지친 기색이 역력했다.

승기를 잡은 형우자는 더욱 힘을 내었다. 정신을 차리지 못하도록 매섭게 공격을 퍼부어 마침내 연태조의 어깨를 찔렀다.

"악!"

외마디 비명을 지르며 연태조가 말에서 굴러 떨어지자 형우자가 의기양양해졌다.

"애송이 놈아! 너는 이제 끝이다."

크게 소리치며 시퍼렇게 빛나는 창을 곧바로 내리찍으려는 순간이었다. 푸른 갑옷을 입은 청년 장수 하나가 바람처럼 달려오며 칼을 날렸다.

"적장은 멈추어라. 내가 상대해 주겠다."

엄청난 기세에 놀란 형우자가 주춤하여 물러서자 어느새 오부가 달려와 연태조의 앞을 가로막고 나섰다.

형우자가 눈을 부라리며 꾸짖었다.

"이런 요망한 놈! 단창에 저승으로 보내주마."

당장이라도 잡아먹을 듯 무시무시한 기세로 덤벼들었지만 오부의 칼날이 더 빨랐다. 전광석화와 같이 형우자의 창을 밀쳐내고 오히려 역공을 퍼부었다.

"허! 이 놈 봐라!"

형우자는 약이 바짝 올랐다.

이마에 핏대를 세우면서 있는 힘을 다하여 거세게 창을 휘둘렀지만 시간이 갈수록 오부는 정교하고 절묘한 검술을 펼쳐 더욱 형우자를 몰아세웠다.

시퍼런 검광이 온몸을 에워싸자 형우자는 어느새 두렵고 다급해졌다. 마침내 견디지 못하고 말머리를 돌려 달아나려 하였지만 갑자기 말이 기우뚱하더니 앞으로 고꾸라졌다. 오부가 말의 목을 내리친 것이었다. 땅바닥에 쳐 박힌 형우자가 벌떡 일어서려는 순간 오부의 칼날이 거친 바람 소리를 뿜어내면서 형우자의 목을 베어 버렸다.

그리고 피가 뚝뚝 떨어지는 칼날을 쓱 문지르고 앞으로 내닫자 장수를 잃은 수군들은 싸울 용기를 잃고 주춤주춤 물러섰다.

"죽고 싶은 놈은 누구든지 나와도 좋다."

호통소리에 놀란 주군들이 우르르 달아나자 오부는 연태조를 부축하여 무사히 적진을 벗어났다.

한편 연태조의 기습 공격을 피하여 언덕 위로 날아났던 위충이 오부의 군사가 물러나는 것을 보았다. 초요기를 세워서 군사들을 불러 모으고 오부를 추격했다. 이때 마벽진은 구릉을 타고 지름길로 나아가 오부의 앞을 막았다.

"네놈은 독안에 든 쥐다."

이렇게 소리치고 사방으로 에워싸고 맹공을 퍼부었지만 오부는 조금도 기가 죽지 않았다. 빗발치듯 쏟아지는 창칼 속을 누비면서 피에 굶주린 늑대처럼 끊임없이 몰려드는 주군들을 닥치는 대로 치고 베고 찌르면서 돌진해나갔다.

푸른 섬광은 사방에서 번쩍거렸고 선홍색 피바람은 얼굴을 뒤덮었다. 수많은 군사들이 죽어나가자 마벽진이 대노했다.

"이놈, 죽어라!"

큰소리로 호통 치면서 창을 날렸지만 오부가 번개처럼 왼손을 내밀어 창대를 낚아채고는 순식간에 가슴을 그었다. 선혈이 분수처럼 쏟아지고 버둥거리던 마벽진이 땅에 떨어져 죽었다.

"적장을 죽였다."

오부가 환희에 젖어 소리쳤을 때였다. 갑자기 화살 하나가 허벅지에 박혔다.

"헉!"

오부가 고통을 참지 못하고 비틀거리자 또 하나의 화살이 날아와 그의 등을 꿰뚫었다.

위기일발의 찰나에 바로 그때 멀리서 호통소리가 들렸다.

"이놈들, 꼼짝 말라. 저항하는 놈들은 모조리 죽이겠다."

미축이 오부를 구하러 온 것이었다. 그러나 화살에 묻은 맹독 때문에 오부는 마지막 숨을 껄떡이며 간신히 말했다.

"전쟁이 급합니다. 달아나는 적들을 추격해야 합니다."

미축이 격노하여 노도처럼 몰아치자 크게 놀란 수군들은 제멋대로 흩어져 달아났다. 위충도 견디지 못하고 수십 명의 호위병사와 함께 죽기 살기로 달아났다.

적영우는 이때 미처 빠져나가지 못하고 3백여 명의 휘하 군사와 함께 근처의 야산으로 달아났는데 강이식이 뒤쫓아 오자 바윗돌을 구르며 대항했다.

강이식이 노하여 말했다.

"정 그렇게 버틴다면 모조리 통구이로 만들어버리겠다."

군사들을 풀어 사방에서 나뭇가지와 풀들을 걷어오게 하고는 불을 지폈다. 겨울철이라 바짝 마른 풀과 나무들은 금세 불이 붙었고 2월의 매서운 강풍을 따라 순식간에 산을 뒤덮어 버렸다.

대부분의 적영우의 군사들은 숯덩이가 되어 죽었지만 아비규환의 생지옥 속에서도 요행히 빠져나온 군사들도 있었다. 시커멓게 그을린 채로 엉금엉금 기어서 나왔지만 사방에 대기해 있던 고구려 궁수들이 사정없이 활을 쏘아 모조리 죽였다. 큰 바위 뒤에 숨어 있던 적영우도 불길을 견디지 못했다.

"항복하겠습니다. 제발 목숨만 살려주십시오."

손을 번쩍 치켜들고 미친 듯이 뛰쳐나왔지만 삽시간에 날아든 수십 개의 화살에 맞아 고슴도치가 되어 죽었다.

살육전은 밤늦도록 계속되었는데 다음날 맥원 들판에는 수군들의 시체가 산더미처럼 쌓였다. 전세가 기울어지자 위충은 친위 군사만 이끌고 영주로 달아났다.

저녁 무렵에 하양땅에 이르렀는데 마침 조카 위경을 만났다.

위충이 깜짝 놀랐다.

"성은 버려두고 네가 여기 웬일이냐?"

위경이 말에서 뛰어내려 엉엉 울면서 변명했다.

"사마 원민이 배반하여 성이 함락되고 말았습니다."

위충이 영주를 비우고 나온 틈을 타서 을지문덕이 대군을 이끌고 들이쳐서 성을 빼앗아버린 것이었다. 위충은 정신이 아뜩하여 말을 잇지 못했다.

"원민, 이놈이 감히 반역을 하다니... ."

아무리 분통을 터뜨려보았자 돌이킬 수 없는 일이었다. 하는 수 없이 위경과 함께 유주로 달아났다.

그러나 그의 운은 거기서 끝이었다. 영양왕은 여러 군대를 보내어 위충의 퇴로를 모두 막아 놓았기 때문에 달아날 길이 없었던 것이었다. 진퇴양난에 빠진 위충은 길을 버리고 산길로 달아나려하자 친위 장교 진교가 말했다.

"산길로 가보아도 마찬가지일 것입니다. 차라리 투항하여 목숨이라도 부지하는 것이 상책입니다."

이렇게 항복을 권하자 위충이 눈 꼬리를 치켜세웠다.

"뭣이! 어쩌구, 어째?"

단칼에 베어 죽이고는 군사들을 윽박질렀다.

"지금 황제 폐하의 대군이 유주까지 진격해있다. 만약 투항한다면 역적이 되어 고향에 있는 가족도 무사하지 못할 것이다."

수의 법률은 북방 선비족과 마찬가지로 전쟁에서 투항하는 자는 반역죄로 다스려 가족들까지도 매우 잔인하게 처벌했다. 고향에서 먼데로 강제 이주시키거나 처형까지도 예사로 자행하였기 때문에 대부분의 군사들은 감히 투항할 엄두도 내지 못하는 게 사실이었다.

기어이 고집을 부려 산길로 달아났지만 오히려 절벽에 가로막혀 포위되고 전멸 당했다. 이때 위경이 난전 통에 먼저 전사했는데 위충은 그의 시체를 부둥켜안고 하늘을 우러러 슬피 울부짖고는 절벽에서 뛰어내려 죽었다.

훗날 이 소식을 들은 문제는 위충에게 대부의 벼슬을 추증하였고 당태종도 고구려를 정벌할 때 위충의 아들인 위정에게 궤수사를 맡겨 군량수송의 책임자로 임명하게 된다.

한편 기세가 오른 고구려 군은 대산과 어양에 주둔하고 있던 수군을 격파하고 북평과 유주까지 점령하여 9성 24촌을 불살랐다. 그리고 영주에서 머무는 마지막 밤에 영양왕은 군사들을 위로하기 위하여 큰 잔치를 베풀고 논공행상을 열었는데 모두가 오부를 으뜸으로 삼았다.

이때 왕은 모든 장졸들에게 상을 내렸는데 연태조는 영양왕 앞에 나아가 무릎을 꿇고 죄를 청했다.

"오부의 죽음은 소장의 죄입니다."

사실상 치기(稚氣)어린 연태조의 만용이 없었다면 오부는 죽지 않았을 것이 틀림없었다. 왕도 그 사실을 모르는 바가 아니었으나 연태조를 벌하여 승리의 기쁨에 들떠 있는 군사들에게 찬물을 끼얹을 수는 없는 법이었다.

　꿇어 앉아 있는 연태조를 일으켜 세우며 위로하였다.

　"전장에서 죽는 것은 장수들의 가장 큰 영예이다. 오부는 비록 죽었으나 그 이름은 길이 우리들의 가슴에 남아 청사에 빛날 것이다. 그대는 너무 자책하지 말라."

　연태조가 눈물을 흘리면서 몸을 일으키지 못하였다.

　영양왕은 오부를 대사자로 추증하고 공신의 명부에 올렸고, 그 가족에게는 전답과 비단을 내렸다. 그리고 타말가두를 비롯하여 사마연과 여러 죽은 군사들의 시신을 수습하여 장례식을 성대하게 치르게 하였는데 모든 군사들이 갑옷 위에 상복을 입고 눈물을 흘렸다.

제 2 장

양량의 원정

수가 천하를 통일한 후 세상의 물자들이 모두 중국으로 몰려들었는데 서역을 비롯하여 각국에서 모여든 상인들은 저자거리에 넘쳐나고 사람들의 얼굴에는 생기가 돌았다.

봄이 되어 응달의 눈이 모두 녹고 날씨가 따뜻해지자 농부들은 논밭에 나가 농사준비에 바빴다.

양과 진을 정벌한 문제는 천하의 맹주가 되었지만 세월 앞에서는 나약한 인간에 불과했다. 천하를 호령하는 그도 세월 앞에서는 별 수 없어 점점 늙어가자 모든 것에 의욕이 없어지고 신경질적이 되어갔다.

고경이 은밀히 말했다.

"사람은 나이가 들면 매사에 피곤하고 아침에 일어나도 기분이 개운하지 않으며 미인과 잠자리를 해도 허리와 근육만 아플 뿐 별다른 흥이 나지 않는 법입니다. 이럴 때는 소유경(小有經)의 가르침을 따라 열두 가지의 양생의 묘법을 행한다면 능히 천수를 누릴 수 있을뿐더러 진인(眞人)에 이르게 된다고 합니다."

문제는 부쩍 흥미가 솟았다.

"양생의 묘법이라?"

"그렇습니다. 사려를 적게 하고, 염려를 적게 하며, 일을 적게 하고, 말을 적게 하며, 웃음을 적게 하고, 근심을 적게 하며, 즐거움을 적게 누리고, 기뻐하기를 적게 하고, 노하기를 적게 하고, 좋아하기를 적게 하며, 미워하기를 적게 하는 것이 바로 그것입니다."

문제는 마침내 복잡한 정치현실에서 떠나 인수궁(仁壽宮)을 짓고 거처를 옮겼다. 이때 고경이 말했다.

"땅이 넓고 크면 음기가 강하고, 누각이 높으면 양기가 왕성하게 됩니다. 모름지기 궁궐과 누각을 한 자 세 치 정도 높게 지으면 무병장수하실 것입니다."

문제가 기뻐하며 이에 따르도록 하였다.

이때 장안에 사는 한 노인이 70에 사내아이를 얻었다는 소문이 돌았다. 문제가 그 노인을 불러 물었다.

"사람이란 늙으면 기력이 쇠하는 것이 하늘이 정한 이치인데 노인장은 무슨 도(道)를 얻어 그 나이에 자식을 얻게 되었소?"

노인이 엎드려 절하며 말했다.

"대개 만물은 모두 무(無)에서 유(有)가 나타나는 것이므로 형상(形狀)이란 신(神)을 기다려서만 설 수 있는 것입니다. 이것을 제방에다 비유하면 제방이 무너지면 물이 찰 수가 없고, 촛불에다 견주어 보면 초가 망가지면 불이 켜질 수 없는 것과 마찬가지입니다. 소인은 젊어서 농사일을 하다가 우연히 도인을 만나 가르침을 받았는데 아침에 일어나서 일을 하되 지치지 않게 하고 저녁에는 깨끗이 목욕하고 아름다운 여인과 교접하되 함부로 신을 상하지 않게 하였음이니 이때부터 독계산(禿鷄散)이란 약을 복용하여 오늘에 이르렀을 뿐입니다."

문제가 귀가 번쩍 뜨여 물었다.

"독계산이라? 그게 도대체 무슨 약인가?"

"남자가 오로칠상(五勞七傷)으로 발기가 마음대로 되지 않고 갑자기 여자를 만나 그 일에 이르면 도중에 시들어 버리며 심한 경우에는 아예 교접이 불가능해질 때 고치는 처방으로 육종용(肉從蓉) 3분과 오미자(五味子) 3분, 토사자(兎絲子) 3분, 원지(遠志) 3분, 사상자(蛇床子) 4분, 이렇게 다섯 가지를 곱게 빻아 분말하여 매일 공복에 1촌 크기의 숟가락으로 하루 세 번 복용하시기를 60일을 계속하시면 능히 40인의 여인을 제어할 수 있습니다."

문제가 믿지 못하고 다시 말했다.

"세상에 많은 선약들이 있다고 하나 실제로 효험이 검증된 것은 없다고 들었다."

"옛날 촉군(蜀郡) 태수(太守) 여경대(呂敬大)는 나이가 70이 넘었는데 이 약을 먹고 3명의 자식은 낳았습니다.

"저런, 저런, 그게 정말이란 말이더냐?"

"물론 그렇습니다. 더구나 견디지 못한 부인이 그 약을 뜰에 버렸더니 마침 뜰에 놀던 수탉이 이 약을 먹고 암탉 등에 올라가 하루 종일 내려오지 않아 벼슬이 깨물려 벗겨졌다고 하여 세상 사람들이 이 처방을 일컬어 말하기를 독계산이라고 부르고 있습니다."

"허허, 참으로 묘하고 묘하도다."

문제가 탄복을 하며 비단 열 필을 상으로 내렸다.

인수궁이 완성되자 문제는 거처를 옮기며 문헌황후 독고씨(文獻皇

后 獨孤氏)의 맹렬한 질투 속에서도 자귀빈(姿貴嬪)을 두었고, 또 진에서 붙잡아 온 선화부인 진씨(宣華夫人 陳氏)와 용화부인 채씨(容華夫人 蔡氏) 등과 더불어 사치와 안락을 즐기게 되었다.

황제가 정사에 뜻을 잃자 양광과 양량을 비롯한 황자들과 그들을 추종하는 대신들 사이에는 암투가 끊이지 않았다. 이런 와중에 등주에서 급보가 날아왔다.

"고구려 함선이 급습하여 수군 사령관이 전사하고 함대가 모조리 침몰해 버렸습니다."

엄청난 소식을 듣자 문제는 할 말을 잊었다. 자리에서 벌떡 일어나 대전을 왔다 갔다 하면서 애꿎은 내관들에게 호통 쳤다.

"당장 군신들을 소집시키지 않고 무얼 우물쭈물 거리느냐."

황제의 소집명령에 달려온 군신들이 저마다 소리를 높여 보복을 주장하고 나섰는데 연이어 북쪽 변방에서도 파발이 달려와 고했다.

"영주가 함락되고 총관 위충이 전사했다고 합니다."

영주는 오호십육국 시대 이전부터 흉노(匈奴), 선비(鮮卑), 저(氐), 갈(羯), 강족(羌族) 등 여러 북방 민족들이 뒤섞여 살았던 지역이었다. 북주를 이어받은 양견이 천하를 통일한 후 영주 지역은 자연스레 수에 복속되었고, 수는 이곳을 북방의 거점으로 삼아 군사 요새지로 활용했다.

특히 문제의 출신 세력인 선비족들은 영주의 호족이 되어 있었기 때문에 문제로서는 절대로 포기할 수 없는 곳이었다.

문제는 분노를 참지 못하고 손에 들고 있던 표문을 땅바닥에 팽개치면서 소리쳤다.

"이런 한심한 놈들! 변방에 있는 장수들은 모두 소경과 귀머거리 놈들뿐이란 말이냐. 도적들이 나라를 이토록 절단 내고 있는데 도대체 무엇을 하고 있었단 말이냐."

조서를 내려 고구려왕의 관직과 작위를 박탈하는 한편 병부에 명을 내려 장강 이남에 있는 대군을 모두 불러들이게 하였다. 당시 수의 정예병들은 진을 함락한 후에도 잔존세력을 진압하기 위하여 양자강 쪽에 남아 있었는데 문제는 이들에게 고구려 정벌 명령을 내릴 심산이었던 것이었다.

양소가 조심스레 간했다.

"장강에 있는 군사를 불러들이려면 한 달 이상이 걸립니다. 차라리 신창, 수성, 노룡, 영락 등 난하 서쪽에 있는 군사들을 동원하는 것이 나을 것입니다."

문제가 노기를 감추지 못하고 눈썹을 씰룩거리며 소리쳤다.

"짐이 결정한 일이니 더 이상 왈가왈부하지 말라."

문제는 평소 신하들을 냉혹하게 다루었기 때문에 누구하나 감히 반대하는 자가 없었다. 모두 나서기를 꺼려하여 물러났으나 단문진[30]이 나서서 간했다.

"충신은 마음에 없는 말을 하지 않고, 죽더라도 진실만을 고한다고 하였습니다. 전쟁이란 일시적 분노로 일으켜서는 안 됩니다. 더구나 고구려는 성곽이 단단하고 군사들이 용맹하여 전면전을 벌이는 것은 다시 생각해 볼 일입니다."

단문진은 옛날 배산 전투에서 주군이 패주할 때 음산을 사수하여 주

---

30) 612년 수양제의 고구려 원정 시에 따라나섰다가 전쟁 중에 병사함.

무제와 양견이 무사히 달아날 수 있게 한 공을 세웠으나 양견이 수를 세우고 즉위하자 단문진이 말했다.

"신은 노쇠하여 아침저녁으로 정신이 혼미합니다. 더 이상 국사를 받들어 벼슬을 할 수 없습니다."

치사(致仕)하고 물러나려하자 양견이 벼슬을 더 높이고 간곡히 설득하여 붙잡아 두었다. 그런데 이제 자신의 뜻을 거절하고 고구려 정벌을 반대하자 비위가 크게 뒤틀렸다.

"그대의 옛 공을 생각하지 않았다면 당장 파직을 면하지 못했을 것이다."

불쾌한 낯빛으로 꾸짖었지만 단문진은 조금도 굴하는 기색이 없었다.

"좋은 약은 입에는 쓰지만 병에는 이롭고, 충언은 듣기는 싫지만 행함에 이로움이 있다고 합니다.[31] 신의 말이 비록 마음에 거슬리더라도 한 번만 마음에 새겨 두시기를 바랍니다. 굳이 고구려를 친다면 이기지 못할 이유도 없지마는 다만 세 가지 어려운 점을 바로잡지 않으면 우리도 큰 피해를 입게 될 것이니 부디 유념하십시오."

"경이 말하는 그 세 가지란 대체 무엇인가?"

"전쟁에서 승리하려면 훌륭한 무기가 있어야 합니다. 그런데 폐하께서는 일전에 모든 전쟁을 파한다는 조서를 내리신 후 전국의 병장기를 거두어 창고에 넣었습니다. 지금 창칼은 녹슬고 군사들은 훈련되어 있지 않습니다. 이것이 전쟁을 일으킬 수 없는 첫째 이유입니다.

또 대규모 정벌군을 일으키려면 전 해에 군비를 마련해 두었다가 봄

---

31) 良藥苦於口而利於病 忠言逆於耳而利於行

이 되는 정월이나 2월에 출정하는 것이 옳습니다. 지금은 봄이 되어 농사에 가장 바쁜 철인데 이런 때에 갑자기 군사를 일으킨다면 식량 생산에 큰 차질을 빚게 되어 재정이 어려워질 것이니 이것이 두 번째 이유입니다."

또박또박 반박하는 말들은 모두 옳았지만 문제는 오히려 노여움이 앞섰다. 불편스런 심기를 드러내며 퉁명하게 물었다.

"세 번째 이유를 말해보라."

"전쟁이란 싸우기 전에 양군의 형세를 검토하여 우세한 자는 승산이 많고, 지는 자는 승산이 적은 법입니다. 요동은 지형이 험하고 또 군사들이 용감하여 역대 중국 황제가 병거(兵車)를 몰고 갔으나 성공한 적이 드물었습니다.

더구나 우리의 형편을 돌아보면 대부분의 정병들은 장강 아래로 내려가 있어 싸우기 어렵습니다. 분기(憤氣)로 승리를 장담할 수는 없는 법이니 차라리 국서를 보내어 좋게 타이르고 스스로 물러가게 함이 좋을 것입니다."

단문진의 말이 채 끝나기도 전에 한왕(漢王) 양량(楊諒)이 벌떡 일어나서며 큰소리로 꾸짖었다.

"신하된 자가 망령된 말로 황제의 마음을 어지럽히려든다면 그 자가 누구든 간에 마땅히 목을 베어 저자거리에 내걸어야 할 것이오. 고구려는 항상 우리 변방을 노략질하여 그 폐해가 한두 가지가 아닌데 오늘날에 이르러 거만함이 하늘에 닿았다.

전일에는 사신을 보내어 황제를 핍박하였고 지금은 군사를 들어 해술을 죽이고 영주마저 유린하였으니 더 이상 무엇을 꾸짖고 어떻게 가르친다는 말인가?

가만히 두고 타이르기만 한다면 더욱 기고만장하여 변방 백성들을 괴롭힐 것이니 이번 기회에 그 왕을 잡아 아예 멸망시켜 버려야 할 것이다.

폐하의 성스러운 명령을 받든 우리의 군사들이 한 번만 휘몰아치면 오뉴월 바람에 이슬 사라지듯 순식간에 저들을 두려뺄 수 있을 것인데, 이제 장수라는 자가 가만히 앉아서 불가하다는 타령만 할 참인가. 비겁한 자들은 모두 물러나라. 내 손으로 저들을 섬멸하겠다."

양량은 문제의 넷째 황자로써 키가 크고 덩치가 장대하며 용기가 뛰어났다. 그러나 성격이 급하고 또 잔혹하여 마음에 들지 않으면 아무리 심복이라도 가차 없이 처단하여 모든 사람들이 두려워했다.

당시 태자 용이 방탕하여 문제의 총애를 잃게 되자 양량도 은근히 이세황제의 자리를 넘보고 있었다. 그렇지만 둘째 형인 진왕 양광이 진을 정벌한 후 부황의 사랑을 독차지하게 되자 앙앙불락하여 마음이 편치 못했다. 심복인 황보탄(黃甫誕)이 이러한 양량의 마음을 눈치 채고 슬슬 부추겼다.

"왕야께서는 크게 염려하실 필요가 없습니다. 진실로 대업을 꿈꾸신다면 결코 불가능한 일은 아니지요?"

"경에게 좋은 계책이라도 있단 말인가?"

"신이 알기로는 폐하께는 두 가지 숙원이 있습니다. 하나는 진을 멸망시켜 천하를 통일하는 것이요 또 하나는 고구려를 정벌하여 뼈에 사무친 원한을 씻는 것입니다. 이제 진은 멸망되었으니 남은 것은 고구려뿐입니다. 왕야께서 고구려를 평정한다면 진왕에 버금가는 공을 세우게 되는 것입니다."

고구려는 문제에게 항상 눈에 가시 같은 존재였다. 특히 주나라 시절에 사촌동생인 양책을 잃고 그의 시신을 거두면서 반드시 고구려를 멸하여 원수를 갚겠다는 맹세를 했다.

이러한 사실을 기억하고 있던 황보탄은 처음부터 양량에게 고구려를 정벌해야 한다고 건의를 올리기도 했다. 그런데 진을 정벌한 문제는 모든 전쟁을 파한다는 조서를 내리고 전국의 병장기를 거두어버렸다.

이런 뜻밖의 조치에 당황한 양량은 고구려 정벌에 대하여 아무런 말을 꺼내지 못했는데 마침 고구려가 영주와 등주를 침공한 것이었다.

믿음직한 아들인 양량이 고구려 정벌을 주장하고 나서자 문제도 문득 젊은 날의 패기가 되살아났다. 단문진의 충간을 물리치고 전쟁을 선포했다.

"선한 것을 기르고 악한 것을 주벌함은 하늘의 바른 도리이다. 짐은 하늘의 뜻을 얻어 천하를 경략하고 만민의 어버이가 되었으니 태양과 같은 밝은 덕으로 음애(陰崖)에 시든 풀까지도 모두 살리고자 하였다.

만물의 경중(輕重)을 헤아려 득실을 저울질하며 화를 바꾸어 복을 만들고 백성들이 원하는 것을 베풀어주며 싫어하는 바를 제거해주는 것은 황제의 임무요 신성한 사명이니 포악한 치우(蚩尤)[32]가 스스로 힘만 믿고 백성들을 괴롭히자 황제께서 친히 탁록에서 물리친 것이

---

32) 구려족(九黎族)의 우두머리로서 전투에 매우 뛰어난 능력을 보여 중국과 한국에서 전쟁의 신(戰神)으로 숭배되며 황제(黃帝)와 전쟁을 벌였다고 전해진다.

나, 산융(山戎)[33]의 무리들이 불측한 행동을 그치지 아니하자 관중이 이를 토벌한 것은 모두가 하늘의 올바른 도리를 밝힌 것이었다.

오늘날 패악 무도한 고구려가 변방을 노략질하고 죄 없는 백성들을 괴롭히고 살육을 일삼으니 이것은 물이 거꾸로 흐르는 형국이요, 천하의 질서를 어지럽힌 것이다. 짐은 이를 징벌하여 천하의 크나큰 도리를 바로 잡을 것이다."

10만 정병을 징집하여 전쟁을 서둘렀다.

이런 결정을 가장 염려한 사람은 상서좌복야(尙書左僕射)고경이었다. 고경은 고구려 군의 강성한 군사력을 잘 알고 있었기 때문에 가만히 있을 수가 없었던 것이었다.

"고구려는 성이 단단하고 지형이 험하여 10만 대군으로는 어렵습니다. 적어도 30만 대군은 모아야 싸워볼만 합니다."

이 말을 듣자 문제는 불쾌한 빛을 띄우면서 대답을 하지 않았다. 그러나 다음날 관리를 불러 조서를 고쳐 30만 대군을 모으게 하였다. 그리고 따로 장강 이남의 뱃사람들을 모아 수군 3만 8천명을 조직하는 등 전쟁 준비에 박차를 가했다.

양량의 휘하에는 전국에서 '내노라.'하는 장사와 용사들이 구름처럼 모여들었다. 그와 함께 자연스럽게 양량이 고구려 정벌군의 행군원수가 된다는 소문이 공공연히 나돌았다.

양소가 뒤늦게 이 소식을 듣고 진왕 양광에게 달려갔다.

"한왕이 이번 고구려 정벌군의 원수로 나서는 것은 반드시 다른 뜻을 품고 있기 때문입니다. 왕야께서 행군원수의 직을 놓쳐서는 안 될

33) 중국 춘추(春秋)시대에 산서성 태원(太原)에 살았던 고대 민족이다.

것입니다."

고구려 원정은 단순한 정벌 전쟁 이상의 의미를 지니고 있었다. 그것은 이세 황제 자리를 노리는 황자들의 세력을 결정하는 가장 중요한 변수가 될 것이 틀림없었기 때문이었다. 영악한 양광이 그 말의 뜻을 모를 리 없었다.

급히 의관을 갖추고 문 밖을 나서려던 참에 하인이 와서 아뢰었다.

"소길이란 분이 왕야를 뵙기 청합니다."

소길이라면 풍수사로 이름을 떨쳐 문제가 지극히 총애하는 인물이었다. 양광은 갑작스런 그의 방문을 의아하게 여겼으나 워낙 급한 판국이라 좋은 말로 물리쳤다.

"지금은 급한 일이 있으니 다음에 뵙겠다고 전하라."

잠시 후 하인이 다시 돌아와 전했다.

"'만약 자신을 만나주지 않는다면 그냥 물러나겠지만 왕야께서는 필경 크게 후회하실 날이 올 것이라.'고 전하라 하였습니다."

양광은 불현듯 예사롭지 않은 느낌이 들었다. 행차를 잠시 중지하고 좌우를 물리친 후 소길을 불러 정중하게 물었다.

"무슨 가르침을 내리시려는 것입니까?"

소길은 묻는 말에 대답하지 않고 엉뚱하게 되물었다.

"지금 혹시 궁으로 가시는 길이 아닙니까?"

심중을 간파당한 양광이 순간 당황했다. 선뜻 대답을 하지 못하고 우물쭈물하고 있으려니 소길이 말을 이었다.

"만약 고구려 원정 문제 때문에 황제께 나아가시려 한다면 그만 멈추시는 것이 좋을 것입니다."

"공은 어찌하여 그렇게 생각하시는 게오?"

소길은 잠시 양광을 똑바로 쳐다보았다.

"왕야께서는 진실로 천하를 얻고 싶지 않으십니까?"

양광이 내심 뜨끔했으나 시치미를 뚝 잡아떼고 물었다.

"공께서 무슨 말씀을 하는 것인지 어리석은 나로서는 도무지 알 수가 없소이다."

소길이 빙그레 웃으며 대답했다.

"신을 믿지 못 하시면 말씀은 하지 않으셔도 좋습니다. 하나 신은 말씀을 드리지 않을 수 없습니다. 왕야께서는 천운을 타고났지만 아직은 천기가 돌아오지 않았으니 지금은 부디 몸을 낮추시고 기다리셔야 할 때입니다."

"무엇을 기다리라는 말이오?"

소길이 좌우를 한 번 둘러보더니 주위에 아무도 없는 것을 확인하고서야 나직이 말했다.

"이번 고구려 원정은 실패할 것입니다. 그러므로 왕야께서 나서게 된다면 지금까지 이루어 놓은 공을 모두 잃게 될 것입니다."

양광이 믿기지 않은 듯 반문했다.

"우리 군사가 패한다고 하였소?"

"신이 요 며칠 동안 별자리를 살펴보았습니다. 그런데 수성이 푸른 빛을 띠우며 금성 가까이 스쳐 지나갔으니 큰 전쟁이 일어나면 많은 장수와 군사들이 죽게 될 운입니다. 따라서 이번 전쟁에 나서는 장수는 반드시 큰 치욕을 당하게 될 것이므로 왕야께 이를 알려 드리려는 것입니다."

중국인들은 수성과 금성은 전쟁과 관련 있는 별이라 생각하였다. 그리고 수성과 금성의 움직임에 따라 크고 작은 전쟁이 일어날 것을 점치고 군대의 진퇴를 결정했다.

소길의 이러한 말은 양광의 마음을 뒤흔들었다. 안색이 변하며 물었다.

"공은 어찌하여 나에게 이렇게 귀한 가르침을 주시는 게오.?

"이미 말씀드렸듯이 왕야께서는 천자가 되실 귀하신 운명을 지니고 계십니다. 하나 세상사는 호사다마라 귀한 운명을 지닌 분일수록 자칫 잘못 천기를 거스르면 만사를 그르치게 되어 목숨마저 잃게 되는 수가 허다합니다. 소인은 다만 이것을 안타깝게 여기는 것입니다."

천자가 될 것이라는 소리에 양광의 입이 절로 벌어졌다.

"내가 천자에 오른다면 오늘 그대의 공을 잊지 않을 것이오."

양광은 입었던 갑옷을 벗어 던지고 출정을 포기했다.

598년 6월 27일.

문제는 양량에게 절도(節度)를 주어 행군대원수(行軍大元帥)로 임명하고 30만 대군을 지휘하게 하였다. 그렇지만 문제는 양량이 나이가 어리므로 상서좌복사(尙書左僕射) 고경(高熲)을 장사(長史)로 임명하여 군사에 관한 전권을 행사하게 하고 왕세적(王世積)을 부장으로 삼았다.

또한 주라후(周羅睺)를 수군대총관(水軍大摠管)으로 삼아 오백여 척의 함선을 준비하여 3만 8천명의 수군을 등주(登州)에 집결시키고 발해만을 거쳐 난하(灤河)를 거슬러 올라가 양량의 육군을 도우고 식량을 보급하게 하였다.

이러한 조치가 모두 끝나자 문제는 다음과 같은 출정의 조서를 내렸다.

"짐이 천명을 받들어 제위에 오른 뒤 사해를 통일하여 율법을 다시 세우자, 전역이 사라지고 부모와 형제가 이별이 없으니 곳간에는 곡식이 가득하여 태평성대를 이루었다.

하지만 산골짜기와 바다 길에 의지하여 숨어 지내는 고구려가 외람되이 조그만 힘을 믿고 패악무도하게 번국의 도리를 잊었다.

짐은 이를 긍휼히 여겨 수차례 잘못을 깨우쳐 주었으나 오히려 날카로운 이빨을 드러내어 약탈과 착취를 자행하여 변방의 백성들을 학살하고 짐이 보낸 관리들조차 나뭇가지에 매달아 죽이고 시신을 불태우면서 즐거워하였다.

왕의 땅에 거주하며 왕의 곡식과 물을 먹고 살면서도 이토록 포악하고 참혹한 짓을 자행하고 있으니 이를 징벌하지 않고서 천지의 아픔을 달래고, 군부(君父)의 원수를 갚을 수 없을 것이다.

천하의 의로운 군사를 모아, 이를 평정하고 올바른 황제의 도리를 밝히리라."

고구려 원정은 수 문제에게는 특별한 의미가 있었다. 배산 전투에서 참패하고 쫓기던 때가 아직도 뇌리에 생생하고, 사촌 양책을 잃고 복수를 맹세하던 일이 새삼 가슴에 사무쳤다.

문제는 한편 의기양양하였으나 한편으로는 걱정이 앞서는 것을 어쩔 수 없었다. 출정을 나서는 양량에게 몇 번이고 다짐을 두었다.

"적을 얕보아서는 안 된다. 결코 방심하지 말라."

기세가 오를 대로 오른 양량은 이러한 문제의 심려 따위는 아랑곳하지 않았다. 왕부의 신하들은 물론이고 출정을 하례하러 오는 사람들에게 큰소리쳤다.

　"내가 돌아오는 날 역사가 바뀔 것이다."

　진군을 알리는 요란스런 나팔소리와 함께 행군총관 64여 명과 30만 대군을 거느리고 장안성을 출발했다. 출정의 아침에는 바람이 불고 빗줄기가 오락가락 내렸지만 양량은 지체하지 않았다. 손수 우의를 걸치고 말에 올라 출정을 강행하였는데 정오가 가까워지자 서쪽 하늘이 환해지면서 구름이 걷히고 빗줄기가 그쳤다.

　양량은 우쭐해져 큰소리쳤다.

　"보라! 비가 걷히지 않는가. 천자의 군대가 가는 곳에는 하늘도 도우는 것이다."

　수십 리에 걸친 수의 대군은 뱀처럼 꿈틀거리며 낙양을 거쳐 임유관으로 진군했다. 군사들은 터덜터덜 발걸음을 옮겼고 무거운 수레는 길게 펼쳐진 진흙길 위에 긴 꼬리를 남기면서 삐걱대며 움직였다.

　자의참군(諮議參軍) 왕규(王頍)는 양량의 심복으로 훗날 양광이 문제를 시해하고 제위를 찬탈하자 함께 난을 일으킨 인물이었다. 양량의 뒤를 졸졸 따라다니며 비위를 맞추었다.

　"왕야께서 대군을 이끌고 요수에 도착만 해도 고구려왕이 지레 겁을 먹고 제 발로 찾아와서 항복을 청하게 될 것입니다."

　아부는 귀에는 듣기 좋은 법이었다. 그 말을 듣자 양량은 갑자기 고개를 들고 미친 사람처럼 소리를 내어 웃었다.

　"으하하하. 내가 고구려를 정벌하는 날 진왕도 감히 나를 어쩌지 못할 것이다."

고구려왕의 항복!

생각만 해도 기분 좋은 일이었다. 안 그래도 진을 정벌한 후부터 부쩍 거만해진 진왕 양광을 아니꼽게 여기던 터였다. 그렇지만 이번에 자신이 고구려를 정벌하고 돌아가면 조정의 판도는 완전히 뒤집어 놓을 수도 있었다. 그렇게 되면 꿈속에서나 그리던 이세 황제의 자리도 그리 먼 것이 아니었다.

양량의 일행이 40일이 넘도록 행군하여 임유관에 다다르자 임유관을 지키는 장수가 두 명의 미인을 바쳤다. 천성이 호색한이었던 양량은 오랜만에 미인을 대하는 터여서 마음이 한껏 풀어졌다. 전쟁에 나선 것도 잊은 듯 밤마다 잔치를 벌이고 질탕하게 놀았다.

군사 고문인 고경이 참다못하여 간했다.

"전쟁터에 나선 장수가 여인의 치맛자락에 파묻혀 지낼 수는 없습니다. 더구나 전쟁의 승패는 우직지계에 달려있는데 이렇게 시간을 지체해서는 안 됩니다."

양량이 비꼬듯이 말했다.

"옛날 천하의 명장 항우도 항상 우미인을 전쟁터에 데리고 다녔지 않소. 그건 그렇고 그대는 언제부터 나의 사생활까지 간섭하게 되었소?"

고경이 이 사실을 글로 써서 장안으로 보내려하자 그제야 양량이 두려워하며 얼버무렸다.

"농으로 한 말을 가지고 어찌 이토록 노여워하시오?"

고경은 두 명의 미인을 내칠 것을 주장했기 때문에 양량도 어쩔 수 없이 그들을 돌려보냈다.

소갈머리가 밴댕이 속과 같은 양량은 이 일로 고경에 대해 깊은 원한을 품었다.

훗날 패전하고 돌아온 뒤 문제가 꾸짖자,

"장수는 항상 군사들을 먼저 돌아보아야 한다고 들었습니다. 당시에는 날이 더워 강행군하기가 힘들었기 때문에 장마철을 기다려 조금 시원해지면 출정하려던 것이었습니다."

이렇게 거짓말을 둘러대어 변명했지만 독고황후의 처소로 가서는 울면서 고경을 참소했다.

"소자가 고경에게 죽임을 당하지 않은 것만 해도 다행입니다."

양량의 30만 대군이 요동으로 진군해 오자 변방에서 급한 파발이 잇달아 달려왔다. 영양왕은 중신들을 모아놓고 강개한 어투로 이렇게 선포했다.

"수와의 전쟁은 피할 수 없는 일이어서 이번 전쟁에서 확실하게 깨뜨리지 못한다면 앞으로도 전쟁이 끊이지 않을 것이다. 짐이 친히 전선으로 나아가 한왕을 사로잡을 것이다."

영양왕은 즉위한 이후로 신라와 요서를 차례로 정벌하여 전쟁이 잦았다. 특히 요서 정벌에서는 친히 군사를 이끌고 영주까지 진격하여 평양을 3개월 이상이나 비웠기 때문에 국로대신들의 염려가 컸다.

요서 정벌에 공을 세워 대로의 벼슬에 오른 극엄은 왕의 옥체를 염려하였다. 좋은 말로 둘러 왕의 친정을 반대했다.

"왕은 함부로 국도(國都)를 비워서는 안 된다고 하였습니다. 특히 나라에 병란이 있을 때는 국도를 지키는 것이 가장 중요한 일입니다.

그래서 옛 병서도 어려움이 있으면 임금은 정전(挺戰)을 피하고 장수를 불러 조서(詔書)를 내려 지시한다고 하였습니다. 마땅히 지혜로운 장수에게 험한 산과 강을 지키게 하심이 좋을 줄 압니다."

대사자 선승도가 제안했다.

"왕제 건무나 강이식 대장군은 뜻이 곧고 충성스러우며 지혜와 용맹을 두루 갖추고 있으니 능히 만군을 맡길 만한 인재들입니다. 마땅히 그들에게 수륙군을 지휘하게 하고 대왕께서는 왕도를 지키시어 백성을 돌본다면 적들은 감히 우리 국토의 풀 한 포기, 돌멩이 하나도 다치지 못할 것입니다."

대부분의 장수와 대신들도 친정을 극력 만류하자 왕은 친정을 포기하지 않을 수 없었다.

군신들의 뜻에 따라 건무와 강이식에게 부월을 내려 수군도원수(水軍都元帥)와 병마도원수(兵馬都元帥)로 임명하여 각각 삼군을 거느리고 출정하게 하였다.

갈석(碣石)[34]에 진채를 구축한 강이식은 양량의 군사가 다가오기를 기다렸다. 이때 소하(素河) 근처의 숲에 매복해 있던 장군 고진(高眞)은 마침 저녁때가 되어 숙영을 서두르는 수군의 우효위장군 악후의 군사들을 습격하여 수백 명을 죽였다.

---

34) 索隱은 碣石山에 대해 다음과 같이 말하고 있다. '蓋碣石山有二. 此云 夾右碣石入于海 當是 北平之碣石' '대저 갈석산은 두 곳인데 갈석산을 오른쪽에 끼고 바다로 들어간다고 하는 것은 당시 북평의 갈석을 말하는 것이다.' 또 당나라 杜佑가 지은 通典에 이르기를 '碣石山在 漢樂浪郡遂城縣 秦築長城東截遼水起於此山'이라 하였다. 그 뜻은 '갈석산은 한나라의 낙랑군 수성현에 있다. 진나라 때 쌓은 장성이 동쪽으로 요수를 끊고 이 산에서 시작된다.' 여기서 갈석산은 같은 곳으로 낙랑군 수성현에 갈석산이 있고 그곳에 장성이 있으며 고대의 요수도 있었다는 설명이다.

부장인 탁문영은 끝까지 싸우다가 전사하였으나 악후는 어둠을 타고 달아났다. 양량이 대노하여 악후를 처벌하려 하자 왕규가 간했다.

"전쟁은 이제 시작이어서 사소한 승패는 얼마든지 일어날 수 있습니다. 그때마다 일일이 장수를 벌하시겠습니까?"

그제야 양량이 처벌을 거두었다.

좌둔위대장군 왕세적은 청하(靑河)로 진격했다가 고구려 군의 반격을 받아 움직이지 못했고, 료하(遼河)와 혼하(渾河)의 여러 강줄기를 따라 전진하던 효위장군 소마가의 군사들도 고구려 척후병에게 작전이 노출되어 3천 명이 넘는 군사들만 잃고 패퇴하여 쫓겨 왔다.

찌는 듯이 무더운 날씨로 고생하던 양량의 군사들은 몇 차례 교전에 계속해서 패하자 사기가 크게 떨어졌다. 양량은 심기일전을 위하여 군사들에게 휴식이 필요하다고 생각했다.

잠시 진군을 멈추고 쉬게 하였는데 이러한 명령은 도리어 군율을 더욱 어지럽히고 말았다. 황산에서 군량을 지키고 있던 자의참군 교종규는 매일같이 술만 마셔 대었다.

이때 고구려 군사들이 기습해 와서 군량 창고를 세 채나 불태웠다. 부하 장수가 달려와서 이 사실을 알렸지만 술에 곯아떨어진 교종규는 되레 호통만 쳤다.

"그까짓 고구려 소적 몇 놈 때문에 무슨 호들갑이 이렇게 심하단 말이냐. 네놈들이 알아서 처리해라."

나중에 술이 깬 교종규는 모든 죄를 부장인 장광과 경비 책임자인 괴정에게 씌웠다. 교종규는 처음에 홍주총관(洪州摠管)으로 있을 때 양량에게 뇌물을 자주 바치고 수족 노릇을 한 인물이었다.

양량은 교종규의 죄는 묻어두고 장광과 괴정만 처벌하려 하였다. 이때 누군가가 말했다.

"괴정은 좌서자 우세기의 외조카입니다. 이번 사건은 모르는 척 넘어가는 것이 좋겠습니다."

그렇지만 양량은 누군가는 책임을 져야 한다고 생각했다. 그런데 장광은 전투 중에 실종되어 버렸기 때문에 괴정마저 용서할 수가 없었다. 억지로 고집을 부렸다.

"작전에 실패한 장수는 용서받을 수 있어도 경계에 실패한 장수는 살려두어서는 안 된다."

기어이 괴정을 끌어내어 목을 베었다.

이 사건으로 원한을 품게 된 우세기는 나중에 양광이 반란을 일으켜 등극하자 양량을 사사(賜死)하도록 부추겼다.

한편 부상을 당하여 계곡 속에 숨어 있던 장광은 괴정이 처형당했다는 소식을 듣고 몸서리를 치면서 말했다.

"간악한 한왕은 반드시 나도 죽일 것이다."

자신의 군사를 이끌고 투항해 버렸다.

때마침 장안에서 문제가 군사들의 사기를 돋우기 위하여 술과 음식을 보냈는데 평소 거만하기 짝이 없던 양량도 이때만은 어쩔 줄 모르고 사신을 향해 감히 고개를 들지 못했다.

사신이 돌아가자 왕규가 말했다.

"장안을 떠나온 지 두 달이 지났건만 아직도 아무런 공을 세우지 못했습니다. 황제께서 이 사실을 아신다면 어떤 불호령이 떨어질지 모릅니다. 여기서 멀지 않은 개평성은 성곽이 낮고 주둔해 있는 군사도 얼마 되지 않는다고 하니 그곳을 먼저 점령하여 교두보로 삼는 것이 어떻겠습니까?"

양량은 선선히 왕규의 청을 받아들여 유장을 선봉으로 삼아 개평을 공격하게 했는데 유장은 평소 성미가 매우 악랄하여 군사들에게 약속했다.

"성을 점령하면 성안에 있는 보화와 계집들은 모두 너희들 차지가 될 것이다."

신이 난 수군들이 죽음을 무릅쓰고 밤낮으로 맹공을 퍼부어 이레 만에 성을 함락하였다.

이때 끝까지 저항하던 개평태수 고술도 난군의 칼에 맞아 전사하자 성으로 난입한 수군들은 살육과 약탈, 강간 등을 마음대로 자행하여 그 참혹함이 말할 수 없었다.

유장은 승리를 기념하기 위해 열두 살 난 어린 딸아이를 산 채로 배를 갈라 제사를 올렸다. 고술의 아들 고청운은 대청마루 밑에 숨어서 이 광경을 지켜보고 하늘에 맹세했다.

"천지신명이시여, 저에게 힘을 주소서. 오늘의 원한을 천 배 만 배 갚게 해 주소서."

날이 어두워지기를 기다려 구사일생으로 성을 빠져 나가 외숙인 풍성태수 소규호에게 달아나 구원군을 청했다.

"승리의 신은 우리에게 있다."

개평 전투에서 승리한 유장은 기고만장하였다. 파죽지세로 군사를 몰아 당산을 함락하고 옥전보까지 진군하였지만 때맞추어 달려온 을지문덕에게 패하고 말았다. 행군총관 3명을 비롯하여 5천 명이 넘는 군사를 잃고 허겁지급 개평으로 후퇴하던 중 날이 어두워지자 조그만 야산에 숙영할 수밖에 없었다.

유장은 자신의 패전을 인정할 수가 없었다. 치밀어 오르는 분노을 참지 못하고 술만 벌컥벌컥 마셔대었는데 밤이 깊어서 갑자기 함성소리에 크게 놀랐다.

고청운이 풍성 태수 소규호와 함께 야습을 해 온 것이었다. 눈치 빠른 자들은 재빨리 달아났지만 대부분의 수군들은 제대로 저항도 하지 못하고 죽어나자빠졌다.

술에 취한 유장은 갑옷도 걸치지 못하고 달아났으나 몇 발자국 가지도 못하고 붙잡혀 소규호 앞에 끌려나왔다. 유장은 비굴하게 굽실거리면서 목숨을 구걸했다.

"소장은 다만 나라의 명을 받아 전쟁에 나섰을 뿐입니다. 부디 목숨만은 살려 주십시오."

곁에 있던 고청운이 분노에 치를 떨며 언성을 높여 꾸짖었다.

"이 추악하고 더러운 놈아. 나는 네놈이 한 짓을 눈으로 똑똑히 보았다. 그런데도 네놈의 목숨은 아까운가?"

유장은 계속 잡아떼었다.

"무슨 말씀인지 소장은 모르겠습니다."

고청운은 갑자기 이상하리만큼 차분하게 말했다.

"네놈의 죄를 알려주랴? 네놈은 고작 열두 살 난 어린 딸아이를 죽여 배를 갈라 제사를 지냈다. 이제는 그 죗값을 치르게 될 때가 되었다."

유장이 그제야 부들부들 떨면서 대답하지 못했는데 고청운은 매서운 눈초리로 노려보며 씩 웃었다.

"네놈은 잔인하게 우리 군사와 백성을 죽였지만 나는 너를 죽이지는 않겠다."

칼을 번쩍 빼어들어 유장의 손과 발을 모두 자르고 피가 철철 흐르는 몸뚱아리는 벌판에 던져 들짐승의 밥이 되게 하였다. 참혹한 이 광경을 지켜보던 수군 포로들은 새파랗게 질려 있었는데 고청운은 그들마저 남김없이 죽이려 하였다.

돈독한 불교신자였던 소규호는 무의미한 살생을 피해야 한다고 생각했다.

"대장은 이미 죽었으니 무의미한 살생은 피해야 한다. 자비지심(慈悲之心)을 가져 저들의 목숨만은 살려주도록 하라."

이렇게 명령을 내렸으나 복수심에 불탄 고청운이 반박했다.

"저놈들은 다만 인두겁을 쓴 악마일 뿐입니다. 불과 얼마 전까지만 해도 창칼을 쥐고 날뛰면서 불쌍한 우리 백성들을 무자비하게 학살하였으며, 여러 사람이 보는 앞에서도 마음대로 아녀자들을 겁탈하였습니다. 지금은 포로가 되었으니 죽을상을 지으면서 선량한 척 꾸미고 있을 뿐입니다."

"죄는 미워해도 사람을 미워하면 안 된다. 어차피 죽은 사람은 이 세상에 없는데 살아있는 자까지도 죽이는 것은 옳지 않다."

순간 고청운의 눈이 갑자기 무섭게 빛났다. 번개처럼 칼을 빼더니 가까이 있던 포로 하나를 베어버렸다.

"이제 이놈도 이미 죽었으니 왈가왈부할 필요가 없어졌습니다."

하도 급작스런 일이어서 소규호가 말을 잇지 못하자 고청운이 부하들에게 소리쳤다.

"나머지 놈들도 **빨리빨리** 처치하여 시비를 없애도록 하라."

포로들을 포위한 다음 사정없이 죽여 버렸다.

한편 연전연패를 거듭한 양량은 전공을 조작하기 위하여 민가를 습격하여 불 지르고 애꿎은 백성들을 무차별적으로 죽이고는 그 귀를 베어 거짓으로 승리를 보고했다.

이때 양량은 동이족의 오래된 사당을 발견했다. 호기심이 발동한 양량이 방안으로 들어서려하자 어디선가 신녀가 나타나 그를 제지했다.

"이곳은 신당입니다. 누구를 막론하고 함부로 출입을 할 수 없습니다."

하얀 옷을 입은 신녀는 하늘에서 막 내려온 선녀처럼 아름다웠다. 양량은 별안간 음탕한 마음이 생겼다. 좌우를 물리친 후에 갑자기 그녀를 끌어안고 신당으로 들어가 겁탈하려 하였다. 이때 벼락 치는 소리와 함께 벽화 속에 있던 신선의 모습이 갑자기 야차로 바뀌면서 그를 향해 달려들었다.

깜짝 놀란 양량이 비명을 지르면서 뛰어나와 소리를 질렀다.

"귀신이다! 모조리 불태워 버려라."

명을 받은 군사들이 신당에 불을 지르자 불꽃에 갇힌 신녀는 구슬픈 울음과 함께 한줌의 재가 되어 사라졌다.

모질고 잔혹한 양량의 잔인한 처사를 두고 수나라 장수들까지도 비난하는 자가 많았는데 양량은 이런 소문들이 모두 고경 탓으로 돌렸다.

"이것은 모두 고경 그놈 때문이다. 그놈이 군자인 체 하며 대원수인 나를 욕보인 것이다."

왕세적은 양량과 고경이 사이가 나빠지는 것을 원하지 않았으므로 양량을 만류했다.

"고경은 폐하의 은총이 깊은 신하입니다. 괜스레 일을 어렵게 만들 필요가 없습니다."

"나도 그만한 일쯤은 알고 있소."

양량이 버럭 소리를 질렀다. 그렇지만 양량은 더욱 거칠고 악독한 짓을 서슴지 않았다. 지나는 인근 부락을 마음대로 약탈해도 좋다는 명령을 내렸다.

짐승처럼 변한 수나라 군사들이 떼 지어 민가를 습격하고 마음대로 재물을 약탈하는 등 온갖 악행을 자행하자 수군이 지나는 곳마다 생지옥이 되었다.

여러 장수들이 강이식에게 말했다.

"작전에 실패한 양량이 뱀과 전갈과 같은 독기를 뿜어내어 수많은 악행을 저지르고 있습니다. 하루 빨리 제거하지 못한다면 애꿎은 백성들의 피해만 늘어나게 됩니다."

빨리 결전할 것을 주장했지만 강이식은 듣지 않았다.

"적은 30만이나 된다. 아무리 사기가 떨어졌다고 하더라도 결코 만만한 상대는 아니다. 현명한 장수는 이긴 후에 싸운다고 한다. 나는 적이 스스로 무너지게 한 다음에 단 한 차례 전쟁으로 숨통을 끊어 버리려는 것이다."

용감하고 날쌘 군사들을 서른 명 단위로 적게 쪼개어서 별동대를 만들고 적진 깊숙이 침투시켜 유격전을 벌였다. 그리고 나머지 군사들로 하여금 외곽에 있는 수군들을 파상적으로 공격하면서 끊임없이 괴롭혔다.

유격전이 계속되는 중에도 강이식은 수군들의 정보 파악에 열을 올렸다. 세작들을 이용하여 사소한 정보까지도 낱낱이 수집했으며 한편으로는 귀순한 장광의 도움을 받아 수군들의 동태와 배치현황을 손바닥같이 들여다 볼 수 있게 되었다.

시간이 점점 지나 장마철로 접어들었다. 비가 계속 내리자 하천마다 물이 넘쳤고 길은 질퍽거려 수레가 원활하게 다닐 수가 없었다.

궁지에 빠진 양량은 흩어져 있던 군사를 모아 대오를 밀집하여 끊어지지 않게 하는 수진(數陣)을 치고 버티었다.

산위에서 이런 모습을 지켜 보던 강이식이 비웃었다.

"적들은 이제 죽을 때가 되었다."

까마귀나 구름이 모이고 흩어지듯 오운진(烏雲陣)을 펼치고 진형의 변화를 자유자재로 구사하면서 바람처럼 나타났다 연기처럼 사라지는 신출귀몰한 전법으로 공격하여 양량의 군사를 끊임없이 괴롭혔다.

날이 갈수록 사상자가 늘어나자 처음에 30만이던 양량의 군사는 20만으로 줄어들었고 식량도 태반을 잃어버렸다. 궁지에 몰린 양량은 난폭한 성미를 여지없이 드러내었다. 패전해 돌아오는 장수들을 가차 없이 죽였다. 처벌을 두려워한 장수들은 이런저런 핑계를 대어 모두가 출정을 기피했고 사사건건이 책임을 떠넘겼다. 억지로 싸움터에 나간 장수들도 힘써 싸울 생각을 하지 않았고 군사들은 기회만 나면 탈영해 버렸기 때문에 양량은 자신의 군대가 어디 있는지도 파악하지 못했다.

재앙은 그뿐이 아니었다.

장마가 끝날 무렵 엄청난 태풍이 몰아쳐 온 것이었다. 저녁 무렵 스산한 바람이 불어오더니 밤이 깊어서 뇌성벼락이 떨어지고 굵은 빗줄기가 앞을 가릴 수조차 없이 퍼부었다.

거센 바람에 백년이 넘은 거대한 나무들도 뿌리 채 뽑혀 나갔다. 계곡 쪽으로 주둔했던 군대는 흔적도 없이 쓸려 내려갔고, 산 아래 주둔했던 군대는 산사태에 깔려 죽었다.

부서진 수레는 아무렇게나 뒹굴어 수렁에 빠지고 고삐 풀린 우마는 길길이 날뛰며 달아나 버렸다. 모두들 제 목숨을 구하느라고 정신이 없었기 때문에 누구 하나 우마를 찾으려는 자가 없었다.

폭우가 심해지자 양량도 걱정이 되어 잠을 이루지 못했다. 왕규와 소마가, 황보탄(黃甫誕) 등 심복 장수들과 술을 나누며 이야기를 나누고 있었는데 부관 하나가 뛰어 들어와 고했다.

"큰일 났습니다. 계곡이 넘치고 산사태가 나서 많은 군사들이 깔려 죽었다고 합니다."

양량은 정신이 아뜩해졌다. 술잔을 내던지고 황급히 산사태 현장으로 가 보니 흙더미에 묻힌 군사들은 형체조차 알아 볼 수가 없었다. 양량은 한발자국이라도 가까이 접근하기 위해 산비탈로 내려갔는데 술에 취해 있어서 중심을 잡지 못했다.

갑자기 발이 미끄러져 절벽 아래로 떨어질 뻔하였으나 곁에 있던 왕규가 얼른 잡아 당겨 구했다. 그러나 갑옷이 찢어지고 온몸이 비에 젖은 데다 술이 깨기 시작하여 온몸에 한기를 느끼고 오돌 오돌 떨었다.

왕규가 얼른 그의 옷을 벗어 덮어 주자 양량이 감격했다.

"그대의 충성심은 영원히 잊지 않겠다."

다음날 날이 밝자 폭우도 멈추었다. 양량은 군사들을 수습하게 하였는데 그 피해가 이루 말할 수 없었다.

남은 군사들은 10만도 채 못 되었고 얼마 남지 않은 식량마저 물에 젖어 썩어버렸다. 가장 심각한 것은 주위가 온통 흙탕물이라 마실 물조차 구할 수 없었기 때문에 당장 목마른 군사들은 오염된 물도 개의치 않고 마셨다.

양량은 군수물자 기지가 있는 황산과 용산에 전령을 보내어 보급품을 요청하였으나 이미 고구려 군사들에게 보급로를 차단당하여 한 톨의 식량과 한 바가지의 식수도 구할 수 없었다.

이렇게 되자 약삭빠른 몇 몇 보급 장교들이 창고의 곡식을 빼돌리고 병사들에게는 식사량을 줄이고 심지어 돌과 흙이 섞여있는 식사를 나누어 주기도 했다.

양량이 이 사실을 알고 여러 군사들이 보는 앞에서 장교 일곱 명을 참수했다. 이때 고경이 간했다.

"모든 일들은 식량이 거의 떨어졌기 때문입니다. 이대로 몇 주일도 버티지 못하고 굶주려 죽게 됩니다. 폐하의 꾸지람을 듣더라도 돌아가는 수밖에 없습니다."

간곡하게 회군할 것을 건의하였지만 양량은 미친 듯이 화를 내며 소리쳤다.

"이놈이 나에게 패전의 죄를 뒤집어씌우려 하는 것이다."

하루하루 날이 지나자 굶주린 군사들은 군마까지 잡아먹고 초근목

피로 연명했으며 심지어 시체를 뜯어먹는 자도 있었다.

진영 주위에 흩어진 수많은 시체들은 수습할 수가 없었다. 썩는 냄새가 백 리까지 뻗치고 온갖 벌레와 파리들이 들끓었다.

썩은 음식과 더러운 물로 억지로 버티던 수군들은 알 수 없는 전염병에 걸려 쓰러지는 자가 많았다. 처음에는 고열에 시달리더니 나중에는 온몸에 반점이 생기고 사지가 뒤틀려서 죽는 자가 많았다.

전쟁은 뒷전이었다.

의원과 약재를 총동원하여 치료하였으나 괴질은 점점 창궐하여 하루에도 수백 명의 환자가 늘어나고, 죽어나가는 자도 수십 명에 달했다. 군사들의 신음소리가 천지를 진동했고 탄식과 울부짖음도 끊이지 않았다.

진중에는 죽음의 그림자가 짙게 드리워졌고 흉흉한 소문이 끝없이 나돌았다. 이때 이상한 소문을 퍼졌다.

"전에 사당을 불태우고 신녀를 살라 죽였는데 그 원혼이 우리 군사들에게 해코지하는 것이다."

양량이 소문을 퍼뜨린 군사를 수소문하여 잡아들였다.

"네놈이 감히 헛된 소문을 퍼뜨리고도 살기를 바라는가?"

엄하게 문초하자 그 군사가 벌벌 떨면서 대답했다.

"꿈에 온몸에 불이 활활 붙은 신녀가 나타나서 '너희들은 모두 이곳에서 묻히게 될 것이다.' 라고 저주를 퍼부었습니다."

양량이 대노하여 즉시 참수하게 했는데 갑자기 불어온 큰 회오리바람에 칼이 날아가 형을 집행하던 군사의 등을 찔러 죽였다. 괴이한 이 광경을 본 군사들은 모두가 공포에 떨었는데 소문은 꼬리에 꼬리를 물고 나돌았다.

공포란 보이지는 않으나 그 여파는 엄청난 것이었다. 군사들은 두세 명만 모이면 신당에 얽힌 괴이한 이야기를 하면서 두려워하였다. 양량은 엄명을 내려 모든 부언유설(浮言流說)[35]을 금하고 이를 어긴 자들을 잡아내어 본보기로 처형했다.

그렇지만 단속을 하면 할수록 온갖 괴담은 더욱 퍼졌고 장교들까지 이를 알면서도 모두들 쉬쉬할 뿐이었다. 보다 못한 황보탄(黃甫誕)이 간했다.

"길일을 택하여 여제(厲祭)[36]를 베풀어서 전쟁으로 죽은 원혼들을 달래고 군사들의 마음을 풀어주는 것이 좋겠습니다."

양량은 처음에는 화를 내었으나 다음날 마음을 바꾸어 제사를 허락하였다.

양량은 몸소 제관이 되어 북쪽에 큰 여단(厲壇)을 쌓고 큰 소를 잡아 피를 바쳤는데, 갑자기 땅이 흔들리면서 군막 위에 세워 두었던 대장기가 넘어져서 부러졌다.

제일 앞줄에 앉아 있던 양량은 얼굴이 새파랗게 질려서 자리에서 꼼짝하지도 못했다.

"살인자가 제관이 되었으니 하늘이 노한 것이다."

군사들이 이렇게 웅성거리자 양량은 화를 내며 자신의 처소로 돌아가 버렸다.

---

35) 근거없이 널리 퍼진 유언비어를 말함.
36) 역병귀신을 쫓는 제사

날은 이미 구월로 접어들었기 때문에 아침저녁으로 서리가 내렸고 차가운 기운은 뼛속까지 사무쳤다. 오랜 군역으로 지친데다 굶주린 군사들 중에는 얼어 죽는 자가 더 많았다.

엎친 데 덮친 격으로 강이식은 끊임없이 소규모 부대를 여러 갈래로 나누어 유격전을 펼쳤기 때문에 전쟁다운 전쟁은 없었지만 수군들의 피해는 눈덩이처럼 늘어났다.

공포에 휩싸인 군사들은 밤마다 줄 지어 탈영했다. 더 이상 버틸 수 없게 된 양량은 마침내 퇴각을 명했다.

그렇지만 최악의 순간은 바로 그때부터였다. 수군들은 서로 먼저 철수하기 위해 대 혼란이 일어났고 강이식이 이 사실을 알았다. 군사들을 모아 다음과 같은 명령을 내렸다.

"마침내 기다리던 때가 왔다. 이제 마음껏 침략자들을 도륙하라. 공을 세우는 자는 누구를 막론하고 비단과 금을 내릴 것이며 특히 양량을 잡는 자는 세 계급을 특진시키고 적의 장수를 잡는 자는 두 계급을 진급시키리라."

고구려 군사들의 사기는 하늘을 찔렀다. 달아나는 양량의 군사들을 맹렬하게 추격하여 행군총관 7명을 죽이고 32명이나 되는 장수를 잡았는데 이때 양량도 수차례나 목숨이 위태로웠다.

특히 건안성주 아율야수는 풍성과 요동성의 군사들과 합세하여 갈석에서 매복하고 있다가 수군의 퇴로를 막고 맹공을 퍼부어 3명의 행군총관과 만 명이 넘는 군사를 죽였다. 이때 아율야수의 아들인 아율기는 열일곱 살 난 소년이었으나 적장을 죽이고 용맹을 떨쳤다.

강이식이 그 공을 따져 황금 삼백 냥을 상금으로 내리자 아율야수는 모두 부하들에게 나누어 주면서 말했다.

"공을 세운 것은 바로 이들입니다."

강이식이 기특하게 여겨 황금 일백 냥을 더 하사하였다.

계속되는 패전으로 군사들이 전의를 상실하자 양량의 참모 교종규가 건의했다.

"주위상책(走爲上策)입니다."

양량도 더 이상 뾰족한 수가 없었다. 고경과 왕세적에게 뒷일을 맡기고 자신은 왕규와 황보탄, 소마가 등의 심복과 더불어 임유관으로 달아났다.

뒤에 남게 된 왕세적과 고경은 저항과 후퇴를 반복하면서 패수(浿水)[37]에 이르렀는데, 때마침 개평 태수의 아들 고청이 옥전보의 군사들과 함께 미리 패수에 진을 치고 있다가 강을 건너는 수군들을 공격하여 수만 명을 또 죽였다.

겁에 질린 수군들은 무조건 강물에 뛰어들었지만 빠져죽는 자가 태반이었다. 미처 강을 건너지 못한 수군들은 땅바닥에 엎드려 목숨을 구걸하였으나 고청운은 조금도 용서할 마음이 없었다. 군사들로 하여금 물샐 틈 없이 포위하여 무자비하게 죽이도록 하였다. 옥전보주가 참지 못해 말렸다.

"이들은 다만 졸개들일 뿐이오. 그 영혼을 불쌍하게 여겨 죽음만은 면하게 해 줍시다.

---

37) 水經誌에 '浿水出樂浪郡鏤方縣 東方過於臨浿縣 東入于海'라 하였으니 수경지란 만리장성 남쪽과 양자강 이북의 물에 관한 기록으로 이곳의 패수는 난하의 지류인 것이다. 연암이 패수를 직접 보고 열하일기에서 다음과 같이 적었다. '或指大同江 爲浿水 或指鴨綠江 爲浿水 或指淸川江 爲浿水 是朝鮮舊疆不戰自虛矣'

고청운이 단호하게 말했다.

"일전에 나는 외숙으로부터 포로들을 살려두라고 명령을 받은 적이 있소이다. 그러나 나는 정의를 지키기 위해서 모조리 죽였소. 투항한다고 이미 저지른 죄가 없어지는 것은 아니기 때문입니다. 이런 잔인한 놈들에게는 구원받을 영혼도 없소이다."

기어이 고집을 부려 포로로 잡은 일만 오천 팔백여 명을 모조리 구덩이에 몰아넣고 불태워 죽였는데 시체 타는 냄새가 삼십 리까지 퍼졌다.

고구려 군은 퇴각하는 양량을 임유관 앞까지 추격하여 미처 달아나지 못한 잔적까지 모조리 소탕하였는데 수백 리에 걸친 넓은 광야에는 시체가 널려 있어 썩는 냄새가 한 달 동안이나 그치지 않았다.

구사일생으로 임유관으로 돌아간 양량은 패잔병을 수습하였는데 그때까지만 해도 양량은 살아남은 장수와 병사들이 속속 돌아올 줄로만 알았다. 하지만 군사들의 입에서 흘러나오는 이야기는 거의 절망적인 소리뿐이었다.

"부총관 왕세적이 패주했다고 합니다."

"고경의 군사들도 태원으로 물러났다고 합니다."

고경과 왕세적에게 마지막 희망을 걸고 있던 양량은 눈앞이 캄캄해졌다. 모든 꿈은 물거품이 되었고 지금은 오로지 죄를 면할 방법을 찾아야 할 판이었다.

돌연 아버지 문제의 노한 모습과 진왕 양광의 비웃는 모습이 뇌리를 때렸다.

"네 이놈! 그토록 큰 소리 치고서 이 무슨 꼴이냐!"

"으하하하, 양량아! 네놈 주제에 감히 나와 겨루겠다고....."

양량은 두 주먹을 불끈 쥐고 머리를 쥐어짜며 짐승처럼 울부짖을 뿐이었다.

구월 기축일에 이르러 양량은 결국 후퇴하고 말았는데 수서에 기록되기를 열에 아홉이 모두 죽었다[38]고 전한다.

압록강구에서 배를 타고 100여리 간 다음 작은 배를 타고 30리를 거슬러 올라가면 박작구(泊汋口)에 도착하여 발해 경내에 이르게 된다.

수군대총관 주라후는 출정 전에 가족과 친지들을 모아놓고 잔치를 베푼 후에 여러 사람 앞에서 다음과 같이 다짐했다.

"나는 본래 진나라 출신으로 나라가 망할 때 죽을 운명이었다. 하지만 폐하께서는 모든 것을 용서하시고 도리어 부귀와 영화를 잇게 하였으니 오늘에야 그 은혜를 갚게 되었다. 반드시 공을 세워 우리 가문의 명예를 빛내겠다."

호언장담하고 아들과 조카까지 대동하여 전쟁에 나섰다.

주라후는 누선(樓船)과 투함(鬪艦)을 비롯하여 주가(舟舸)와 유정(遊艇)[39] 등 오백 척이 넘는 대 함대를 이끌고 등주의 동모(東牟)에서 팔각해구(八角海口)로 나아가 순풍에 돛을 달고 하루 만에 큰 바다로 들어가서 푸른 발해만을 거침없이 건넜다.

물결은 잔잔했고 유월의 뜨거운 햇살도 시원하게 불어오는 바닷바람 때문에 오히려 상쾌했다.

---

38) 수서(隋書) 九月己丑師還死者什中八九
39) 작은 함선의 종류

수군의 함대가 대월서(大月嶼), 소월서(小月嶼), 란산도(蘭山島), 군산도(群山島) 등 여러 섬을 거쳐 홍주(洪州) 경내의 관서(官嶼), 횡서(橫嶼), 부용창산(富用倉山)을 지나; 객관 안흥정(安興亭)이 있는 마도(馬島)에 이르렀을 때였다.

하늘이 어두컴컴해지면서 천둥벼락이 요란하더니 비바람이 쏟아져서 파도가 몹시 심하였다. 물길에 익숙한 군사들도 매우 두려워하였고 배 멀미를 심하게 하는 자도 많았다.

주라후는 포구에 배를 정박시키고 풍랑이 잦아질 때까지 기다리기로 했다. 이때 주라후는 안흥정에서 간단한 주연을 베풀었는데 밤이 되어 돌아가는 길에 술에 취한 부총관 송준이 마침 경계를 서고 있던 삼군 함대장 장요의 조카에게 공연히 시비를 걸고 베어 죽였다.

격분한 장요가 주라후를 찾아와 말했다.

"아무리 부총관이라고 하더라도 이번 일은 절대로 그냥 넘어갈 수는 없습니다."

주라후는 입장이 난처해졌다. 송준이 비록 커다란 잘못을 저지른 것은 사실이나 전시에 부총관을 처벌하기는 어려운 일이었다. 그렇다고 덮어두고 넘어가자니 격분해 날뛰는 장요를 달래기 어려웠다.

이러지도 저러지도 못하고 고민하고 있는데 조카인 주병이 말했다.

"그깟 일로 무슨 걱정을 하십니까? 장요를 잠시 동안 멀리 보내어 부총관과 당분간 떼어두면 됩니다."

듣고 보니 그럴듯한 소리였다. 마침 다음날 아침이 되어 비가 그치고 풍랑도 잦아들자 주라후는 장요에게 명을 내려 먼 바다로 순찰을 나가게 하였다.

"이런 제기럴, 사고 친 놈은 자빠져 놀고 억울하게 당한 놈은 밖으로 내쫓고 세상에 이런 법이 어디 있는가?"

황당한 명령을 받은 장요는 분통을 터뜨렸지만 명을 거역할 수는 없었다. 휘하의 함선 서른 척을 거느리고 묘도열도까지 나아가 호호도(葫芦島) 앞바다에 이르렀을 때였다.

고구려 척후선으로 보이는 수상한 배 한 척이 재빨리 뱃머리를 돌려 달아나기 시작했다.

"추격하라. 저 배를 반드시 잡아야 한다."

장요가 돛을 높게 올리고 전 속력으로 추격하자 함교에 있던 장교 하나가 고함을 질렀다.

"우현에 적함이다."

깜짝 놀란 장요가 자세히 바라보니 수십 척의 함선이 섬 사이에서 나타나 다가오고 있었다. 그제야 속은 것을 깨달은 장요는 여사기(旅師旗)를 매달고 후퇴명령을 내렸지만 이번에는 후미에서 건무가 이끄는 수십 대의 함선이 나타나 퇴로를 끊어버렸다.

"물러날 곳이 없으면 싸워야 한다."

진퇴양난에 빠진 장요는 전열을 가다듬고 함선을 나란히 정렬하여 각종 화살과 화전을 쏘면서 돌진했다.

당시 수전은 서로 철전이나 화전을 쏘면서 다가가서 배와 배가 서로 맞부딪친 후에 상대방의 배에 뛰어올라 백병전을 벌이고 배를 불 지르는 것이었다.

그러나 건무의 작전은 달랐다. 수군도원수로 부임하자마자 전국에서 뛰어난 장인(匠人)들을 불러 모아 대규모 함대를 만들었는데 이때 특히 덩치가 큰 수군의 황룡전선이나 청룡전선에 대항하기 위하여 몽충(蒙衝)이라는 함선의 건조에 힘을 쏟았다.

몽충이란 투함보다는 작은 편이지만 용골 아래에 길고 날카로운 쇠기둥을 달아놓은 전함으로 주로 상대편 함선의 측면을 들이받아 선체를 깨뜨리고 침몰시키는 돌격선이었다.

몽충의 선체는 두꺼운 철판으로 감싸 있어서 어지간한 적함의 공격에도 끄떡없었을 뿐만 아니라 사방에다 강력한 연발 쇠뇌를 장치하고 훈련된 궁수들을 배치했다.

건무는 장요의 함대를 포위하고 곧바로 맹공을 퍼부었는데 몽충의 활약은 기대 이상이었다.

쇠로 만든 강력한 뿔기둥이 들이받기만 하면 크고 작은 함선의 종류를 불문하고 '우지끈, 쾅!' 하는 벼락 치는 소리와 함께 여지없이 격침되었다.

장요가 탄 대장선도 예외가 아니었다. 몽충에 받히는 순간 함선에 구멍이 나고 물이 쏟아져 들어와서 침몰하기 시작했다. 검푸른 파도에 휩쓸린 장요는 죽기 살기로 허우적거리다가 마침 가까이 있던 고구려 함선에 구조되었다.

장수를 잡은 고구려 군사들은 신이 났다. 장요를 꽁꽁 묶어 건무 앞으로 끌고 오자 건무가 도리어 꾸짖었다.

"장수는 장수로서 대접해야 한다."

손수 포승줄을 풀어주고 술을 권하며 처연하게 말했다.

"인생이란 한 번 태어나서 죽으면 영원히 끝인데 우리는 전생에 무슨 원수가 있었길래 이렇게 전쟁터에서 만나 서로를 죽이게 되었는지 알 수가 없다. 저승길에 가기 전에 모든 한은 씻어버리고 술이나 한 잔 하시게나."

장요가 눈물을 펑펑 흘리며 말했다.

"큰 짐승은 작은 짐승을 괴롭히거나 잡아먹는다고 합니다. 하지만 대인은 아랫사람들을 더욱 키워주니 이것이 바로 소인배와의 차이가 아니겠습니까?

소장은 소인배 상관을 만나 큰 원한을 품게 되었는데 이제 죽으면 가슴에 응어리진 한을 풀지 못하게 됩니다. 부디 거두어 주신다면 송준이란 놈을 죽이고 그 후에 어떠한 형벌도 달게 받겠습니다."

그리고 자신의 억울한 사연을 낱낱이 고하였다. 건무가 기뻐하며 답했다.

"나는 결코 살상을 원하지 않는다. 진정 그대가 나를 도와 이 땅에 평화를 되찾게 해 준다면 우리 대왕께 말씀드려 부귀영화를 보장해 주겠다."

이에 장요가 길잡이를 자처하고 건무의 함대를 인도하여 밤에 몰래 주라후가 정박하고 있는 마도로 나아갔다.

한편 밤이 되도록 장요가 돌아오지 않자 주라후는 은근히 걱정이 되었다. 이런 기미를 알아챈 주병이 참소했다.

"장요는 성미가 급하고 난폭한 놈입니다. 틀림없이 어젯밤의 일로 화가 나서 지금쯤 분명 근처 해안가를 돌아다니면서 노략질이나 하고 있을 것입니다. 공연히 걱정할 필요가 없습니다."

송준도 기가 살아나서 욕설을 퍼부었다.

"장요 그놈이 돌아오면 군문에 끌어내어 문초를 하고 사실을 밝혀야 합니다."

주라후도 그 말을 그럴듯하게 여겼다. 그렇지만 마음이 편치 않았던 터라 주병과 송준 등과 함께 약간의 술을 마신 후 막 잠이 들려는 찰나였다. 갑자기 요란스런 소리와 함께 시중드는 군사가 급히 달려와서 외쳤다.

"기습입니다. 적군의 기습입니다."

깜짝 놀란 주라후가 갑옷도 챙겨 입지 못하고 허둥지둥 밖으로 달려갔을 때에는 포구는 이미 아수라장으로 변해있었다. 붉은 화염은 하늘을 뒤덮었고 사방에는 매캐하고 검은 연기가 가득하여 눈조차 뜰 수가 없었다.

엄청난 광경에 놀란 주라후는 기가 막혀 멍하게 바라보고 있기만 하였는데 주병이 소리치며 달려왔다.

"이곳에 있으면 위험합니다. 잠시 피해야 합니다."

그제야 정신을 차린 주라후는 주병의 뒤를 따라서 배를 버리고 산꼭대기로 달아나 불타오르는 포구를 망연자실하게 바라볼 수밖에 없었다. 전쟁은 밤 내내 계속되었고 화염은 하늘과 바다를 온통 붉게 물들였다.

이윽고 아침이 되자 맹렬하게 공격을 퍼붓던 고구려 함선들은 어디론가 사라져버렸다. 사방이 조용해지자 주병과 함께 포구로 내려간 주라후는 할 말을 잊었다. 백여 척이 넘는 전함은 모조리 불타버렸고 수많은 시체들은 시름없이 몰아치는 커다란 물결을 따라 큰 섬처럼 둥둥 떠다니고 있었다.

눈앞에 펼쳐진 비참한 현실에 주라후는 자신도 모르게 목이 메어 눈물이 솟았다.

불현듯 수년 전에 있었던 강하(江夏)의 전투가 떠올랐다. 장강을 따라 남진해오는 양준의 10만 대군을 깨뜨리고 시체를 산처럼 쌓은 적이 있었다. 당시에 얻은 명성으로 문제에게 발탁되었지만 지금은 상황이 역전되어 패장으로서 부하들의 처참한 시체 가운데 서 있게 된 것이었다.

때마침 부용창산(富用倉山)에 정박하고 있던 유수민이 부랴부랴 달려오자 주라후는 울화통이 터져 벌컥 화부터 내었다.

"어디 가서 자빠져 있다가 이제야 온단 말이냐."

괜스레 소리쳐 꾸짖어 보았지만 분이 풀리지도 않았다. 그렇지만 무엇보다 가장 큰 문제는 장안에 있는 황제에게 어떻게 이 상황을 보고할까하는 고민이었다.

조카인 주병이 말했다.

"걱정하실 것 없습니다. 대규모 적 함대를 만나 대승을 거두었으나 우리 측도 약간의 손해를 입었다고 보고하면 됩니다."

"나중에 들통이 나면 어쩌려고 그래?"

짜증스럽게 되물었으나 주병은 태연했다.

"어차피 우리는 승리할 것이 아닙니까? 사소한 패전 여부를 일일이 보고할 필요가 없습니다. 나중에 건무를 사로잡는다면 모든 것은 저절로 해결됩니다."

주라후는 거짓으로 표를 올려 승전한 양으로 보고했다. 그렇지만 혹시라도 황제의 선전관이 와서 거짓 보고가 사실을 들키는 날에는 목숨을 부지할 수 없는 형편이어서 가슴을 짓누르는 무거운 근심은 떨칠 수 없었다. 살아날 수 있는 유일한 길은 하루 빨리 고구려 수군을 섬멸하여 대공을 세우는 것밖에 없었다.

수십 척의 해골(海鶻)[40]과 유정(遊艇)을 동원하여 밤낮없이 사흘 동안 수색한 끝에 대장산도(大長山島)의 월아구(月牙口)에 주둔하고 있는 고구려 함대를 발견했다.

주라후는 결전을 서둘렀다.

보급선과 약간의 경비선을 제외한 삼백 삼십여 척의 모든 함대를 총동원하여 월아구에 도착했을 때에는 고구려 함대의 그림자도 찾을 수가 없었다.

초조해진 주라후는 함대를 셋으로 나누어 고구려 함대를 뒤쫓게 하였다. 이때 송준은 사주타자(沙珠坨子) 앞 바다에서 고구려 함대와 크게 싸웠으나 인근에 있는 대타자(大坨子), 이타자(二坨子), 삼타자(三坨子) 등의 섬에 주둔하고 있던 고구려 함선들이 협공하는 바람에 크게 패하였다.

이때 고구려 수군들은 쇠로 만든 긴 노를 이용하여 수군 함선의 노를 부러뜨려서 꼼짝 못하게 만든 후 몽충을 돌진하는 전략으로 오십 척이 넘는 송준의 함대를 완전히 격파했다.

이때 송준이 탄 대장선도 침몰당해 버려서 송준은 조그만 배로 갈아타고 간신히 구명도생하였다.

후로둔(后爐屯) 앞바다로 진격했던 유수민의 함대도 고이가 이끄는 고구려 함대와 세 번 싸워 세 번 모두 지고 고작 십여 척의 함선만 구

---

40) 작고 빠른 초계함

하여 도망쳤다.

배가 부서지거나 침몰당하여 미처 달아나지 못한 수군들은 후로둔 앞의 작은 섬인 북타자도(北坨子島)로 상륙하여 피신하였는데 고이는 바다를 포위하고 지키기만 하였다.

그런데 북타자도에는 식량은커녕 먹을 물마저도 없었기 때문에 대부분의 군사들은 바닷물을 마시고 나무껍질과 풀뿌리로 연명하였으나 사흘도 못되어 목이 타들어가고 사지가 비틀어져서 죽어갔다.

견디다 못한 군사들은 옷을 찢어 백기를 만들고 투항하여 나왔는데 고이가 상륙해 보니 섬 안은 온통 시체로 가득 차 있었다. 간혹 숨이 붙어 있는 군사들도 굶주림과 목마름에 지친 나머지 언덕이나 나무에 기대어 서서 잡으러 오는 고구려 군사들을 핏기 잃은 눈빛으로 구경만 할 뿐이었다.

전쟁에 패하고 돌아온 송준과 유수민은 고구려 병력을 과장하여 말했다.

"고구려 함선은 수백 척이 넘습니다. 게다가 강노(强弩)로 무장한 수만 명의 군사들이 있어 대적하기 어렵습니다."

주라후는 작전을 바꿀 수밖에 없었다.

전 함대를 집결시켜 하나의 대 군단으로 만들고 최후의 일전을 위하여 동쪽으로 나아가 동도(東島) 앞바다에 다다랐을 때였다. 갑자기 하늘에 먹구름이 가득하고 바람이 거칠어졌다.

주라후는 섬뜩한 예감이 들었다.

급히 명을 내려 가까운 연안으로 피하게 하였지만 해도가 아득하고 중도에는 작은 섬들이 많아 물살이 매우 빨랐다. 따라서 함선을 연안에 갖다 대려고 하면 암초에 부딪쳐 난파되기 십상이었고 대양으로 돌아가자면 커다란 파도에 휩쓸려 모조리 전복될 판이었다.

갈팡질팡 하는 사이에 날씨는 더욱 거칠어져 일진광풍과 함께 삼대 같은 빗줄기가 사정없이 내리쏟았다. 뇌성벽력은 귀를 찢고 집채보다 더 큰 파도는 허연 이빨을 드러내며 포효했다. 천지가 깜깜해지고 파도가 하늘로 솟구치므로 노 젓는 군사들은 배를 꼬불꼬불하게 저어서 피해가야만 했다.

폭풍은 서너 시간 동안이나 계속되었고 웅장함을 자랑하던 수의 함선들도 가랑잎처럼 흔들렸다. 군사들은 미친 듯이 울부짖으며 밧줄이나 배 난간 등에 매달렸지만 거친 풍랑 속으로 거침없이 빨려 들어갔다. 주라후가 탄 삼층 누선도 돛대가 모두 부러졌으나 군사들이 죽을 힘을 다하여 노를 저어 죽을 고비를 벗어날 수 있었다.

폭풍이 지나간 넓은 바다에는 불어터진 수군의 시체와 부서진 배의 잔해들로 뱃길이 막힐 정도였다. 가까운 육지로 피신한 주라후는 군사들을 점검하였는데 가까스로 돌아온 함선은 서른 여 척에 불과했고, 그것마저 돛이나 키가 부러지고 노마저 제대로 움직이지 않는 것이 많아서 성한 것이라고는 눈을 씻고 찾아보아도 없을 지경이었다.

설상가상으로 송준을 위시한 많은 장수들도 파도에 휩쓸려 죽었기 때문에 지휘관도 턱없이 부족했다.

주라후는 고민에 빠졌다.

"싸우다가 죽을 것인가. 돌아가 죄를 청할 것인가."

양단의 끝을 잡고 아무리 생각해도 결론을 내리지 못했다. 이때 한 장수가 말했다.

"이런 상태로 싸우는 것은 죽음을 자초할 뿐입니다. 모든 책임을 송준에게 씌우면 죄를 면할 길이 있습니다."

주라후로서도 선택의 여지가 없었다. 남은 함선을 거두어 등주로 달아났지만 비사성 앞바다에 이르러 수백 척의 고구려 함대에 가로막히고 말았다.

"이놈! 주라후야. 어복(魚腹)[41]에 장사지내 주겠다."

건무가 소리 높여 꾸짖으며 전속력으로 나아오자 대부분의 함장들은 서로 눈치만 살피면서 감히 나서지 않았다. 이때 유수민만이 홀로 배를 저어 나갔으나 그의 만용은 참담한 결과만 가져올 뿐이었다.

고구려 함선들에 둘러 싸여 고전을 면치 못하다가 반시간도 견디지 못하고 키와 노를 잃고 돛대마저 부러져 난파당하여 마침내 배와 함께 바닷물 속으로 사라졌다.

기세가 오른 고구려 군사들은 수군 함선을 닥치는 대로 침몰시켰고 화염에 뒤덮인 바다는 아비규환을 이루었다. 주라후가 탄 대장선도 불길에 휩싸였지만 마침 날이 어두워졌으므로 간신히 조각배에 의지하여 달아났다.

수서에 이 일을 기록하기를 풍랑에 의해 수군이 괴멸되어 회군했다고 전한다.

---

41) 물고기 뱃속

제 3 장

흔들리는 삼국

위덕왕은 즉위 초부터 마음고생이 심했다.

그의 부왕인 성왕(聖王)은 품은 뜻이 웅대한 백제의 중흥 군주였다. 즉위 초에 고구려 침공을 막기 위해 15세 이상의 한강 이북의 주민(州民)을 징발하여 쌍현성(雙峴城)을 축조하고 국도를 사비성(泗沘城)으로 천도하였으며 국호를 남부여(南夫餘)라 고치고 부국강병에 힘을 쏟았다.

550년 장군 달기(達己)에게 1만 군사를 주어 고구려의 도살성(道薩城)을 빼앗고, 그 이듬해에는 신라와 함께 고구려가 차지하고 있던 한강(漢江) 유역을 공격하여 76년간이나 고구려에 빼앗겼던 땅을 되찾았다.

하지만 구토복원의 기쁨도 잠시였다.

신라 진흥왕은 동맹을 배신하고 백제가 차지한 한강 북의 여러 군현을 기습 공격하여 자국의 주현(州縣)으로 삼아 신주(新州)⁴²⁾라 칭하고

---

42) 경기도 광주

아찬 김무력(金武力)[43]을 군주로 삼았다.

격분한 성왕은 보복을 다짐했다.

"배신자들에게 반드시 댓가를 치르게 하리라."

왜와 대가야의 군사들까지 연합하여 3만 대군을 이끌고 친히 원정에 나섰다.

553년 12월 9일, 선봉부대를 지휘하던 태자 여창(餘昌)[44]은 파죽지세로 나아가 함산성을 함락한 뒤 굴산성으로 진격하기 위하여 고리산성에 주둔하였다.

굴산성은 신라의 방어 요충지로써 결코 포기할 수 없는 성이었다. 진흥왕은 상주(上州)의 군주 각간(角干) 우덕(于德)과 이찬(伊飡) 탐지 등을 보내어 백제군의 진격을 막게 하였지만 백골산 아래에서 대패하고 말았다.

여창이 여세를 몰아 굴산성으로 진격하자 마침 삼년산군(三年山郡)[45]의 비장(裨將)인 고간(高干) 도도(刀都)가 대규모의 원군을 이끌고 와서 위기를 모면할 수 있었다. 시간을 얻게 된 신라군사들은 명활성(明活城)을 수축하고 강력하게 버텼으므로 전쟁은 장기전으로 들어갔다.

여러 좌평들과 장수들은 걱정이 되었다.

"왕과 태자가 모두 도성을 비워서는 안 됩니다. 지금은 회군하여 훗날을 기약해야 합니다."

---

43) 金官伽倻의 마지막 왕인 仇衡王의 셋째 아들로 김유신의 할아버지
44) 훗날 위덕왕
45) 현 충북 보은

모두 이렇게 권했지만 성왕은 잘라 말했다.

"쇠뿔도 단김에 빼라고 하였다. 승리가 눈앞에 있는데 이대로 물러날 수 없다."

이듬해 7월까지 더욱 맹렬하게 공격을 퍼부어 관산성 일대를 점령하였다.

하지만 성왕의 이러한 고집은 백제군에게 엄청난 불행을 안겨주게 되었다. 백제군은 전쟁에서는 승승장구하였지만 뜻밖의 난관에 봉착했던 것이었다.

여름철 무더운 날씨에 장마까지 겹쳐 보급품이 원활하게 공급되지 못해서 어려움을 겪었다. 더구나 수질이 오염되어 전염병까지 나돌게 되자 수많은 군사들이 죽어 나갔다.

선봉군의 지휘관으로 고리산성에 나가 있던 태자 여창도 전염병에 감염되어 오열과 고한에 시달렸다. 백제군은 공세를 멈출 수밖에 없었고 이 소식은 곧장 백골산성에 주둔하고 있는 성왕에게 보고되었다.

마음이 다급해진 성왕은 태자의 병세를 알아보기 위하여 정기병 50여 기만 이끌고[46] 고리산성으로 달려갔다.

부하 장수들이 간했다.

"대왕께서 행차하심에 50여 기의 군사로써 호위하는 것은 불가합니다."

이렇게 적극 말렸으나 성왕은 고집을 꺾지 않았다.

---

46) 삼국사기에는 보기병 50명이라 하였지만 일본 궁내성본 삼국사기에는 오천 명으로 기록되어 있다. 그런데 성왕이 오천 명을 거느리고 갔다면 한낱 고간 정도가 거느린 병력에게 당할 리가 없을 것이다.

"공연히 많은 군사를 거느리고 간다면 적들의 이목만 집중시킬 뿐이다."

당시 백제군은 연전연승하였으므로 성왕은 신라 군사력을 깔보고 자신의 경호를 소홀히 했던 것이었다.

관산성을 지키기 위해 구천(狗川)[47]에서 매복하고 있던 고간(高干) 도도(刀都)는 갑자기 나타난 성왕의 일행을 보고 자신의 눈을 의심하지 않을 수 없었다.

"하늘이 나로 하여금 대공을 이루게 하려는 것이다."

언덕 뒤에 숨을 죽이고 숨어서 성왕의 일행이 지나가기를 기다렸다가 급습을 가하여 마침내 전멸시켰다. 도도는 성왕의 목을 잘라 조정에 보냈는데 진흥왕은 성왕의 몸은 백제에 돌려주었지만 머리는 도당(都堂)의 계단 아래 묻고 많은 사람으로 하여금 짓밟고 지나가게 하였다.

여창은 다음날 아침이 되어서야 부왕이 전사했다는 사실을 알았다.

"모두 내 탓이로다. 내가 모든 일을 망쳤다."

땅을 치고 통곡하며 국상을 선포한 뒤 고리산성에서 후퇴하여 백골산성으로 돌아왔다. 신주(新州)의 군주(軍主) 김무력(金武力)은 이때를 놓치지 않고 기습을 감행했다.

백제의 진영은 상중(喪中)이어서 어수선했고, 태자 여창은 위덕왕이 죽은 후 급작스레 본진으로 돌아왔기 때문에 자기편 군사들이 어디에 있는지 조차도 알지 못했다.

형명이 흐트러진 백제군은 제대로 대항조차 못하고 속수무책으로

___
47) 현 옥천 부근

당할 수밖에 없었다. 사기가 오른 신라의 군사들은 우왕좌왕하는 백제군을 무자비하게 살육했다.

여창도 포위에 갇혔는데 호위하던 왜장(倭將) 축자국조가 달려드는 신라의 장수들을 차례로 화살을 쏘아 죽이고 활로를 뚫어 구사일생으로 도망쳤다.

이 전쟁으로 백제의 여섯 좌평(佐平) 중에서 4명의 좌평이 죽고 군사 2만 9600명이 전사하여 120년간이나 계속된 나제동맹은 깨지게 되었다.

사비성으로 돌아온 여창은 군신들의 추대를 받아 성왕의 뒤를 이어 왕위에 오르니 그가 바로 위덕왕이다. 그는 악몽과도 같았던 관산성의 전투를 잊을 수가 없었다.

참혹하게 전사한 부왕의 모습과 처참하게 흩어진 수많은 군사들의 주검들이 뇌리를 떠나지 않았고 공포와 절망은 끊임없이 왕을 괴롭혔다. 설상가상으로, 패전으로 인한 나라의 혼란은 걷잡을 수가 없었다.

위덕왕은 부왕의 원수를 갚는 것보다 정국 안정이 더욱 중요하다고 생각했다.

"피는 피를 부르고 복수는 복수를 낳을 뿐이다. 진실로 급한 것은 백성들을 위무하는 일이다."

이렇게 선언하고 전사한 부왕과 장졸들을 위하여 불사를 크게 일으키고 불공 올리는 일에만 열중했다. 그의 첫째 아들인 아좌태자(阿佐太子)는 왕의 이러한 처사를 비겁하게 여겼다.

"선왕의 치욕을 씻지 못하면 어찌 대장부라 하겠는가?"

울분을 이기지 못하고 부하들을 이끌고 자주 궁성 밖으로 나아가 사냥을 하곤 했는데 불심이 깊은 위덕왕은 이를 못마땅하게 여겼다.

"태자란 모름지기 인과 덕을 갖추고 학문에 전념하여 만인의 모범이 되어야 한다."

꾸짖기도 하고 타이르기도 하였지만 태자의 행동은 여전히 고쳐지지 않았다. 세월이 갈수록 부자간의 갈등은 더욱 깊어졌고 왕은 태자보다는 오히려 둘째 왕자를 총애했다.

영악한 내신좌평 부여후가 평소 절친한 친구이자 사촌인 병관좌평 부여태를 충동질하였다.

"왕의 마음은 이미 태자를 떠났소."

부여태 역시 그렇게 판단했으므로 부여후와 더불어 둘째 왕자를 지지하여 왕과 태자를 이간질하였다.

위덕왕은 태자를 좋게 여기지는 않았지만 그렇다고 태자를 폐위시킬 생각은 없었다. 위덕왕의 이러한 이중적 태도는 조정대신들을 더욱 혼란시켜 태자를 지지하는 무리와 둘째 왕자를 지지하는 무리로 나뉘어져 암투만을 심하게 만들 뿐이었다.

그런 와중에 뜻하지 않은 사건이 일어났다. 위덕왕 24년[48] 둘째 왕자가 갑작스레 병에 걸려 자리에 누웠다가 이내 숨을 거둔 것이었다.

내신좌평 부여후를 비롯하여 둘째 왕자를 지지하던 자들은 크게 당황하였다.

"태자가 왕위에 오르면 멸문지화를 면치 못할 것이다."

두려움에 빠진 그들은 온갖 말을 지어내어 상심에 빠진 왕을 위로하는 척하면서 태자에 대한 왕의 총애를 방해했다.

---

48) 577년

그래서 죽은 둘째 왕자를 위해 왕흥사를 창건하고 부처 사리 2매를 묻었는데 신의 조화로 인하여 3매가 되었다고 한다.[49]

사리가 2매에서 3매가 되었다는 것은 확인할 길이 없으나 이러한 일들은 둘째 왕자를 지지하던 신하들이 신이한 영험을 드러내 보임으로써 왕의 마음을 아좌태자에게 돌리지 못하도록 하기 위해 지어낸 일이라 하겠다.

위덕왕은 나이가 많아질수록 의심이 많아지고 또 마음이 조급해져서 조그만 일에도 화를 내기 일쑤였다. 둘째 왕자를 지지했던 무리들은 왕의 이런 점을 이용하여 온갖 농간을 부려 아좌태자를 무고하기 시작했다.

아좌태자는 글과 그림에 재주가 있었는데 아우가 죽은 후에도 부왕의 총애를 얻지 못하자 상심이 컸다. 자주 후원이나 궁 밖으로 나가서 그림 그리기로 소일했는데 부여후는 태자의 이러한 행동까지도 문제 삼았다.

"태자는 정사에 뜻이 없어 매일 후궁들과 어울려 다니면서 그림만 그리고 다닙니다."

늙어서 사리분별을 잃은 위덕왕은 화를 내었다.

"명색이 태자란 놈이 허구한 날 환쟁이 노릇이나 하고 있으니 저따위에게 어찌 나라를 맡기랴?"

궁인 하나가 이 소리를 전하자 태자가 그림그리기를 그만두고 부하

---

49) 삼국사기에는 왕흥사는 법왕2년 600년에 창건되었다고 기록되었지만 2009년 발굴 조사 중인 왕흥사의 목탑지에서 발견된 사리장치 중 청동함에 '丁酉年 二月十五日 百濟昌王爲亡王子 立刹本舍利二埋葬時 神化爲三'으로 기록되어 있어 왕흥사가 위덕왕이 죽은 왕자를 위해 창건하였고 사리를 묻었음을 알 수 있다.

들과 더불어 사냥을 나갔다. 부여후가 또 모함했다.

"태자는 선왕의 원수를 갚아야 한다고 말하면서 사냥을 핑계로 군사들을 모으고 있다는 소문이 파다합니다."

위덕왕은 아좌태자를 더욱 의심하게 되었다. 몰래 위사총관에게 명하여 태자의 행동을 낱낱이 보고하도록 하였다.

시시각각으로 조여 오는 위협에 아좌태자는 더러운 현실과 권력의 비정함에 치를 떨었다. 73세나 되는 늙은 아비를 버려두고 왜국으로 떠나기로 하였다. 하지만 위덕왕은 전혀 아무렇지도 않은 듯 태연하게 허락했다.

597년, 태자는 몇몇 시종들만 거느리고 망망대해를 건너자 왜국의 용명천황(用明天皇)이 맞아들여 그의 아들인 쇼토쿠 태자의 스승으로 삼았다.

태자가 왜국으로 떠난 지 얼마 되지 않아서였다. 진나라를 정벌한 수나라가 고구려와의 전쟁을 선포하고 전국 각처에서 군사와 물자를 징발하였다.

"수가 고구려를 멸하려 한다."

이러한 소문은 입에서 입으로 전하여 만방(萬邦)에 퍼졌다. 당시 계(薊)의 동쪽 방면에 있는 대방군은 백제의 속군(屬郡)이었다. 그것은 개황(開皇) 원년에 수 문제(文帝)가 고구려를 견제하여 직접적인 충돌을 피하기 위하여 대방 지역을 완충지대로 만들어 백제의 영유로 인정해 주었기 때문이었다.

그러므로 수나라와 고구려가 큰 전쟁이 벌이게 되면 그 사이에 끼어 있는 백제의 대방군은 저절로 싸움에 휘말리게 될 것이 불 보듯 분명한 일이었다. 결국 백제로서는 수와 고구려 중에서 어느 하나와 동맹을 맺지 않을 수 없는 형편이었다.

늙은 위덕왕은 스스로 결정을 내릴 수 없었다.

"아좌태자라도 있었으면… ,"

마음속으로 이렇게 한탄해 보았지만 돌이킬 수 없는 일이었다. 중신들을 불러 모아 의견을 물었는데 대부분 신하들은 입을 모아 말했다.

"고구려는 수의 상대가 되지 않습니다. 우리는 당연히 수와 동맹을 맺어야 합니다."

그러나 조정좌평 부여온만이 반대의견을 내놓았다.

"날래고 사나운 호랑이가 조그만 토끼를 사냥할 때에도 놓치는 일이 많다고 합니다. 그것은 토끼가 사력을 다하여 달아나기 때문에 호랑이가 따라잡지 못하는 것입니다.

수가 비록 나라가 크고 인구도 많다고 하나 고구려도 험한 성과 용감한 군사들을 가지고 있어 만만하게 당하지만은 않을 것입니다. 얼마 전에도 북조의 패자를 자처하던 북주의 무제가 나라를 들어 공격했다가 간신히 목숨만 부지하여 달아나기도 했습니다.

이번 전쟁을 따지고 보더라도 고구려가 먼저 수의 영주와 등주를 공격하여 발발하게 된 것입니다. 나름대로 대비책을 가지고 있지 않으면서 이러한 전투를 감행할 수 없었을 것이니 성급하게 수와 동맹을 맺기보다는 전쟁 상황을 지켜보면서 결정한다고 해도 늦지 않습니다."

내신좌평 부여후가 반박하고 나섰다.

"그렇게 한가한 말씀을 하실 때가 아니오. 작은 나라가 큰 나라를 거스르면 사직을 보존하기 어려운 법이요 우리가 팔짱이라도 끼고 수수방관하고 있다면 수 황제가 가만히 있을 것 같소? 어차피 전쟁의 승패는 불 보듯 뻔한 일인데 자칫 노여움이라도 사게 되면 그때는 후회해도 늦을 것입니다. 이런 때일수록 확실한 태도를 보여 주어야 합니다."

백제의 모든 신하들은 수의 일방적 승리를 믿어 의심하지 않았고 위덕왕도 마찬가지였다. 부여후의 말을 따라 장사(長史) 왕변나(王辨那)를 수에 보내어 군기(軍期)[50]를 청했다.

"대국에서 요동을 정벌하신다면 저희들은 마땅히 깃발을 잡고 길잡이가 되겠습니다."

그렇지만 이러한 예측은 완전히 빗나가버렸고, 백제의 배신행위는 고구려 영양왕의 분노를 사게 되어 크나큰 재앙을 초래하게 될 줄을 당시로는 꿈에도 생각하지 못했다.

왕변나가 장안에 도착한 것은 9월로써 그때는 이미 양량의 군대가 요수에서 대패하고 돌아온 이후였다. 위덕왕의 표문을 받은 수 문제는 난처하고 당황스러웠지만 패전의 사실을 고스란히 실토할 수는 없었다.

다음과 같이 조서를 꾸며 백제로 보냈다.

"왕년에 고구려가 공물을 바치지 않고 인신(人臣)의 예를 닦지 아니하므로 장수에게 명하여 치게 하였다. 고원(高元)의 군신(群臣)이 이를 알고 먼저 두려워하여 귀죄(歸罪)를 청하므로 내가 용서하였으니

---

50) 군사의 출병일

정벌하지 않겠다.[51]"

얼토당토 않는 말이었지만 고구려에 대한 이런 식의 거짓 내용의 조서들은 그 이후로도 종종 발견된다.

한편 왕변나가 장안으로 떠난 지 얼마 지나지 아니하여 위덕왕은 놀라운 소식을 들었다.

"30만이 넘는 수나라 군사들이 요수에서 대패하여 쫓겨나고 말았는데 열에 한두 명도 살아 돌아간 자가 없다고 합니다."

이 보고를 받은 위덕왕은 눈앞이 캄캄해졌다. 고구려의 막강한 군사력을 실감하자 맥이 빠진 것이었다.

"부여온의 말이 옳았구나."

아무리 후회해 보아도 엎질러진 물이었다. 문득 개로왕이 북위(北魏)의 헌문제(獻文帝)에게 고구려를 치고자 하는 국서(國書)를 보냈다가 장수대왕의 노여움을 사게 되어 비참한 최후를 맞이했던 일이 생각났다.

위덕왕은 자기도 모르게 들고 있던 보고문을 떨어뜨렸다. 단하에 있던 부여후가 황급히 보고문을 주워 바치자 위덕왕은 신경질적으로 집어 던지며 꾸짖었다.

"이 따위 것이 도대체 무어란 말이냐. 당장 대책을 내 놓아야 할 게 아닌가. 전에 수와 동맹을 맺어야 한다고 떠들던 그 잘난 입들은 도대체 무얼 하고 있단 말이냐?"

위사좌평 부여동이 조심스레 입을 열었다.

---

51) 위덕왕 45년 삼국사기에 수록되어 있는 조서 내용인데 수문제가 양량의 패전 사실을 숨기고 이런 거짓내용을 조서를 보냈다.

"신의 어리석은 생각으로는 이번 사건은 별 걱정을 하지 않아도 괜찮을 것 같습니다?"

"걱정 없다니? 무슨 좋은 생각이 있기라도 한가?"

왕이 시큰둥하게 반문하자 부여동이 말을 이었다.

"수나라 군대가 물러갔다고는 하나 고구려도 피해가 적지 않을 것이고, 수 또한 언제 재침할지 모르는 일입니다. 이런 상황에서 우리가 먼저 전승을 축하하는 사신을 보내고 화해를 청한다면 고구려왕은 구태여 거절하지 못할 것입니다."

별 다른 대책이 없었던 위덕왕은 부여동이 하는 말을 따를 수밖에 없었다.

영양왕은 즉위 초부터 대륙의 정세를 주시하였는데 특히 요서정벌 이후로는 장안을 비롯하여 산동과 하북 지방에 수많은 첩자들을 보내 놓고 수나라 관리들을 매수하여 조정의 일을 염탐하고 있었다.

이들은 왕변나가 군기를 청하기 위해 장안에 도착한 사실을 즉시 평양으로 보고했고 영양왕은 위덕왕의 간사한 계략을 손바닥 들여다보듯이 꿰뚫어 보고 있었다.

백제의 사신을 단하에 꿇어앉히고 엄하게 꾸짖었다.

"너희 백제나 우리 고구려는 원래 한 핏줄이라, 선왕 시절에 이미 멸망시킬 터였으나 두터운 정을 베풀어 왕업을 잇게 놓아두었다. 그러하나 독사와 같은 교활한 마음을 버리지 않고 이족(異族)인 수(隋)와 비밀리 내통하고 동족(同族)의 뒤를 노리니 그 사악함은 천인이 공노하는 바이다. 죄악이 극에 달하면 하늘이 사람의 손을 빌어 주벌하는 법이다. 왕에게 전하라. 짐이 친히 문죄하러 갈 것이다.”

위덕왕이 바친 예물을 대전의 앞마당에 쌓아놓고 모조리 불태워버리고 사신 일행을 국경 밖으로 내쫓았다. 그리고 사신이 사비성에 도착하기도 전에 백제의 북변을 크게 쳐서 수천 명의 백성들을 잡아갔다.[52]

백제의 민심은 흉흉하기 그지없었고 항간에서는 이상한 소문이 나돌았다.

“얼마 있지 아니하여 고구려왕이 친히 대병을 거느리고 올 것이다. 그때가 되면 백제는 망할 것이다.”

늙고 쇠약한 위덕왕은 큰 근심에 싸여 잠을 제대로 이루지 못하고 여위어 가더니 마침내 큰 병이 들어 자리에 누웠다.

임종을 맞게 된 위덕왕에게는 더 이상 왕위를 계승할 왕자가 없었다. 그제야 지난 일을 후회하고 눈물만 흘릴 뿐이었다. 부여온이 왕의 마음을 짐작하고 물었다.

“어찌하여 태자를 부르시지 않습니까?”

왕은 힘없는 손으로 부여온의 손을 부여잡았다.

“태자가 원망하는 마음을 품고 떠났는데, 지금 부른다고 해도 나의 명을 받들겠는가?”

“부자지간은 천륜이라고 합니다. 태자께서 대왕이 위독한 줄 안다면 만사를 젖혀두고 달려오실 것입니다. 급히 왜국으로 사람을 보내십시오.”

왕이 조당에 명을 내려 아좌태자를 부르게 하였다.

---

52) 삼국사기 위덕왕 45년

내신좌평 부여후는 아좌태자를 왜국으로 내 쫓는데 가장 앞장 선 인물이었다. 그러므로 아좌태자가 만약 귀국하여 왕위에 오르게 되면 목숨은 말할 것도 없고 가문조차 도륙당할 지경이었다. 왕이 사신을 왜국에 파견하자 병관좌평 부여태를 다시 충동질했다.

"본시 용상은 왕의 동생인 계의 것이었던가?"

위덕왕은 태자시절에 관산성 전투에서 부왕인 성왕이 전사하자 그 죽음을 자기 탓으로 여기고 동생인 계에게 왕위를 물려주고 자신은 출가하려 하였다.

그런데 계가 한사코 사양했고 많은 군신들도 반대하였기 때문에, 100명의 도승(度僧)을 허락하여 공덕을 쌓는 것으로 대신하고 위덕왕이 즉위하였다.

부여후는 이 일을 빌미로 삼아 계가 왕위로 계승해야 한다는 주장을 하고 나선 것이다.

부여태 역시 둘째 왕자의 지지자였던 터라 아좌태자가 돌아오는 것을 두려워하고 있었다. 두 사람은 더불어 음모를 꾸며 몰래 자객을 보내어 왜로 떠나는 사신들을 처치하기로 하였다.

일평(佾枰)은 본시 한미한 집안 출신이었지만 뛰어난 무술실력을 인정받아 부여후의 심복이 되어 벼슬이 달솔(達率)에 이르렀다. 당시 백제의 도읍 거발성(居拔城)[53]에는 만여 호(戶)가 있었는데 상부(上部), 전부(前部), 중부(中部), 하부(下部), 후부(後部)의 다섯 부로 나누어져 있었다.

그리고 각 부에는 오백 명의 군사들이 있었고, 달솔이 방령(方領)이

---

53) 고마성 固麻城이라고도 하며 夫餘城을 말한다.

되어 이를 다스렸기 때문에 실질적인 군사 지휘관이었다. 그 중에서도 일평은 상부(上部)의 군사들을 거느리고 있어 달솔 중에서도 세력이 막강했다.

일평은 부여후의 밀명을 받아 위덕왕의 사신들이 왜국으로 떠나기 위해 옥구 하류에 모인 것을 알고 수십 명의 자객을 거느리고 나아가 모조리 죽였다.

밖에는 비가 몹시 내리고 있었다.

"아직도 태자에게 소식이 없느냐?"

위덕왕은 가쁜 숨을 몰아쉬며 주위에 있는 신하들에게 몇 번이고 재촉해 물었지만 아무도 대답하는 자가 없었다. 부여후를 비롯한 그의 무리들이 왕을 재촉했다.

"나라의 임금 자리는 하루도 비워둘 수가 없습니다. 아비를 원망하여 오지 않는 태자를 기다릴 수는 없습니다."

이미 기력이 다하여 쇠잔해진 위덕왕은 강신(強臣)들의 권유를 뿌리칠 용기가 없었다. 그의 동생 계(季)를 불러 마지막 꺼져가는 목소리로 말했다.

"원래 왕의 자리는 나의 것이 아니었다. 이제 마땅히 주인을 찾아 너에게 주고자 한다."

말을 마치고 숨을 거두니 향년 74세였다.

위덕왕이 승하한 후에 부여계가 즉위하니 이분이 곧 혜왕(惠王)이다. 하지만 혜왕도 당시에는 칠순이 넘은 고령이어서 사실상 내신좌평 부여후가 모든 권력을 휘어잡았다.

"화근은 미리 없애야 한다."

부여후는 조정에 남아있는 아좌태자의 추종자들부터 숙청하기로 결심했다. 마침 도성에서 제경이란 한 살인자가 잡혔는데 일평이 제경을 회유했다.

"부여온이 역모를 꾸몄다고 토설하라. 그러면 내가 너를 살려 주겠노라."

꾐에 빠진 제경이 부여온의 역모를 자복하자 부여후는 곧장 부여온을 잡아들였다. 국문이 시작되자 부여온은 모진 고문에도 굴하지 않고 큰 소리로 꾸짖었다.

"어라하(於羅瑕)⁵⁴⁾를 만나게 해 달라. 나의 무죄를 증명하리라."

부여후가 그의 말을 들어줄 리가 만무했다.

"이놈! 어찌 작은 손바닥으로 하늘을 가리려한단 말인가."

효시(梟示)에 처하여 그 목을 거리에 돌리고 그 가족들은 노비로 삼았다. 이때 제경도 함께 끌려 나가게 되었는데 그제야 속은 줄 알고 울부짖으며 소리쳤다.

"이놈 일평아! 거짓으로 자복하면 살려준다고 했거늘 네놈이 어찌 이렇듯 나를 속인단 말이냐?"

하늘을 우러러 소리쳤다.

이 때문에 형장에 모였던 모든 사람들은 부여온의 무죄를 알게 되었지만 아무도 입을 여는 자가 없었다.

정적을 제거한 부여후에게는 거칠 것이 없었다. 자신의 무리들을 높은 관직에 임명하고 모든 권력을 오로지 하였다.

---

54) 백제 말로 왕을 칭함. 북사열전 백제편

그렇지만 예상치 못한 일이 일어났다. 평양에서 활동하고 있던 밀정에게서 놀라운 보고가 올라온 것이었다.

"고구려왕이 남침을 위하여 대대적으로 전쟁을 준비하고 있습니다."

마침 손님들과 차를 마시던 부여후는 이러한 보고를 받자 당황하여 찻잔을 떨어뜨렸다.

고구려의 군사력은 배산 전투와 양량의 전쟁 이후로 명성을 날리고 있었으므로 두려운 일이 아닐 수 없었다. 게다가 위덕왕의 무덤에 흙도 채 마르기 전에 대한 고구려와 큰 전쟁을 벌이게 되면 아좌태자를 추종하는 잔존세력들이 다시 움직이게 될 것이고, 그렇게 되면 부여후는 애써 장악한 권력이 한순간에 물거품으로 날아갈 수 있었기 때문이었다.

부리나케 왕궁으로 달려가 다음과 같이 상주했다.

"성군의 정치는 위로는 법을 바로 세워 정의를 밝히고, 아래로는 백성들이 평안하게 생업에 열중할 수 있도록 외환의 근심을 없애는 것을 으뜸으로 칩니다.

선왕 시절에 고구려와 외교를 실패했기 때문에 양국 간의 분쟁이 끊이지 않았습니다. 특히 왕변나의 사건 이후로 고구려는 자주 군사를 일으켜 우리 변방 백성들이 불안에 떨고 있습니다.

이제 대왕께서 등극하셨으니 지난날의 잘못된 일을 바로잡고 양국 관계를 새롭게 이끌어 나가야 합니다. 모름지기 사신을 보내어 양국의 화해를 이루시어 변방의 안정을 도모하심이 옳을 것입니다."

심약한 혜왕 역시 고구려와 군사적 충돌을 원하지 않았다. 국서를 꾸며 화친의 사신을 고구려에 보냈지만 고구려 조정에서는 백제와의 화친에 반대했다.

"백잔은 표리가 부동한 무리들입니다. 그들은 항상 앞으로는 화친을 청하면서 뒤로는 수나 신라와 연합하여 우리의 등을 노렸습니다. 간교한 농간에 더 이상 속아서는 안 됩니다."

왕변나의 사건 이후로 영양왕도 백제의 소행을 괘씸하게 여겼기 때문에 대신의 뜻과 같았다.

백제 사신들을 평양성 안에 들어오지 못하게 하고 대동문 밖에서 기다리게 했는데 마침 서부의 영지로 순시 나갔던 연자유가 돌아와서 왕에게 고했다.

"군주와 신하는 이해관계가 다릅니다. 따라서 신하들이 무슨 소리를 하더라도 군주는 나름대로 독자적으로 판단을 해야 한다고 생각합니다. 수가 비록 쫓겨 갔다고 하나 앙앙불락하여 호시탐탐 기회를 노리며 수많은 군사들을 요수 부근에 주둔시키고 있습니다.

게다가 신라는 그 주(主)가 음흉하고 강포하여 우리의 한수(漢水) 북(北)을 차지하고 수의 앞잡이 노릇을 하고 있으니 남과 북으로 군사들을 나누어 지켜야 할 판국입니다.

전쟁이란 어차피 수단에 불과할 뿐이며 그 본래 목적은 정치적 의도입니다. 마침 백제의 왕이 죽어 그 동생이 새로 서서 스스로 달려와 용서를 청하는데 전왕의 죄로써 어찌 새 왕을 핍박하겠습니까?

지금 사신을 물리치면 곧장 전쟁을 의미하는 것이니 저들이 상중(喪中)에 있음을 기회로 군사를 일으키는 것은 올바른 군자의 도리가 아닙니다. 또한 전쟁을 하게 되면 많은 비용이 들뿐더러 죽거나 다치는 병사들도 많아서 모든 백성들이 두려워하며 꺼리고 있습니다.

임금은 모름지기 백성이 좋아하는 바로 행할 것이며 백성이 싫어하는 바를 하지 않는다 하였으니 예로부터 성군은 항상 이를 따른다고 하였습니다. 부디 통촉하십시오."

서부 살이인 연자유는 그의 영지가 수와 직접 국경을 맞대고 있었기 때문에 수의 재침에 대비하여 서부의 군사력을 늘이는데 온힘을 기울일 수밖에 없었다. 그러기 때문에 남쪽에 있는 백제와 분쟁을 일으켜서는 곤란하다고 생각했던 것이었다.

왕은 연태조의 말을 옳게 여겼다.

백제 사신 일행을 왕궁으로 불러들이고 화친을 허락하였다. 그리고 백제와의 변방에는 수자리 수를 줄이고 전쟁으로 황폐해진 길을 닦고 다리를 놓아 나라를 돌보았으며 백성들에게는 논밭을 일구고 농사에 전념하여 생업을 돌보게 하였다.

이때 영양왕은 수를 물리치고 백제를 굴복시킨 공적을 기록으로 남기기 위해 태학박사 이문진에게 명하여 당시 입으로 전해진 신화나 전설, 왕가의 계보를 정리한 유기(留記)를 산수(刪修)[55]하고 신집(新集) 오권(五卷)을 짓게 하였다.

성왕과 위덕왕 시절 백제의 국력은 크게 위축되었다. 대내적으로 막대한 경제적 이익을 가져다 준 서해 연안의 여러 해상기지들을 고구려에게 빼앗겼고, 군사적 요충지인 한강 하류의 땅을 신라에게 탈취당함으로써 경제적으로나 군사적으로 막대한 타격을 입었다.

대외적으로도 수나라가 중국대륙을 통일하면서 중국에 있던 백제의 해상 무역기지들까지도 힘을 잃게 되었고 일본도 국가체제가 이루어

---

55) 첨삭하는것

지면서 백제의 영향권에서 멀어지게 되었다.

결국 서해의 무역기지를 고구려와 신라에게 빼앗기고, 중국과 일본 등에서의 경제 활동무대까지 잃게 된 백제 귀족들은 내부의 한정된 권력과 땅에 관심을 돌리면서 내분이 심화되었다. 그런 와중에 위덕왕의 적자인 아좌태자가 건재함에도 불구하고 왕통이 혜왕에게 넘어감에 극도의 혼란 상태에 빠지게 되었다.

고령인 혜왕은 이러한 정국의 난맥상을 수습하지 못하고 재위 1년 만에 깊은 병이 들었다.

위덕왕후는 이 기회에 친정 조카인 웅진성주 해정을 몰래 불러 그의 아들인 아좌태자를 다시 왜에서 불러들이려 하였다. 해정은 평소 절친하게 지냈던 사군부(司軍部)의 대장군 부여광을 찾아갔다.

"어라하께서 병환이 깊으신데 아직 후계를 정하지 않았으니 나랏일이 몹시 어수선하지 않습니까?"

부여광은 욕심이 많고 배짱이 큰 사내로서 부여후와는 사촌지간이었다. 처음에 부여후가 권력을 쥐자 좌평벼슬을 달라고 졸랐지만 부여후는 그의 청을 무시해버렸으므로 원한을 품고 있었다.

해정의 말에 솔깃해졌다.

"공께서는 무슨 좋은 생각이라도 있습니까?"

"선대왕께서 승하하시기 전에 조정좌평인 부여평에게 아좌태자를 불러들이려 하셨소. 나는 이제 아좌태자를 모시기 위해 왜국으로 떠날 예정이오. 그대는 궁을 지켜 어륙(於陸)[56]을 호위하고 불손한 무리들이 날뛰지 못하게 한다면 그 은혜를 잊지 않겠소."

---

56) 왕후를 뜻하며 위덕왕비를 말함

부여광이 무릎을 꿇고 맹세했다.

"나 부여광도 목숨을 걸고 어륙의 명을 받들 것입니다."

의기투합한 두 사람은 즉시 행동을 옮겼다.

해정은 십여 명의 부하들과 함께 상인으로 위장하고 왜를 향하여 떠났는데 기벌포 앞에 이르러 이들을 수상하게 여긴 진장(津將)이 그들을 체포하려 하였다.

위덕왕후의 밀서를 가지고 있던 해정은 결코 붙잡힐 수 없었다. 수레 속에 숨겨두었던 칼을 뽑아 필사적으로 싸웠으나 수백 명의 군사들을 당할 수 없었다. 몇 군데나 부상을 입고 마침내 붙잡혀 사비성으로 압송되었는데 때 마침 혜왕이 붕어했다.

왕실의 최고 어른인 위덕왕후는 국상을 발표하고 부여광이 이끄는 사군부의 군사로 하여금 왕궁을 지키게 하고 한편으로는 왜에서 태자가 돌아오기를 기다렸다.

혜왕이 죽은 후 실권을 놓친 부여후는 불안해하였는데 이때 해정이 붙잡혀오자 위덕왕후의 의중을 알아차렸다.

"여우같은 늙은 년이 술수를 부리고 있는 게다."

휘하의 병부 군사를 소집하여 반란을 꾀하려하였다. 그러나 왕성 안에 있는 병부의 군사들은 불과 삼백 명도 못 되었기 때문에 위사와 사군부의 군사들을 당해낼 수가 없었다.

부여후는 꾀를 내었다. 위사좌평인 부여동을 찾아가 도와줄 것을 청했지만 부여동은 잘라 거절하였다.

"왕실의 문제에 조정의 신하들이 관여해서는 안 됩니다."

다급해진 부여후가 위협조로 말했다.

"아좌태자가 왜국에서 돌아온다면 나라는 한바탕 혼란에 빠지게 될 것이오. 생각해 보시오. 나나 그대는 모두 계를 왕으로 섬겼으니 아좌태자가 왕위를 차지하게 되면 그대도 결국 무사하지 못할 것이오."

이 말을 듣는 순간 부여동은 불현듯 온몸에 소름이 돋았다. 부여후의 말대로 아좌태자가 돌아온다면 그 뒷일은 상상도 할 수 없는 일이었다.

부여동은 마침내 부여후의 거사에 참여하기로 하였다. 두 사람은 병부의 부병과 위사들을 동원하여 궁성 남문으로 나아가 사군부의 군사들을 공격했지만 부여광이 이끄는 갑병들에게 도리어 패하고 말았다.

부여광이 기세등등하여 군사들에게 큰 소리쳤다.

"역적의 목을 가져오는 자에게는 큰 상을 내리겠다."

사군부 군사들이 사기를 올려 맹공을 퍼붓자 부여후와 부여동은 목숨이 위급할 지경이었다.

바로 그때였다. 궁성의 북문 쪽에서 함성소리가 요란하게 나면서 한 무리 군사들이 달려왔다. 일평이 중부 달솔 주비와 함께 오백 명이 넘는 군사를 이끌고 온 것이었다.

순식간에 전세가 뒤바뀌었고 사군부의 군사들은 맥없이 죽어 넘어졌다. 부여광이 버티지 못하고 십여 명의 호위병만 거느리고 서문으로 통해 달아났다.

어렵사리 내관(內官)[57]을 장악한 부여후는 곧장 위덕왕후를 찾았다. 그러나 궁 안이 소란해지자 위덕왕후는 난이 일어난 줄 짐작하고 몸을 피하였기 때문에 찾을 수 없었다.

---

57) 前內部, 穀內部, 內掠部, 外掠部, 馬部, 刀部, 功德部, 樂部, 木部, 法部, 後宮部 등을 말함

부여후는 군사들을 풀어 위덕왕후를 찾게 하였는데 이때 군사들이 위덕왕후를 측근에서 모시던 나인 목씨(木氏)를 잡아왔다.

부여후가 그녀를 달래어 말했다.

"나는 결코 마마를 해하려 함이 아니다. 지금 난이 일어나 보호하려 함이다."

그러나 목씨 시녀가 죽음을 각오한 듯 입을 굳게 다문 채 아무런 대답을 하지 않자 부여후가 노한 빛을 띠며 말했다.

"네가 입을 열든 열지 않든지 그것은 자유다. 하지만 날이 밝으면 너의 가족들은 모두 참수당하여 그 목이 성문에 내걸릴 것이다. 그러나 나에게 협조를 한다면 왕의 후비로 책봉하게 하여 영화를 누리게 해 줄 것이니 네 마음대로 판단하라."

가족들을 모조리 죽이겠다는 말에 목씨녀는 겁에 질렸다. 손가락으로 후원의 정자 뒤에 있는 조그만 창고를 가리켰다. 부여후는 차마 스스로 위덕왕후를 끌어내지 못하고 일평을 시켜 모셔오게 했는데 위덕왕후가 욕설을 퍼부으며 거세게 반항했으므로 일평이 감히 끌고 나올 수 없었다.

이 사실을 보고 받은 부여후는 군사들을 모두 물리치고 혼자 위덕왕후에게로 나아갔다. 그리고 시퍼런 칼을 빼내어 이리저리 훑어보면서 위협조로 말했다.

"밖에는 날이 어두운데 이곳에는 마마와 저밖에 없습니다. 끝내 고집을 피워 나의 말을 듣지 않으면 당장 마마의 목은 땅바닥에 떨어질 것입니다. 그리고 나는 마마께서 부여광의 졸개들에게 피살당했다고 세상에 포고할 것이니 마음대로 하십시오."

위덕왕후는 울면서 부여후를 뒤따라 나왔다.

부여후는 위덕왕후를 끌다시피 하여 정전으로 모시고 나와 만조백관을 소집하고 혜왕의 아들 선(宣)[58]을 왕위에 올렸는데 이가 곧 법왕(法王)이었다.

다시 실권을 장악한 부여후는 붙잡혀 온 해정을 거리에 끌어내어 참수형에 처하는 한편 전국에 방을 붙여 부여광을 찾게 하였다. 그리고 별도로 여러 명의 자객을 고용하여 명하였다.

"시체를 찾지 못하거든 돌아오지 말라!"

위기에 몰린 부여광은 자신이 죽었다는 것을 알리기 위해 가묘까지 만들어 놓고 외딴 섬으로 달아났으나 자객들은 끝까지 뒤쫓아 죽이고 그 목을 보냈다.

한편 아좌태자를 불러들이기에 실패한 위덕왕후도 상심에 빠져 병환으로 죽고 말았기 때문에 부여후는 정권을 공고히 할 수 있었다.

왕위에 오른 법왕은 성품이 온후하고 인자한 임금이었다. 즉위하자마자 인의정치를 포고하고 국고를 열어 굶주린 백성들을 구휼하고 죄인들을 대사하여 생업으로 돌아가게 하였다.

그리고 전국에 영을 내려 살생을 금하여 민가에서 기르는 응요(鷹鷂)[59]를 거두어서 들판에 놓아주고 어렵도구(漁獵道具)는 수거하여 소각하게 하였다.

그렇지만 이러한 정책은 당시 사냥을 즐기던 귀족들의 반발을 불러

---

58) 孝順이라고도 한다.

59) 매와 새매

일으켰다. 게다가 실권을 쥔 부여후는 자기 부하들을 요직에 승진시키고 정권을 제멋대로 농단하였기 때문에 불만 있는 자들이 더욱 많았다.

일평은 사군부의 군사들을 진압한 공로로 위사좌평이 되었는데 이것은 실로 파격적인 처사였다.

백제에는 16관등이 있었는데 1품 좌평은 대부분 왕족인 부여씨(夫餘氏)[60]들이 차지하는 것이 상례였고, 2품 달솔부터는 8대성[61]의 권문세족들이 나누어 차지하고 있었다.

그러므로 비천한 출신인 일평이 위사좌평이 된 것은 귀족 체제의 근간을 뒤흔드는 것이었다. 하지만 부여후는 조금도 개의치 않고 제멋대로 행동했다.

그의 거마와 의복은 왕의 행차와 같았고 매관매직도 서슴지 않았다. 왕실의 여자라 해도 마음에 들면 언제든지 겁탈하였고 위덕왕의 시녀였던 목씨녀를 자신의 첩으로 삼았다.

달솔 주비는 부여후의 도와 부여광의 군사들을 물리쳤는데 일평이 좌평으로 승진했으나 자신은 논공행상에서 제외되어 아무런 상급도 얻지 못하여 불만이 많았다. 평소 잘 알고 지내던 위사총관 해수에게 속내를 드러내어 불평을 털어놓았다.

해수는 백제의 8대 귀족 중에 가장 세력이 큰 해씨 출신으로 성격이 불같이 급하고 거칠었다. 그 역시 일평과 같은 달솔이었는데 법왕이 등극한 후 일평이 위사좌평이 되어 그의 직속상관이 되자 속으로 몹

---

60) 혹은 여씨餘氏라고도 함
61) 沙氏, 燕氏, 劦氏, 解氏, 眞氏, 國氏, 木氏, 苗氏 등

시 아니꼽게 여겼다.

그러던 차에 주비가 충동질하자 슬슬 딴마음이 생겼다. 하루는 몰래 왕을 찾아가 말했다.

"천승(千乘)의 군주는 백승(百乘)의 중신이 무너뜨리고, 병거(兵車) 만승(萬乘)의 군주는 천승(千乘)의 중신이 권력을 탈취하여 마침내 나라를 빼앗는다고 합니다. 지금 부여후가 제멋대로 국정을 농단하고 있으니 중신들 중에는 걱정하지 않는 자가 없습니다."

은근히 부여후를 제거할 뜻을 비치자 왕이 금세 얼굴빛이 변하였다. 왕도 부여후가 싫었지만 또다시 나라에 정변이 일어나는 것이 두려웠던 것이다.

"공연히 분란을 일으켜서는 아니 된다."

은근히 만류해 보았지만 해수로서는 이미 말을 뱉은 이상 주워 담을 수 없는 노릇이었다. 이대로 물러났다가 부여후가 이 사실을 알게 되면 개죽음을 당할 것이 자명한 일이었다.

비분강개한 어조로 말했다.

"강포하고 탐욕스러운 부여후 따위에게 어찌 이 나라를 맡기시렵니까? 기어이 신을 믿지 못하신다면 차라리 이 자리에서 자결하겠습니다."

품속에 품었던 단검을 빼어 목을 찌르려하자 그제야 왕이 허락하고 위사를 동원할 수 있는 척간신표(擲奸標信)을 내렸다.

해수가 큰 절을 올리고 물러나서 곧장 덕솔(德率)[62] 광보를 불렀다. 그는 해수의 사위로서 팔척장신의 거구로 칠십 근이 넘는 무거운 극(戟)을 잘 다루어 백제 제일의 용장으로 자타가 공인하는 자였다.

---

62) 4품

사실 부여후가 해수에게 왕궁을 지키는 위사(衛士) 총관으로 맡긴 것은 광보를 자기 사람으로 삼고자 하였기 때문이었다. 그런데 일이 엉뚱하게 꼬이어 도리어 해수의 반역을 부추긴 꼴이 되고 말았던 것이다.

그날 밤 해수는 광보를 위시하여 위사들을 소집하자 그의 상관인 위사좌평 부여평이 이 사실을 알고 꾸짖었다.

"네 감히 어찌 위사들을 마음대로 부린단 말이냐?"

해수가 법왕이 내린 부신을 내보이며 대답했다.

"나는 어라하의 명령을 받아 부여후를 추포하려고 합니다. 만약에 나를 방해한다면 역적이 될 것입니다."

이에 부여평이 감히 말리지 못했다.

해수는 광보를 앞세워 왕궁을 지키는 위사 이백 명을 거느리고 먼저 일평의 집을 급습하였다. 깜짝 놀란 일평이 담을 뛰어넘어 달아났는데 해수가 그의 뒤통수에다 대고 소리쳤다.

"저놈은 역적의 개다. 저놈의 목을 가져오는 자에게는 황금 열 냥을 주겠다."

광보가 먼저 달려가 목을 베자 나머지 장수들이 각각 팔다리를 잘라 다섯 등분으로 나누었다.

일평을 죽인 해수는 다시 부여후의 집으로 쳐들어갔다. 문지기 장수가 가로 막았으나 광보가 단창에 꿰어버리고 나머지 군사들을 향해 대갈일성을 내질렀다.

"나는 어라하의 명을 받고 역적을 잡으러 왔다. 내 앞을 막는 자는 모두 이 꼴이 될 것이다."

문을 지키던 군사들이 창칼을 버리고 달아났고 광보가 소리치며 집 안으로 달려들었다.

소란 통에 잠을 깬 부여후는 뒷문으로 빠져나가 왕에게 구원을 청하였다.

"해수가 위사들과 모반하고 반란을 일으켰습니다. 빨리 군사들을 소집하시어 역적을 처단해야 합니다."

그러나 왕은 쌀쌀한 표정으로 냉담하게 말했다.

"뿌린 대로 거두는 법이다. 결자해지(結者解之)라 하였으니 이번 일은 그대가 처리하라."

말이 채 끝나기도 전에 어전 뒤에 있는 장막이 걷히면서 십여 명의 위사들이 뛰쳐나왔다. 부여후가 깜짝 놀라 눈이 휘둥그레졌는데 해수가 모습을 드러내며 소리쳤다.

"이놈! 어느 안전이라고 함부로 주둥아리를 놀려대느냐. 당장 저놈을 끌어내라."

부여후가 비로소 왕에게 속은 줄 알았다. 군사들에 끌려 나가며 큰 소리로 울부짖었다.

"이놈 선(宣)아. 네놈과 네놈 애비는 모두 나의 덕으로 왕위에 올랐다. 그러고서도 이제 나를 배반할 수 있단 말인가?"

해수가 꾸짖었다.

"대왕을 능멸하고 국권을 농단한 죄가 하늘에 닿았거늘 이제 와서 누구를 원망한단 말인가?"

육시(戮屍)를 명하여 왕궁 앞으로 끌어내어 두 팔과 양쪽 다리를 수레에 묶어 사지를 찢어 죽인 후 그 목을 베어 저자에 내걸었다.

또한 부여후의 가솔은 물론이고 심복들도 모조리 색출하여 사비수 앞 모래 광장에서 모조리 참수하였는데 그 수가 무려 삼백 명이 넘었다. 이때 주비도 체포되어 해수 앞에 끌려왔다.

주비가 울면서 말했다.

"자네가 나에게 어찌 이럴 수 있는가?"

해수가 싸늘하게 대답했다.

"한번 주인을 배반한 놈은 다시 배반을 하게 마련이다. 그렇기 때문에 너 같은 놈은 반드시 죽어야 한다."

부여후의 무리들이 모조리 처형되고 나라가 안정되자 법왕이 교서를 내렸다.

"천하의 기운이 쇠퇴하여 탐욕스런 권신이 도당을 만들어 국정을 농단하여 권도가 횡행하고 유랑하는 백성들의 탄식이 높았다.

다행히 의로운 신하들이 있어 역적을 처단하고 형벌을 바로잡아 나라가 안정되었으니 이것은 모두 성신의 보살핌이라 하겠다.

이제 법령을 바로 세우고 작록과 관직을 올바르게 하여 천지가 화육하게 되었으니 모든 관료와 백성들은 나의 뜻을 받들어 이행하도록 하라."

이듬해 봄이 되자 위덕왕 때 세운 왕흥사(王興寺)를 중수하고 승려 30인으로 하여금 국가의 운수를 빌고 전쟁에 죽은 군사들의 원혼을 위로하여 민심을 달래었다.

이러한 왕의 노력에도 불구하고 하늘은 왕을 도와주지 않는 듯하였다. 봄부터 가뭄이 시작되어 모내기는커녕 먹는 물조차 구하기 힘들었고 농작물은 타들어가고 보릿고개를 이기지 못해 굶어죽는 백성들의 시체가 길거리에 쌓였다.

왕이 스스로 상선(尙膳)[63]을 줄이고 또 음주와 가무를 금하고 고승을 불러 큰 재(齋)도 올려 보았으나 별 효험이 없었다.

해수가 간했다.

"칠악사(漆岳寺)는 용신(龍神)이 보호하는 절입니다. 그곳에서 기우제를 올려 하늘에 비를 청하십시오."

당시 사람들은 신령스런 동물인 용이 풍우를 다스린다고 생각하여 용에게 제사를 올려 비를 청하는 풍습이 있었다. 왕이 해수에게 왕궁을 맡기고 친히 칠악사로 행행하여 사방 열 두자로 커다란 용신그림을 그린 제단을 마련하고 기우제를 지냈다.

제사는 열흘이나 계속되었는데 왕이 고집을 피워 제단을 떠나지 아니하더니 결국 지쳐 쓰러졌다. 크게 놀란 신하들이 왕을 부축하여 일으키는데 홀연 사방이 컴컴해지면서 천둥소리가 울리더니 거센 빗줄기가 쏟아졌다.

"하늘이 통하신 것이다."

왕은 비로소 의식을 차리고 일어나서 다시 머리를 조아리며 용신상을 향하여 절하기를 그치지 않았다.

그렇지만 기우제가 끝난 후로 왕의 몸은 극도로 쇠약해져 극심한 오열(惡熱)에 시달렸다. 그래서 며칠 동안 칠악사에서 머물러 왕궁으로 돌아오지 못했다.

3품 벼슬인 은솔(恩率) 진교(眞膠)는 해수의 정변을 도와 공을 세웠지만 아무런 상도 받지 못했다. 그래서 원한을 품고 있었는데 왕이 왕궁을 비우자 불만 있는 자들을 모아 음모를 꾸몄다.

---

63) 왕에게 올리는 음식

"왕은 유약하고 권신이 권력을 마음대로 휘둘러 법은 땅에 떨어지고 조정에는 간신이 들끓게 되었다. 마땅히 왕을 폐하고 나라를 바로 잡아야 한다."

휘하 장졸들을 설득하여 반란을 일으키기로 약속하였다. 그리고 왕이 칠악사에서 돌아오던 때를 기다려 도중에 매복하고 기다리고 있었다.

이러한 사실을 전혀 알지 못하고 왕성으로 돌아오던 법왕의 일행은 진교의 반란군에 포위되고 말았다. 호위하는 군사들이 사력을 다하여 싸웠지만 사태는 점점 어려워져 왕의 목숨도 위태롭게 되었다.

진교의 부하 중에 장덕(將德)[64] 아리한(阿里翰)은 광보(曠甫)의 외사촌 조카였다. 가만히 진영을 빠져나가 광보에게 이 사실을 알렸다.

광보가 해수에게 달려가 진교가 반란을 일으킨 사실을 고하자 해수가 크게 놀랐다.

"아직도 역적의 무리가 남아 있었다는 말인가?"

왕성의 모든 군사들을 소집한 뒤 칠악사로 달려 나가 진교의 무리를 쳐 없애고 왕을 구했다. 이때 포위에 갇힌 진교가 사로잡히게 되자 왕에게 소리쳤다.

"내가 비록 죽어 원혼이 되어서라도 오늘의 원수는 갚겠다."

극도로 쇠약해진 몸에 크게 놀란 법왕은 시름시름 앓다가 얼마가지 못하고 붕어(崩御)하고 말았다. 해수가 재빨리 법왕의 장자(長子) 창(昌)을 추대하여 왕위에 오르게 하니 그가 바로 무왕(武王)[65]이다.

무왕에게는 이런 설화가 있다. 어릴 적 이름은 서동(薯童)이었는데

---

64) 7품의 무장 벼슬
65) 북사에 무왕은 위덕왕의 자(子)라고 되어있으나 삼국사기에는 법왕의 자이다.

진평왕의 셋째 딸인 선화공주(善花公主)가 아름답다는 소문을 듣고 사모했다.

그는 백제 변방을 거쳐 서라벌로 들어와서 성 안의 아이들에게 마(薯)를 나누어 주며 다음과 같은 노래를 부르게 하였다.

善花公主主隱	선화공주님은
他密只嫁良置古	남 몰래 얼어두고 (결혼하다)
薯童房乙	맛동방을
夜矣卯乙抱遣去如	밤에 몰래 안고가다

진평왕이 이 노래를 듣고 대노하여 선화공주를 쫓아내자 서동이 길목에서 기다리고 있다가 함께 백제로 돌아갔다. 후일에 그는 임금이 되고 선화는 왕비가 되었다.

삼국유사에 실려 있는 이 이야기는 익산(益山) 미륵사(彌勒寺)의 연기(緣起) 설화로서, 백제가 멸망당한 후 미륵사 승려들이 신라 군사로부터 절을 구하고자 신라공주와 미륵사가 관련이 있는 것처럼 지어낸 설화일 뿐이다.

백제에서 정변이 계속되어 혜왕과 법왕이 잇달아 죽고 새로 무왕이 등극하자 강이식이 말했다.

"백제는 항상 중국과 내통하여 변방을 괴롭혀왔습니다. 마침 해마다 그 왕이 죽고 권신들은 권력을 다투어 오수부동(五獸不動)[66]의 형세가 바로 이것입니다. 이럴 때 일군을 낸다면 어렵지 않게 사비를 함

---

[66] 쥐, 고양이, 개, 범, 코끼리가 만나면 서로 두려워하고 꺼리어 움직이지 못함. 즉 신하들이 세력을 나누어 서로 견제하여 으르렁거림.

락할 수 있습니다. 그런 연후에 신라마저 정벌하여 나라를 통일해야 합니다."

강이식은 수와 대적하기 위해서는 먼저 백제와 신라를 병합해야 한다고 생각했다. 그래서 삼국 통일의 단초로써 백제부터 병탄해야 한다는 생각이었지만 연자유의 생각은 달랐다.

백제가 비록 쇠약하다고 하더라고 결코 호락호락한 상대는 아니었다. 그럼에도 불구하고 기어이 정복 전쟁을 시작하려면 엄청난 군사를 남쪽으로 돌릴 수밖에 없는데 그렇게 되면 요수의 방어력이 약해지게 될 것은 명약관화한 사실이었기 때문이었다.

따라서 수와 경계선인 서쪽 변방을 책임지고 있는 서부살이인 연자유의 반대는 당연한 일이었다.

"전쟁을 하려면 치거(馳車) 천 대와 혁거(革車) 천 대, 갑옷 입은 군사 십만과 천리 길의 식량과 마초 수송 등 엄청난 비용이 듭니다. 그래서 나라 밖에 멀리 나아가 열흘 안에 승리하지 못하면 군대는 둔해지고 재정은 고갈되어 오히려 나라가 위태로워진다 하였습니다.

비록 백제의 왕이 바뀌었다고 하나 조정에는 아직도 충성스런 신하가 남아있고 변방에는 용맹한 장수들이 버티고 있어 쉽사리 공략하기는 어렵습니다.

더구나 서쪽에서는 수가 화친을 가장하고 있으나 우리가 정예병을 남으로 돌린다면 변덕이 심한 수주는 언제 태도를 돌변하여 창칼을 들이댈지 모릅니다. 그렇게 되면 우리는 양쪽으로 협공을 당하는 형국이 되어 곤패(困敗)에 빠지게 됩니다.

백제는 전왕 시절에 우리와 화친을 맺었으니 갑자기 의리를 저버리고 싸울 명분도 이유도 없습니다. 구태여 전쟁을 벌여 화를 자초해서는 안 됩니다. 오히려 그들을 앞세워 신라를 견제하게 한다면 우리는 큰 힘 들이지 않고 두 마리의 호랑이를 물리칠 수 있습니다."

영주 원정에 이어 양량의 침공까지 한차례 큰 전쟁을 주고받은 영양왕은 백제와는 굳이 분쟁을 일으키고 싶지 않았다. 연자유의 말을 따르기로 하고 주부 소실유를 사신으로 보내 무왕의 즉위를 축하하였다.

"성인(聖人)은 상천(上天)의 덕을 받들고 명왕(明王)은 벌을 내리는 것을 삼간다고 한다. 이제 그대가 보명을 받아 대위에 올랐으니 위로는 하늘의 뜻을 받들고 아래로는 백성을 보살펴 천하에 올바른 도리를 행함에 나라가 평안해지기를 바라는 바이다.

짐과 그대는 원래 동명성제의 후손으로 한 집안이었으나 세월이 흐름에 따라 여러 가지 은원이 얽히어 변방에 병화(兵火)가 그치지 않았으니 참으로 통한하는 바이다.

이제부터라도 국경을 열고 서로 교역을 활발하게 하며 양국의 번영을 바라노라."

새로 등극한 백제의 무왕은 야심이 만만한 젊은 왕이었다. 나이가 많았던 선대의 왕들이 중신들에게 권력을 농단당하여 제대로 왕 노릇을 못함을 분하게 여기고 있었다.

또한 그는 증조부인 성왕의 머리가 신라 북청의 계단 밑에 묻혀 뭇 사람의 발길에 밟히는 것에 대하여 통분을 금치 못했다.

그는 맹세했다.

"반드시 서라벌 궁궐을 말발굽으로 짓밟아 쑥대밭으로 만들어 버릴 것이다."

즉위 초부터 왕권을 강화하여 군비를 증강하고 군사 훈련에 전력을 기울였다. 그런 참에 고구려 영양왕이 사신을 보내어 즉위를 축하해 오자 속으로 기뻐했다.

고구려와의 화친은 무왕으로서는 왕권을 강화하는데도 도움이 되려니와 앞으로 신라와의 전쟁에서도 유리하게 작용될 수 있었기 때문이었다.

큰 잔치를 벌이고 고구려 사신 일행을 환대하였는데 한창 흥이 무르익자 화제가 여수 전쟁 이야기로 돌아갔다.

으쓱해진 소실유는 장황하게 설명을 늘어놓아 밤이 깊도록 이야기가 끝나지 않았다. 해수(解讎)가 아니꼬운 생각이 들어 슬쩍 비꼬았다.

"수가 비록 한번 패했다고 하나 그 원한을 잊지 않고 있을 터이니 변방 수자리들의 노고가 많을 것입니다."

그것은 뼈 있는 소리였다.

고구려가 수를 경계하여 군사를 남쪽으로 돌릴 수 없으니 우리와 화친하려는 것이 아니냐는 비아냥거리는 말이었던 것이다.

소실유가 해수의 그런 마음을 모를 리 없었다. 호탕하게 웃으며 응수했다.

"하하하. 그것은 잘 모르시는 말씀이오. 전쟁에 패하여 혼난 수주가 왕실의 미녀와 두 대의 수레에 금과 비단을 바쳐 사죄하고 요수에 주둔하던 군사들은 난하 서쪽으로 후퇴시켰소. 그래서 변방을 지키는 우리 수자리들은 창을 버리고 호미와 괭이를 잡고 둔전(屯田)에 힘을 기울일 뿐입니다.

듣건대 귀국과 신라는 관산성의 전쟁 이후로 불구대천의 원수가 되어 변방에서는 간과(干戈)가 그칠 날이 없는데, 신라가 변방에 있는 여러 성들을 개축하고 군사력을 집중하고 있다고 하니 귀국이야말로 근심이 많겠습니다."

당시 신라는 백제를 경계하여 남산성(南山城), 명활성(明活城), 서형산성(西兄山城)을 개축하는 등 군비를 강화하고 있었다. 소실유가 이것을 꼬집은 것이었다.

해수가 대답하지 못하고 쩔쩔매자 앞에 앉아 있던 무왕이 껄껄 웃고 얼른 말을 맞받았다.

"으하하하하. 귀국의 대왕과 우리 왕실은 모두 동명성제의 자손으로 이제 새롭게 우의를 다져 동맹을 맺었으니, 우리나라의 어려움은 귀국의 어려움이 될 것이오, 귀국의 어려움은 곧바로 우리나라의 어려움이 아니겠소?"

이에 소실유가 절을 올려 사례하였다.

고구려와 동맹을 체결하여 북방의 위협을 제거한 무왕은 차츰 자기 사람을 주위에 심어 내부의 세력을 확장해 나갔다.

먼저 잠저시절부터 친하게 지내던 왕효린(王孝鄰)을 위사좌평으로 삼아 궁성의 호위는 물론 항상 자신의 곁에 두어 경호를 담당하게 하였다.

해수가 그것을 못마땅하게 여겼다.

하루는 그의 수하들과 더불어 술자리를 벌였는데 취흥이 도도해지자 가슴 속에 품었던 불만을 쏟아 내었다.

"쥐새끼 같은 놈들이 나라에 큰 공도 없으면서 높은 벼슬을 차지하고 제멋대로 날뛰고 있으니 이런 놈들부터 먼저 쓸어내야 할 것이다."

누군가가 이 소리를 일러바치는 자가 있었다. 왕효린은 해수를 더 이상 두고 볼 수 없다고 판단했다. 제거하기로 결심하고 비밀리 왕에게 고했다.

"군주가 총애하는 신하를 지나치게 가까이 하면 그들은 군주를 위태롭게 할 것이며, 대신의 권위가 지나치게 높으면 반드시 군주의 지위를 탈취한다 하였습니다.

지난날 부여후가 전권을 쥐고 국정을 농단하더니 지금은 해수가 조정의 상벌을 마음대로 휘두르고 있습니다. 이대로 두었다가는 어떤 화가 미칠지 모릅니다. 하루라도 빨리 제거하지 않는다면 장차 무슨 일이 생길지 모를 것입니다."

무왕도 마찬가지 생각이었지만 해수는 그의 친인척들이 조정의 요직을 차지하여 권력을 휘두르고 있었고, 게다가 호랑이 같은 광보와 5백 명이나 되는 호위병들을 항상 거느리고 다녔기 때문에 왕이라도 함부로 할 수 없었다.

본심을 숨기고 좋은 말로 물리쳤다.

"조정에는 그를 따르는 무리가 많고 명분도 분명하지 않다. 자칫 잘못하다가는 큰 화가 미칠 것이다."

하지만 왕효린도 물러서지 않았다.

"명분은 만들면 되고 일은 꾸미면 됩니다. 신에게 좋은 계책이 있으니 해수가 아무리 꾀가 있어도 빠져나가지 못할 것입니다."

귀가 솔깃해진 무왕이 관심을 보이자 왕효린이 말을 이었다.

"신이 들은 바에 의하면 아막산성(阿莫山城)[67]의 군주인 윤복(輪茯)

---

67) 母山城 혹은 莫山城이라고도 함

이란 자는 고간(高干) 도도(刀都)의 손자로 병법에 밝고 용맹스럽다고 합니다. 해수를 시켜 그 자를 잡아 처단하게 하여 만고의 원한을 갚도록 시키십시오. 해수가 성공한다면 대왕께서는 오래된 원수를 갚게 될 것이고, 실패한다면 그 죄를 물어 그를 처단할 수 있습니다.”

고간 도도는 무왕으로서는 결코 잊을 수 없는 인물이었다. 그런데 바로 그 원수의 손자가 아막산성을 지키고 있다 하니 귀가 번쩍 뜨일 수밖에 없었다.

“언제 군사를 일으키는 것이 가장 적당할까?”

“쇠뿔도 단김에 빼라고 하였습니다. 결정을 하셨으면 빠를수록 좋습니다.”

무왕은 교지를 내려 해수를 대장군으로 임명하고 아막산성을 치게 하였다.

그렇지만 전혀 예상하지 못한 일이 일어났다. 왕명을 받고 궁으로 들어오던 해수가 궁성 앞에서 말에서 떨어져 허리를 다쳤던 것이었다.

왕효린의 음모를 알지 못하는 해수는 자신이 출정하지 못하게 된 것을 매우 애석하게 여겼다. 심복인 광보를 대신하여 대장으로 추천했다.

계획이 수포로 돌아가자 왕은 결단을 내리지 못했는데 왕효린이 재촉했다.

“광보는 해수의 오른팔입니다. 광보가 없는 해수는 허수아비와 마찬가지입니다.”

이에 왕은 광보를 대장으로 임명하여 아막산성으로 출정하게 하였다.

제 4 장

아막산성의 혈전

신라의 진평왕은 진흥왕의 태자 동륜(銅輪)과 갈문왕(葛文王) 입종의 딸인 만호부인(萬呼夫人) 사이에서 태어난 백정(白淨)을 말한다. 나면서부터 얼굴이 기이하고 몸이 장대하며 의지가 침중하고 식견이 명철하였는데, 아버지인 동륜이 태자 시절에 개에게 물려 일찍 죽자 삼촌인 사륜이 왕위에 즉위하니 이가 곧 진지왕이다.

　그러나 진지왕은 음란한 짓을 일삼으며 정사를 돌보지 않아 백제의 침입을 자주 받으니 신하들이 폐위시키고 백정을 왕으로 모셨다. 왕이 즉위한 후 내제석궁(內帝釋宮)[68]에 가행(駕行)할 때 섬돌을 밟으니 돌 셋이 한꺼번에 갈라졌다.

　왕이 좌우에 이르기를 '이 돌을 옮기지 말고 뒤에 오는 자가 보도록 하라.'고 하였으니 이 돌이 바로 성 중에 다섯 가지 움직이지 않는 오부동석(五不動石)의 하나이다.

　또 즉위 원년에 천사(天使)가 궁궐의 뜰에 나려와 왕에게 이르기를 '상황(上皇)이 내게 명하여 이 옥대(玉帶)를 전하라 하였습니다.'고 하

68) 天柱寺를 가리킴

였다. 왕이 친히 꿇어 앉아 받은 후에야 천사는 하늘로 올라갔다.

이 천사옥대는 금으로 새기고 옥으로 장식하였는데 길이가 10위(圍), 새긴 띠쇠(鑴誇)가 62개였다. 나라사람들이 이르기를 성제대(聖帝帶)라고도 하였다.

왕은 교묘(郊廟)의 큰 제사 때에는 항상 이 띠를 매었다. 후에 고구려왕이 신라를 치려고 하다가 묻기를 '신라에는 세 보배가 있으므로 침범할 수 없다고 하는데 그것이 무엇인가?'라고 묻자, 한 신하가 대답하기를 '황룡사의 장륙존상(丈六尊像)과 구층탑(九層塔), 그리고 진평왕의 천사옥대(天賜玉帶)가 그것입니다.'라고 대답하여 침략을 중지하였다고 한다.[69]

이렇듯이 왕에게는 기이한 일들이 많았다.

재위 6년에 연호를 건복(建福)이라 칭하고 왕권강화에 힘을 기울였다. 그렇지만 백제에서 위덕왕이 죽은 이후로 변방에 전쟁이 그치자 경계심이 풀어져서 정사를 게을리 하더니 날이 갈수록 유희와 놀이를 탐닉하였다.

왕은 궁사(弓士)를 항상 곁에 두고 화려한 치장을 한 거마를 몰고 사냥을 나가기를 좋아했다. 병부령이던 김후직은 왕의 이러한 행동들에 대하여 걱정을 했다.

왕이 사냥을 나가 왕궁을 비우는 일이 없게 하기 위하여 장문의 상소를 올렸다.

"백성으로서 힘을 다하지 않는 자는 참된 백성이 아니요, 신하로서 충성되게 간하지 않는 자는 참된 신하가 아니라고 하였습니다. 그래

---

69) 훗날 경순왕 김부가 고려 태조 20년에 왕건에게 바쳤다.

서 신은 오늘 꾸짖음과 노여움을 무릅쓰고 감히 한 말씀만 고하고자 합니다.

옛날의 임금은 하루에도 만 가지 정사를 보살피되 심사(深思) 원려(遠慮)하고 좌우에 있는 정사(正士)⁷⁰⁾들의 직간(直諫)을 받아들여 부지런하여 편안하고 방심하지 아니한 까닭에 덕정(德政)이 순미(純美)하여 국가를 보전할 수 있었습니다.

그런데 전하(殿下)는 날마다 광부(狂夫)와 엽사(獵師)들과 더불어 응견(鷹犬)⁷¹⁾을 놓아 꿩과 토끼를 쫓아 산야를 달리어 능히 그치시지 못합니다.

사냥이란 예로부터 사람의 마음을 어지럽히는 바가 있어 성인들의 경계한 바라 노자(老子)는 '말달리며 날마다 사냥하는 것이 사람의 마음을 미치게 한다.' 하였고 서경(書經)에는 '안으로 여색에 빠지고 밖으로 사냥을 일삼으면, 그 중에 하나가 있어도 혹 망하지 아니함이 없다.' 라고 경계하였습니다.

이로써 미루어 보면, 안으로 마음을 방탕히 하면 밖으로 나라를 망하게 하는 것이니 돌아보지 않을 수 없습니다. 지금 백제에서는 젊은 새 왕이 서서 그 야심을 알 수 없습니다. 변방의 각 성에 병사를 증치하고 병장기와 군량을 모아 만반의 준비를 갖추어야 합니다."

상소를 읽은 왕은 심기가 불편하였지만 김후직은 지증왕의 증손으로 성골(聖骨) 출신인데다가 병부령(兵部令)으로 군권까지 쥐고 있어 함부로 대할 수는 없는 노릇이었다.

---

70) 올바르고 충직한 신하
71) 매와 사냥개

노여움을 감추고 좋은 말로 둘러대었다.

"과인이 천계(天階)[72]에 올라 나라를 경영함에 항상 정신을 수고롭게 하였다. 백성들의 삶이 불안하고 피폐하면 밤새도록 잠을 이루지 못하였고, 변방의 병화가 있을 때면 밥 먹는 것조차 잊어 버렸다. 다행히 지금은 열성조의 덕을 받아 풍우가 고르고 오곡이 풍성하여 나라가 태평하다.

그대는 병부령이라는 직함을 가지고 있으니 군사 일에 신경을 쓰는 것은 당연하고 고마운 일이다. 하지만 남산성(南山城)과 명활성(明活城), 서형산성(西兄山城) 등이 구축된 후로 백제와의 국경이 튼튼하고 군사들의 얼굴에 사기가 넘쳐나니 더 이상 무엇을 바라겠는가?

그런데 다시 큰 사역을 일으켜 변방에 성을 쌓거나 군량과 병장기를 모은다면 오히려 백성들이 불안해할 것이다. 또한 사냥이라는 것은 궁사들로 하여금 담력과 무술을 연마하게 하는 것이고 나아가 국방의 기초가 되는 것으로써 예로부터 많은 군왕들이 장려해온 것이다.

나는 사냥을 즐기는 것이 아니라 사냥으로 나라를 경영하고 있는 것이다."

이렇게 대답하고 사냥과 유희를 그치지 않았다.

후직이 병들어 죽을 때 세 아들을 불러,

"나는 신하가 되어서 인군의 잘못을 바로잡지 못했으니 왕께서 놀고 즐기는 데만 빠져서 나라가 망하게 될까 두렵다. 내가 죽거든 왕께서 유람하고 사냥 다니는 길목에 묻어 달라."

이와 같이 유언을 남겼다.

---

72) 왕의 지위를 말함

어느 날 왕이 수렵을 갔다가 이상한 소리를 들었다.

"왕이여 가지 마시오."

왕이 괴이하게 여겨 종자에게 물으니 대답하되,

"이것은 김후직의 무덤입니다. 소리가 여기서 나왔습니다."

그리고 후직의 유언을 아뢰니 왕이 눈물을 흘리며 말했다.

"그대가 살아서 충성으로 간하고 죽어서도 잊지 않으니 나를 사랑함이 이와 같도다. 만일 끝내 내 잘못을 고치지 않는다면 무슨 얼굴로 지하에서 그대를 보려뇨?"

그대로 발길을 돌려 다시는 사냥하지 않았다.

진평왕은 불법을 숭상하여 진(陳)에서 18년 동안 불법을 공부하고 돌아온 지명(智明)과 진(陳)과 수(隋)에 12년 만에 돌아온 원광(圓光), 수(隋)에 들어가 10년 만에 들어온 담육(曇育) 등의 고승을 우대하였다.

왕 16년 10월에 패성(悖星)이 각(角)과 항(亢) 자리에 나타났다. 이 때 변방에 왜적의 침입이 있었다는 소문이 퍼졌는데 삼화(三花)[73]의 무리가 풍악(楓岳)[74]으로 유람할 때 혜성이 심대성(心大星)[75]을 범하는 것을 보고 떠나기를 중지하자 융천사(融天師)가 혜성가(彗星歌)를 지어 불렀더니 성괴(星怪)가 없어지고 왜병이 물러갔다. 이 노래는 다음과 같다.

---

73) 다섯째 居烈郞, 여섯째 實處郞, 일곱째 보동랑寶同郞 이 세 화랑을 지칭함.

74) 금강산

75) 심수(心宿)의 큰 별. 전갈자리의 일등성 안타레스를 말함.

舊理東尸汀叱	구리동시정질
乾達婆矣遊烏隱城叱肹良望良古	건달파의유오은성질호량망량고
倭理叱軍置來叱多	왜리질군치래질
烽燒邪隱邊也藪耶	봉소사은변야수야
三花矣岳音見賜烏尸聞古	삼화의악음견사오시문고
月置八切爾數於將來尸波衣	월치팔절이삭어장내시파의
道尸掃尸星利望良古	도시소시성리망량고
彗星也白尼反也人是有叱多	혜성야백니반야인시유질다
後句達阿羅浮去伊叱等邪	후구달아나부거이질등사
此也友物比所音叱彗叱只有叱故	차야우물비소음질혜질지유질고

예로부터 동해 물가에
건달파(국선, 화랑)들이 신기루가 어리는 성을 보고서
왜군이 왔다고
봉화를 올리던 변방이 있어라.
세 화랑들이 금강산으로 행차한다는 소식을 듣고,
달도 부지런히 밝혀 주고 있는데
길을 안내하는 별을 보고
혜성이 나타났다고 아뢰는 사람이 있어라.
아아, 달 아래로 떠갔더라.
달도 없는데 무슨 혜기(慧氣)가 있을꼬.

왕 24년 8월에 백제 장수 광보가 갑자기 들이닥치자 아막산성의 백성들은 크게 두려워했다. 군주 최윤복은 급히 서라벌에 고하여 구원을 청하는 한편 군민들을 달래어 말했다.

"며칠만 견딘다면 서라벌의 정예 군사들이 올 것이다. 그때까지만 버티면 된다."

성 안에 있던 사람들은 군인이고 민간인이고 가릴 것 없이 활을 쏘고 돌멩이를 나르며 성벽에 들러붙어 밤낮없이 싸웠다. 그러나 일주일이 지났건만 서라벌에서는 아무런 소식도 없자 점점 사기가 떨어졌다.

설상가상으로 백제의 별동대가 밤에 몰래 성벽을 넘어 들어와 남쪽 장대 아래 있던 보급창을 불태웠다. 수만 석의 양곡을 잃게 되자 군민들은 굶주림에 시달렸는데 비장 능수가 몇몇 군관들을 꼬드겨 노골적으로 투항을 권하였다.

윤복이 능수를 잡아들여 꾸짖었다.

"투항은 반역과 같다. 역적이 되고자 하면서 살기를 바라는가?"

"군주는 마땅히 백성을 보호할 책임이 있소. 군주가 책임을 소홀히 하여 백성을 죽음의 구렁텅이에 빠뜨려 놓고도 어찌 반역을 운운한단 말입니까?"

이때 능수 주위에 있던 군관들이 뛰어나와 말했다.

"온다던 대왕의 병사는 오지 않고 양곡은 모두 불타버렸는데 애꿎은 부하 장수만 닦달하는 것은 옳지 않습니다."

자칫 반란을 일으킬 태세여서 윤복은 처벌하지 못하고 능수를 풀어주었다.

오후가 되자 남쪽 망루를 지키던 군관이 달려와 고했다.

"이제 우리는 살았습니다. 구원군이 오고 있습니다!"

윤복이 망루 위로 올라가 보니 과연 멀리서 누런 먼지를 일으키며 한 떼의 기마군사가 달려오고 있었다. 성안의 군사들은 환호성을 질렀다.

"와— 와!"

구원에 나선 수천 명의 신라 기병들이 질풍같이 내달아 백제군의 후미를 공격하자 백제군은 당황한 기색이 뚜렷하였다. 이때 윤복도 성문을 열고 나가 호응하자 광보는 마침내 군사를 물려 달아났다.

간신히 적을 물리친 윤복은 능수를 처벌하려 하였는데 그의 처가 말했다.

"당시에 성중에 있는 백성들은 모두가 두려움에 떨었습니다. 장수와 군사들 중에서도 능수와 같은 마음을 갖지 않은 자가 과연 몇이나 되었겠습니까? 이미 지난 일로 옥사를 일으키는 것은 좋지 못합니다."

이에 윤복이 용서해 주었다.

이때 진평왕은 교서를 내려 백제군의 재침을 막기 위하여 소타(小陀), 외석(畏石), 천산(泉山), 옹잠(甕岑)의 네 성을 쌓고 군대를 주둔시켜 지키게 하였다.

광보의 패전 소식이 사비성으로 날아들자 가장 놀란 사람은 바로 해수였다. 광보는 그의 사위로서 그의 패전은 곧바로 자신의 정치적 생명에 치명적이 될 수 있었기 때문이었다. 왕께 나아가 분연히 말했다.

"지원군을 보내어 신라를 완전히 짓밟아 놓아야 합니다."

백제의 여러 귀족들은 해수가 권력을 독점하고 전횡을 부리는 것에 대해 불만이 많았다.

"올해는 날씨가 고르지 못해 기근이 심합니다. 백성들의 살림살이도 어렵고 국고도 넉넉하지 못한 데 대대적으로 군사를 일으키는 것은 무리입니다."

이렇게 반대했지만 해수가 노하여 꾸짖었다.

"그대들은 비단옷을 걸치고 술과 고기로서 배를 채우고 있으면서 정작 나라가 어려울 때에는 모르는 체하고 있으니 이러고서도 어찌 나라의 중신이라고 행세한단 말이요."

스스로 사재를 털어 황금 천 일(鎰)을 헌납하고 각 귀족들에게도 헌금을 내게 하였다. 해수의 권력은 왕도 함부로 할 수 없을 지경이어서 아무도 그의 명을 거역할 수 없었다.

어렵사리 군자금을 마련한 해수는 각처에서 군사를 모으고 각종 병장기와 군수물자들을 징발하여 보기병 4만을 거느리고 광보를 도우러 달려갔다.

대규모 백제군이 몰려오자 진평왕은 아막산성을 지킬 자신이 없었다.

"수많은 군사를 희생시키면서까지 기어이 싸울 필요는 없지 않은가? 차라리 성을 포기하는 것이 어떨꼬?"

파진간(波珍干) 건품(乾品)이 말했다.

"성 하나를 잃고 지키는 것이 문제가 아닙니다. 듣기로는 백제왕 장은 즉위하기도 전에 관산성의 원한을 갚겠다고 천명을 했다고 합니다. 만약 지금 우리가 물러선다면 앞으로도 계속 침략해 올 것이니 아예 싹을 잘라 놓아야 합니다."

왕이 수긍하고 건품을 대장으로 삼고 무리굴(武梨屈)을 부장으로 하여 급간(級干) 무은(武殷), 비리야(比梨耶) 등과 함께 수만 대군을 주어 성을 구하게 하였다.

그때 무은의 아들 귀산(貴山)[76]도 소감직(少監職)으로 그의 절친한 친구인 추항(箒項)과 더불어 종군했다.

"이번에야 말로 반드시 적장의 목을 가지고 오겠습니다."

용감하게 나아가 아막산성의 앞 들판에서 해수의 군사와 마주쳤다.

양군은 지체 없이 전투 준비를 갖추었는데 해수가 광보에게 다음과 같이 격려했다.

"모든 군사들이 너를 지켜보고 있다. 나는 너의 승리를 의심치 않는다."

의기양양해진 광보는 빗발치는 화살을 뚫고 돌진하여 건품의 선봉군인 비리야의 군사를 크게 깨뜨렸다. 이때 비리야는 광보의 창날이 눈을 스치는 바람에 왼쪽 눈을 잃었다. 간신히 도망친 비리야가 건품에게 고했다.

"적장은 호랑이보다도 더 날래고 용감합니다. 마땅히 계략으로 잡아야 합니다."

광보의 용맹은 널리 알려져 있었기 때문에 건품도 정면 승부를 겨룰 마음은 없었다. 언덕에 올라가 지형을 살핀 후에 요소요소마다 땅굴을 파 놓고 그 곳에 수백 명의 궁수들을 숨겨두고 광보를 유인하기로 했다.

다음날은 무은이 백제 진영 앞으로 나갔다.

"적장 광보는 용기가 있으면 내 창을 받으라."

몇 차례 소리를 지르자 광보가 대노했다.

76) 삼국사기 貴山傳

"단창에 황천으로 보내 주겠다."

갑옷의 끈을 매는 둥 마는 둥 기세등등하게 달려 나와 다짜고짜로 창을 날렸다. 무은도 지지 않고 달려들어 몇 차례 말과 창이 엇갈리면서 싸웠으나 시간이 지날수록 광보는 힘이 솟는 듯 더욱 무섭게 몰아대었다.

쩔쩔 매던 무은이 견디지 못하고 마침내 말머리를 돌려 달아나자 광보가 놓치려 하지 않았다.

"어차피 달아날 곳은 이미 없다."

고래고래 소리 지르며 무은의 말 뒤꽁무니까지 막 따라붙었을 때였다. 주위에 있던 풀들이 갑자기 땅에서 솟아나며 한 무리 궁수들이 나타나 화살을 퍼부었다.

신라 궁수들이 미리 땅굴을 파고 매복해 있었던 것이었다. 깜짝 놀란 광보가 몸을 숙여 피하였으나 화살 하나를 맞고 말에서 떨어졌다.

천우신조로 뒤따라오던 백제 군사들이 여럿이 달려들어 구하여 달아났지만 이후로 해수는 목책을 단단하게 치고 공격에 나서지 않았다.

광보를 잡는데 실패한 건품도 성급하게 결전을 서두르지 못했다. 임시로 만든 장대 위에 올라가 백제군의 동태만 살피고 있었는데 다음 날 아침이 되자 백제 진영에는 검은 깃발이 나부끼면서 군사들은 각종 의장과 군막을 거두기 시작했다.

믿을 수 없는 광경에 건품이 의아하게 여겼다. 그때 지난밤 적진을 염탐하고 돌아온 첩자 하나가 고하였다.

"적장 광보가 화살독이 퍼져 죽었다고 합니다."

여러 장수들이 반색하고 말했다.

"광보가 죽어서 백제군이 퇴각하는 모양입니다. 지금 저들을 추격하면 대승을 거둘 수 있습니다."

그렇건만 건품은 마음 한 구석이 이상하게 찜찜한 것을 지울 수가 없었다.

"아무래도 이상해, 무슨 속임수가 있을 것 같단 말이야. 우리가 한 번 저들을 속였으니 저들도 반드시 속임수를 쓸 것이야."

제장들의 의견을 물리치고 가만히 지켜보고만 있었는데 점심때가 지나자 대부분의 백제 군사들은 모든 군막과 기치를 거두고 질서정연하게 퇴각하기 시작했다.

"내 꾀에 내가 속은 것이다."

건품이 그제야 해수가 퇴각하고 있다고 판단했다. 북과 꽹가리를 치면서 추격명령을 내리자 다급해진 백제 군사들은 여러 군사 장비들을 내버려 둔 채 달아났다.

귀산은 백제 군사들이 달아나면서도 대오가 전혀 흐트러지지 않는 것을 보고 이상한 느낌이 들었다. 마침 가까이 있던 비리야에게 간했다.

"아무래도 이상하지 않습니까?"

비리야는 광보에게 한 쪽 눈을 잃었기 때문에 원한에 차 있었다. 통명스럽게 대답했다.

"이상하기는 무엇이 이상하단 말이냐. 적은 다만 쫓기고 있을 따름이고 우리는 뒤쫓으면 될 뿐이다."

한마디로 묵살하고 계속해서 추격을 늦추지 않았다.

때는 8월이어서 날씨는 몹시 무더웠다. 백제 군사들은 간간이 저항하면서 다시 달아나곤 하여 신라 군사들은 추격하느라 오히려 지쳤다. 점심때가 지나자 하늘에서 별안간 천둥이 울리면서 먹구름이 몰려왔다.

무리굴은 걱정이 되었다.

"소나기라도 한바탕 쏟아질 모양입니다. 이만 멈추는 것이 좋겠습니다."

정신없이 달리던 건품도 천둥소리를 들었다. 추격을 멈추고 회군하게 하였는데 천산(泉山)[77] 근처에 이르러 비바람이 거세어져서 지적을 분간하기가 힘들었다.

행군을 멈추고 잠시 휴식을 취하게 하였는데 지쳐 떨어진 많은 군사들은 삼삼오오로 짝을 지어 바위틈에 비를 피했다. 한동안 거세게 내리던 빗방울이 잦아들자 건품은 군사들을 불러 모으려 하였다. 바로 그때였다.

"와― 와."

함성소리가 귓전을 때리고 수 천 수만 대의 화살이 장대비처럼 쏟아졌다. 주위에 흩어져 젖은 몸을 말리고 있던 신라 군사들은 이리 뛰고 저리 뛰면서 정신없이 달아났지만 사방에서 백제군이 불쑥불쑥 튀어나왔다.

광보가 죽은 것처럼 소문을 내고 신라군을 유인한 해수가 복병으로 공격을 퍼부은 것이었다. 창칼 소리와 비명소리가 한데 뒤섞여 삽시간에 주위는 아수라장이 되었다.

"대오를 벗어나지 말라."

---

77) 지금의 咸陽

무리굴이 목이 쉬도록 외쳤지만 겁에 질린 군사들은 제멋대로 달아났다. 비장 척신경이 큰소리로 말했다.

"이대로 버티면 전멸을 면치 못합니다."

무리굴도 어쩔 수 없었다. 황급히 풀숲으로 뛰어들어 구사일생으로 달아났다.

후군을 이끌고 마지막에서 따라오던 무은의 군사들은 더욱 비참한 신세였다. 큰 못 근처에서 백제군사의 습격을 받아 대부분의 군사들이 죽었고 무은도 백제군에게 겹겹으로 둘러싸여 목숨이 위태롭게 되었다. 추항이 귀산에게 말했다.

"뒤는 내가 맡을 테니 그대 아버님을 모시고 퇴각하라."

무은이 두 눈을 부릅뜨고 호통 쳤다.

"나는 이미 살만큼 살았다. 이곳은 내가 맡을 것이니 너희들이나 빨리 빠져 나가라."

말에 박차를 가하여 돌진하자 해수가 원진을 쳐서 사방을 포위하게 하고 길이가 여섯 자나 되는 비구(飛鉤)라는 긴 갈고리를 날려 사로잡았다. 줄에 얽힌 무은은 땅바닥에 뒹굴었으나 젖 먹던 힘을 다해 몸부림치면서 빠져나오려고 용을 썼다. 해수가 보고만 있지 않았다.

"줄을 더욱 세게 당겨라."

호령소리가 떨어지자 밧줄은 더욱 팽팽해지면서 뼈가 으스러지는 고통이 가해졌다.

"으악!"

처절한 비명을 지르면서 무은은 결국 그 자리에 무릎을 꿇고 말았다. 뒤따라오던 귀산이 아버지의 비명 소리 듣고 벽력같이 내달았다.

"우리 스승[78]께서 나를 가르치신 바 '전쟁에서 용감하라.' 하였으니 어찌 물러날 수 있으랴.[79]"

괴력을 발하여 백제군 수십 명을 죽이고 무은을 구출했다. 추항도 십여 명의 군사를 이끌고 뒤따라 달려 나가자 비로소 백제 군사들이 흩어졌다.

귀산은 재빨리 무은의 갈고리를 벗겨내었지만 피투성이가 된 무은은 몸조차 제대로 가누지도 못했다. 번쩍 안아 일으켜 자신이 타고 온 말에 올려놓고 추항에게 소리쳤다.

"장군님을 모시고 먼저 달아나라. 뒤는 내가 맡겠다."

추항은 피 묻은 얼굴을 닦아내며 대답했다.

"전일에 스승께서 교우이신(交友以信)이라 하였거니 내 어찌 친구를 버려두고 홀로 살기를 바라겠는가?"

귀산과 함께 죽을힘을 다하여 싸워 장렬하게 전사했다. 귀산은 무은과 함께 남쪽 길을 따라 달아났는데 광보가 한 무리 군사들을 이끌고 그의 앞을 막았다.

"더러운 침략자. 단칼에 베어주겠다."

추항이 욕설을 퍼부으며 용감하게 달려들었지만 당대의 명장인 광보의 적수가 되기에는 역부족이었다. 창칼이 몇 번 부딪치는가 싶더니 피를 뿌리며 쓰러졌다.

---

78) 원광법사를 말함. 원광법사가 귀산과 추항을 속가제자로 두어 세속오계를 전하였다 함. 세속오계란 사군이충(事君以忠), 사친이효(事親以孝), 교우이신(交友以信), 살생유택(殺生有擇), 임전무퇴(臨戰無退)를 말함.

79) 세속오계 중 임전무퇴(臨戰無退)를 말함.

광보에게 눈을 잃은 비리야는 그 원수를 잊지 못했는데 추항을 뒤따라오다가 이 광경을 보았다. 강궁을 겨누어 광보를 향해 쏘았다.

막 귀산의 목을 베려 하던 광보는 등 뒤에서 날아온 화살을 피할 수 없었다. 정통으로 맞고는 비틀거렸지만 그대로 쓰러지지는 않았다. 핏발 선 눈으로 비리야를 노려보고는 소리쳤다.

"이 비열한 놈. 갈기갈기 찢어 주겠다."

야차와 같이 소리치며 단창에 비리야를 꿰어 죽였다.

그러나 비리야의 화살에도 맹독이 묻어 있어 광보도 온전하지 못했다. 점점 의식이 흐려져 그 자리에 쓰러지자 때마침 달려온 신라 기병이 목을 베어 외쳤다.

"적장이 죽었다."

광보의 죽음은 백제 군사들에게 큰 타격이었다. 해수도 견디지 못하고 후퇴해 버리자 천산 아래 벌판에는 피아(彼我)간의 시체가 가득하여 피비린내가 진동하였다.

그때 귀산은 간신히 목숨은 붙어 있었으나 광보에게 받은 금창(金瘡)[80]이 깊어 돌아오는 길에 마침내 숨을 거두었다.

왕은 건품의 승전 소식을 듣고 친히 여러 신하들과 함께 달려 나와 아나(阿那)들판에서 군사를 맞이하였다. 이때 귀산의 장렬한 전사 이야기를 듣고 통곡하며 말했다.

"귀산은 그 아비를 구하여 효를 이루었고, 추항은 죽음으로써 신의를 지켰으니 이것은 고금에 드문 일이다. 귀산에게 나마(奈麻)를, 추항에게는 대사(大舍)를 추증하노라."

---

80) 칼과 창으로 난 상처

유사에 명하여 예를 다하여 빈장(殯葬)하게 하였다.

한편 사비성으로 돌아 온 해수에게도 가혹한 운명이 기다리고 있었다. 도성에 들어서자마자 왕명을 받은 왕효린이 근위군사들을 이끌고 나와 소리쳤다.

"패군장수 해수는 왕명을 받으라."

해수가 완강하게 저항하였으나 광보가 없는 해수는 이빨 없는 호랑이와 같았다. 속절없이 체포되어 무왕 앞에 끌려 나갔다.

해수가 물었다.

"대왕께서 어찌 저에게 이렇게 대하실 수 있습니까?"

"패전한 장수는 군법에 따르는 것이 상례이다. 그대가 비록 나라의 중신이라고 하나 법을 어길 수는 없다. 하나 그간의 공을 참작하여 사형만은 면하게 하겠노라."

삭탈관직하고 절도정배(絕島定配)에 처하여 외로운 섬에 가두고 영원히 돌아오지 못하게 하는 벌을 내렸다. 해수가 땅을 치면서 통곡하며 울부짖었다.

"토사구팽(兎死狗烹)이라더니 내가 어리석었도다."

백제와 신라가 아막산성을 사이에 두고 혈전을 거듭하고 있을 때였다. 대형 고승(高昇)이 영양왕에게 말했다.

"온달 대장군의 뜨거운 피가 아직 채 식지도 않았습니다. 소장에게 일군을 주신다면 지난날 빼앗겼던 아리수 유역의 옛 땅을 다시 찾아오겠습니다."

을지문덕도 나서서 거들었다.

"백제와 신라가 불구대천의 원수가 되어 간과(干戈)가 그치지 않습니다. 이번 기회에 한수 북의 땅을 수복해야 합니다."

아막산성의 싸움으로 시작된 백제와 신라의 이전투구(泥田鬪狗)는 고구려로서는 다시없는 좋은 기회였다. 영양왕은 고승을 용양장군(龍陽將軍)에 임명하고 부월(斧鉞)을 내려 고토를 수복하게 하였다.

고승은 삼천 명의 정예 군사들은 일기당천의 용사들이었다. 파죽지세로 나아가 신라 변경 이백여 리를 순식간에 점령했다. 신주의 군주 석진이 변방의 군사를 모아 한수 가에서 결전을 벌였으나 대패하고 전사했고 고승의 고구려군은 북한산성까지 진격하였다.

북한산성은 신라에서 수(隋)로 통하는 교통의 요지로써 군사적요충지였기 때문에 주둔하고 있는 군사만 해도 오천 명이 넘었다. 몇 몇 장수들은 군사 수가 많은 것을 믿고 나가서 싸우기를 주장했지만 성주 김지(金祉)는 반대했다.

"적들은 정예 군사들이다. 석진이 대병을 이끌고도 이기지 못한 것은 저들의 숫자가 적다고 얕보았기 때문이다. 하지만 우리 성은 튼튼하여 창칼이나 도끼 따위로는 함락할 수가 없다. 성문을 굳게 닫고 지키면서 한편으로 봉화를 올려 이웃성에 구원을 청한다면 저들은 저절로 곤경에 빠지게 된다."

이러한 작전은 맞아 떨어졌다.

고승은 밤낮 없이 맹공을 퍼부었지만 철벽같은 성을 넘지 못했다. 답답해진 고승은 여러 가지로 꾀를 내었다. 일부러 군사들에게 술을 먹인 뒤 아무렇게나 흩어져 쉬게 하면서 신라 군사를 유인해보기도 하고 때로는 수십 명의 군사를 내보내어 온갖 야유와 욕설을 퍼부었지만 김지는 성문을 굳게 닫은 채 요지부동이었다.

전쟁을 오래 끌수록 고구려 군사들은 지치기 시작했다. 게다가 가져온 군량마저 부족하게 되자 고승은 결단을 내리지 않을 수가 없게 되었다. 부하들의 만류를 무릅쓰고 총공격을 명했다.

안개가 자욱한 새벽을 기하여 15척이나 되는 충제간과 사다리를 올려놓고 성벽을 기어올랐다. 화살과 돌멩이가 빗발치듯 쏟아졌고 쌍방 간에 수많은 사상자가 생겼는데 정오 무렵에 고구려 선봉군이 마침내 성문을 깨뜨리고 불 질렀다.

검은 연기가 자욱하고 시뻘건 불길이 치솟자 신라군은 달아나기 시작했다.

고승이 기뻐하며 성안으로 돌진하였는데 갑자기 후미에서 큰 소란이 일어났다. 고승은 문득 섬뜩한 생각이 들어 진격을 멈추고 좌우의 장수들에게 물었다.

"이게 무슨 소리냐?"

아무도 대답하지 못하고 서로 얼굴만 바라보고 있었는데 후미에서 한 군사가 먼지투성이가 되어 달려와서 소리쳤다.

"큰일 났습니다. 신라 대병이 가까이 오고 있습니다."

진평왕이 친히 삼군을 통솔하여 건품을 좌장(左將)으로 삼고 무리굴을 우장(右將)으로 하여 3만 대군을 거느리고 밤낮을 가리지 않고 달려온 것이었다.

북한산성을 지키던 신라 군사들도 진평왕의 구원부대가 도착한 것을 알았다.

"대왕께서 오셨다. 대왕께서 우리를 구하러 오셨다."

사기가 오른 신라 군사들이 힘을 다해 싸우자 전세가 순식간에 뒤바뀌었다. 설상가상으로 건품과 무리굴이 좌우로 군사를 나누어 후미를 협공하자 고구려 군사들은 무참하게 쫓겨 흩어지고 말았다.

선두에서 진격하여 성안으로 들어갔던 고승은 꼼짝없이 신라군의 포위에 갇히게 되었는데 마침 8척 거구의 한 장수가 큰 창을 신라군을 헤치고 달려왔다.

"이놈들 물럿거라."

천둥 같은 호령소리와 함께 고승의 아들 은비가 수십 명의 신라 군사를 눈 깜짝할 사이에 해치워버렸다.

은비는 8척이 넘는 거구로서 날뛰는 황소를 맨손으로 때려잡은 적이 있는 엄청난 장사였다. 길이가 열두 자나 되고 무게가 백 근이나 되는 비연각(飛淵鸒)이라는 창을 휘두르며 신라군의 진영을 종횡무진으로 누비면서 고승을 구출해 달아났다.

당주(幢主) 만평이 노하여 소리쳤다.

"잡아라. 적은 한 놈뿐이다."

말에 박차를 가하여 바짝 추격하여 창을 날렸다. 은비가 허리를 비틀어 창을 피하고는 홀연 돌아섰다.

"아무리 급하다고 하더라도 네놈만은 살려두지 않겠다."

무시무시한 비연각을 휘둘러 단창에 만평을 베어 죽이고는 뒤쫓아오는 신라 군사를 향해 소리쳤다.

"기다려라. 오늘은 이만 돌아가지만 다음에 내가 올 때에는 이 성은 피로 씻게 될 것이다."

말을 마치고 유유히 포위망을 뚫고 벗어났다.

어렵사리 고승의 군사들을 물리친 진평왕은 군사들에게 술과 음식을 나누어 주며 노고를 치하하였다. 그리고 죽은 자들을 위해 위령제를 올려 혼백을 위로했다.

서라벌로 돌아온 진평왕은 군신들에게 물었다.

"백제와 고구려가 연이어 침노하니 누구와 더불어 군중지사(軍中之事)를 논의할꼬?"

상대등 수을부(首乙夫)가 대답했다.

"우리나라는 인구가 적고 산이 많아 기름진 땅이 부족하여 나라 살림이 넉넉하지 못합니다. 그런데 북으로는 고구려가 호시탐탐 노리고 서쪽으로는 백제의 침략이 끊이지 않는데 동남쪽 해안에서는 왜구의 무리가 시끄럽게 하고 있으니 백성들이 안심하고 생업에 종사하기가 어려운 형편입니다.

영명하신 선왕께서는 이러한 사정을 꿰뚫어 보시고 이들을 제압하기 위하여 중국과 긴밀히 교류하고자 많은 역경을 물리치고 한강유역을 차지하였습니다.

그러나 고구려와 백제가 한강유역을 다시 노리고 있으니 가만히 있으면 반드시 빼앗기게 될 것입니다. 변방의 행정조직을 개편하여 수자리를 늘여 방비를 튼튼히 하고 또 수에 사신을 보내어 중재를 요청하십시오."

진평왕은 조칙을 내려 군사조직과 행정조직을 모두 바꾸어 남천주를 폐하고 한산주로 하여 두 당(幢)의 군사를 항상 주둔하게 함으로써 군사력을 증강시켰다. 또한 대나마(大奈麻) 만세(萬世)와 혜문(惠文)을 수에 보내어 고구려와 백제의 행패를 알리고 구원을 요청했다.

제 5 장

모반의 싹

문제는 자주 사람을 보내어 전쟁을 독려하고 전황을 보고 받는데 그때마다 양량은 연전연승을 거두고 있다고 거짓 보고를 올렸다.

그러나 임유관까지 쫓겨나게 되자 더 이상 패전의 사실을 숨길 수가 없었다. 태풍과 수재로 인해 대부분의 군사를 잃고 말았다는 변명을 장황하게 늘어놓았다.

이런 내용의 표문을 받은 문제는 얼굴이 붉으락푸르락하여 소리쳤다.

"이런 머저리 같은 놈. 태풍이 뭐가 어쨌다고? 비바람도 이기지 못하는 놈이 무슨 재주로 적과 어찌 싸워?"

자리에서 박차고 일어나 어전을 나가버렸다. 이튿날 아침이 되자 칙서를 내려 회군을 명하는 한편, 별도로 대리소경(大理少卿) 양약(楊約)을 보내어 양량을 비롯하여 왕세적, 고경 등 모든 장수들을 압송하게 하였다.

붙잡혀 온 장수들은 제 목숨만 구하기 위해 갖가지 변명과 구실을 붙여 책임을 떠넘기기 바빴다. 그런 꼴을 보자 문제는 더욱 노기가 치솟았다. 참군(參軍) 이상의 장수들을 모조리 대리(代理)에 붙여 하옥시키고 그 죄를 엄중히 문책하였다.

다른 모든 장수들은 가혹한 문초를 받았지만 문제는 정작 사령관이었던 양량에 대해서는 아무런 조치도 취하지 않았다.

평소 양량을 껄끄럽게 여기던 진왕은 이 기회에 그를 제거하려고 생각했다. 마침 그를 찾아온 양소에게 물었다.

"폐하께서는 아무래도 한왕은 처벌하지 않을 것 같소. 이대로 흐지부지 넘어간다면 다시 독사와 같은 머리를 치켜세우고 대들 것이 분명하오. 폐하께 탄원을 올려 아예 변방으로 축출해버리는 것이 어떻겠소?"

양소가 정색을 하고 말했다.

"왕야께서는 어찌 화를 자초하시려 합니까?"

면박을 당한 양광이 언짢아져서 퉁명하게 되물었다.

"화를 자초하다니 그게 무슨 말씀이오?"

"생각해 보십시오. 폐하께서는 한왕을 처벌하고 싶지 않으신 겝니다. 그런데도 불구하고 탄핵상소를 올리게 되면 되레 미움만 사게 됩니다. 더구나 황후마마께서도 그 사실을 알 게 될 터인데 뒷일을 어찌 감당하시려는 것입니까?"

독고황후는 항상 형제간의 사랑을 강조했다.

그런데 양광이 제 동생인 양량을 처벌하자고 상소하면 노여움을 사게 될 것이 분명하였다. 양광이 무릎을 쳤다.

"그대의 뛰어난 머리를 당할 재간이 없구려."

이렇게 해서 양광은 가만히 있었으나 엉뚱하게 태자가 상소를 올렸다.

"상과 벌은 공평하게 주어져야 합니다. 량이 무능하여 국가에 대죄를 지었으니 아무리 황자라 해도 용서할 수 없습니다. 합당한 죄를 주어 폐하의 공명정대하심을 밝히셔야 합니다."

양량은 거만하고 또 인색하여 조정의 신하들에게 인심을 잃어버린 데다 태자까지 나서서 죄주기를 청하자 아무도 그를 위하여 변호하는 자가 없었다.

평소 법의 엄정함을 강조하던 문제였기 때문에 태자의 청을 물리칠 명분이 없었다.

대리에 명하여 양량의 죄를 논하게 하자 양소의 예상대로 독고황후가 가만히 있지 않았다.

"태자란 다음 황제가 될 인물이다. 그런데 어찌 좁은 마음을 발하여 제 친동생마저 해하려 한단 말인가!"

크게 화를 내며 문제를 찾아가 따지듯 물었다.

"진정 량을 처벌하실 것입니까?"

문제는 결혼 초부터 독고황후의 위세에 눌려 살다시피 하였는데 황제가 된 후에도 마찬가지였다. 그녀 앞에만 서면 움츠려드는 자신을 어찌할 수가 없었던 것이었다."

잔뜩 독기가 오른 눈으로 따지듯 말하자 문제가 선뜻 대답하지 못하고 우물거릴 뿐이었다. 독고황후는 문제의 말을 들을 필요도 없다는 듯이 딱 잘라서 말했다.

"사나운 맹수도 자기 새끼는 해치지 않는다고 합니다. 량은 폐하의 아들임을 유념하여 주십시오."

표독하게 변한 독고황후의 눈에는 불꽃이 일었고 얇은 입술은 가

늘게 떨리고 있었다. 문제는 온몸에 힘이 빠져 거절할 재간도 자신도 없었다.

"당신의 뜻을 알았으니 염려하지 마시오."

대충 얼버무리자,

"신첩은 그 말씀을 믿을 것입니다."

말이 떨어지기가 무섭게 독고황후는 더 이상 들을 필요가 없다는 듯이 가볍게 목례를 올리고 시녀들을 앞세우고 돌아가 버렸다.

문제는 문득 허탈한 생각이 들었다. 스스로 황제가 되어 천하의 권력을 잡았다고 하지만 무엇 하나 황후의 마음을 거슬리고 결정할 수 있는 일이 없을 정도였다. 갑자기 자신이 왜소해 보이고 초라하게 느껴졌다.

가슴 속에 울컥 울화가 치밀어 올랐다. 발길을 후궁으로 돌려 오랜만에 진부인과 채부인 등과 더불어 밤새 대취하였다.

다음날 초췌한 모습으로 내전으로 돌아온 문제는 심한 감기 몸살로 온몸에 열이 나서 병석에 누웠다. 양소가 문제의 눈치를 살피기 위해 왔다가 위로의 말을 올렸다.

"폐하는 나라의 중심입니다. 부디 옥체 보중하소서."

문제가 탄식하듯 말했다.

"내가 천하의 주인이 맞기나 한 것인가? 나도 사실 의심스러운 때가 많다."

며칠 후 양량을 비롯하여 요동에 원정 갔던 장수들이 모두 죄를 선고받을 때였다. 독고황후는 대리경(大理卿) 원암에게 사람을 보내어 자신의 뜻을 미리 전달해 두었으므로 사실상 모든 일은 독고황후의 뜻대로 움직였다.

육군 패전의 책임은 왕세적에게, 수군 패전의 책임은 주라후에게 물어 각각 귀양 보내고 양량은 다만 그 직을 거두어 근신하게 하였다.

패전의 논죄가 일단락 끝나자 조정이 한동안 조용해졌는데 바로 그때 동쪽 변방에서 급보가 올라왔다.

"고구려 군사들이 요하 쪽으로 집결하고 있습니다."

양량을 물리친 강이식이 여세를 몰아 요하를 건너 요서로 진격하려는 움직임을 보이고 있었던 것이었다. 그렇지만 이상하게도 문제는 그 소리를 듣고도 아무런 조치도 내리지 않았다.

양광은 진을 정벌한 후로 그의 무위(武威)를 자랑하고 다녔는데 양량이 패전하고 돌아오자 측근들에게 호언장담하였다.

"내가 원정군을 이끌었다면 한 달 안에 평양성을 함락시켰을 것이다."

그러던 중에 고구려 군사들이 요하에 집결한다는 소리를 들었다. 곧바로 갑옷으로 갈아입고 황궁으로 입궐하였는데 마침 궁궐 문 앞에서 양소를 만났다.

"왕야께서는 어디를 급히 가십니까?"

"폐하께 출정을 청하러 가는 길입니다."

양소가 놀란 빛을 띠우며 말했다.

"왕야께서는 잠시 저의 말을 들어보십시오. 모든 일에는 시기가 있습니다. 지금은 폐하의 뜻이 다른 곳에 있는데 어찌하여 공연히 노여움을 사려 하십니까."

양광이 의아하게 여겨 되물었다.

"노여움을 사다니요? 그게 무슨 뜻입니까?"

"가만히 생각해 보십시오. 폐하께서는 고구려와 전쟁을 하실 의향이 없습니다. 그런데 출정 운운 하시면 오히려 심기만 거스를 뿐이니 어찌 노엽지 않겠습니까."

"공께서는 무슨 근거로 그런 말씀을 하시는 것이오?"

"폐하의 성격으로 미루어 본다면 벌써 징병령을 내리셨을 것이 아닙니까? 하지만 양량이 고구려 정벌군을 일으킬 때 변방의 극소수 병력을 제외한 대부분의 정예 군사들을 모두 징집하였기 때문에 지금 나라 안에 남아있는 병사들이란 오합지졸뿐입니다.

폐하는 젊은 시절부터 무수한 전쟁터를 누비면서 산전수전을 모두 겪으신 분입니다. 따라서 지금 형편으로 전쟁을 할 수 없다는 것을 누구보다도 더 알고 계시기 때문에 심중으로는 오히려 화친을 원하시는 것입니다."

양광이 반신반의하며 침묵을 지키자 양소가 자신 있게 다시 강조하고 나섰다.

"신의 말이 틀림없을 것입니다. 다만 천자의 체통 때문에 먼저 말을 꺼내지 못하는 것일 뿐이니 이런 때일수록 신중하게 처신하여 폐하의 뜻에 맞추어야 합니다."

확신에 찬 양소의 말을 듣자 양광은 마음을 바꾸었다. 다음날 문제를 찾아가 간했다.

"화난다고 전쟁을 일삼아서도 안 되고, 힘이 있다고 교만해서는 안 됩니다. 고구려는 동방의 강국으로 예의 있는 군자의 나라라고 들었습니다. 마땅히 새서(璽書)를 내려 지난날의 잘못된 일들을 바로 잡고 번신(藩臣)의 예를 갖추게 함이 좋겠습니다."

문제가 기특하게 신하들에게 말했다.

"진왕은 과연 국정을 다루는 방법을 알고 있다."

크게 기꺼워하고 문하성에 명하여 양국의 화해를 청하는 외교의 문서를 작성하게 하였다.

수 문제가 사신을 보내오자 절노부 대인 국연태가 그 청을 받아 줄 것을 간했다.

"을지문덕의 군사들은 이미 돌아왔는데 강이식이 홀로 계속 싸우는 것은 이롭지 못합니다. 마침 저들의 화친을 구하니 받아들이심이 좋겠습니다."

사실 고구려 측에서도 피해가 만만한 것은 아니었다.

양량의 침입으로 많은 젊은이들이 징발되어 농사를 제대로 지을 수 없었다. 게다가 그해에는 큰 비가 잦아 홍수가 자주 범람했기 때문에 수확은 더욱 크게 줄어 백성들의 생활고가 말이 아니었다. 각종 부역과 세금을 줄이고 국고를 풀어 지원을 했지마는 나라 재정마저 넉넉지 못한 형편이라 어려움은 더했다.

국연태는 건무의 장인으로 많은 대신들의 신망을 받고 있던 터라 영양왕이 그의 청을 받아들였다. 조서를 내려 요하에 있던 고구려 군을 다시 불러들이고 수에는 국서를 보내어 선린관계를 허락하였다.[81]

"대고구려 국왕은 수왕에게 글월을 내리노라. 지난날 천도가 불순

---

81) 삼국사기에는 고구려가 사신을 보내어 '요동의 분토신 운운'하며 용서를 빌었다고 하는데 이것은 수서의 위작을 그대로 옮긴 것이다. 당시 고구려가 먼저 수를 쳐서 요서와 해안을 점령하였고 문제의 30만 대군을 수륙에서 완전히 결단을 낸 후에 승전한 영양제가 오히려 '요동의 분토신…'따위의 사죄의 글을 보냈다는 것은 사리에 맞지 않다. 사서란 함부로 보는 사람이 없는 법이라 수서에 거짓 기록을 올려 분풀이로 한 것을 김부식이 그대로 인용했을 뿐이다.

함으로써 천하가 크게 어지러워 뭇 호걸들이 사방에서 일어나서 만민(萬民)이 도탄에 빠졌다.

다행히 그대 왕문(王門)에서 대의(大義)를 잡고 일어나서 흉악한 무리들을 진압하고 해내(海內)[82]를 안정시켰으니 이것은 비단 그대 왕문의 영광일 뿐 아니라 천하 만방(萬邦)의 다행한 일이다. 짐 또한 이와 같은 세상을 덮는 대덕(大德)을 멀리서 경행(慶幸)한 바이다.

그러나 이번에 뜻밖에 우리나라를 침범한 것은 불법무도한 행동이라 아니할 수 없다. 요서는 본래 수나라 땅이 아니며 우리나라는 열성조 이래로 다른 나라를 침범하지 않았는데 지난날 위(魏)나라 요망한 장수 [83]관구검(毌丘儉)이 우리 땅을 침범한 이후로 지금까지 침략을 계속하였다.

옛날 한고조와 조선 사이 패수를 국경으로 한다는 약정을 하였으니 자세히 그 사실을 살펴서 참고하라. 이번 대전에서 이웃나라끼리 싸워 수나라 군사들이 요서와 패수에서 다수 죽어 짐이 이를 연민하는 바이다.

이제 왕의 표문을 읽어보니 전과를 뉘우침이 뚜렷하다. 지난일은 필연코 측신 중에 망령된 자가 있어 일을 그르친 것이리라 생각한다. 이로써 위로하는 짐의 뜻을 전하고 이웃끼리 친선을 위하여 지난날의 허물을 탓하지 않고 선린관계를 허락하노라.[84]"

이후 두 나라 사이에는 분쟁이 없어지고 한동안 국경이 잠잠해졌다.

---

82) 중국본토를 말함.

83) 동천왕 18년(244) 혹 관구검(毌丘儉)이라고도 함

84) 漏錄補記

패전의 후유증은 다른 곳에서도 나타났다. 문제는 본시 부지런하고 성실하여 나라의 크고 작은 일들을 직접 처리하였는데 고구려와 전쟁 이후로는 정사에 뜻을 잃었다.

그해 12월에는 행궁(行宮) 12개소를 설치하고 여러 후궁들과 더불어 자주 연회를 베풀고 특히 진에서 잡아온 진부인과 채부인을 총애하였다.

하지만 평소에 투기가 심한 독고황후가 이를 가만히 두고 볼 리가 없었다. 독고황후는 문제도 어찌할 수 없는 무소불위의 권력을 마음대로 휘둘렀기 때문에 후궁의 비빈들은 아무도 밤에 문제를 모실 생각을 할 수 없었다.

문제가 하루는 인수궁(仁壽宮)의 후원을 거닐다가 누대의 한 쪽 구석에서 비파를 연주하고 있는 아리따운 여인이 문제의 눈에 들어왔다.

문제는 눈이 휘둥그레졌다.

"궁 안에 저런 여인이 있었던가?"

검은 머릿결과 맑은 두 눈, 오똑한 코에다 앵두보다 붉은 입술, 투명하게 빛나는 피부는 백옥 같아서 한 눈에 보아도 천하절색이 분명했다. 문제는 소년처럼 마음이 두근거렸다. 환관에게 명하여 그녀를 불러 오게 하였다.

"너는 누구이며 어디에 소속된 궁녀인가?"

"황후마마를 모시는 위씨라고 하옵니다."

환관 하나가 귀엣말로 속삭였다.

"위씨는 옛날 위지형의 손녀입니다."

위지형은 북주의 권신으로 문제가 수를 세울 때 가장 강력한 걸림돌이 되는 인물이었다. 그러나 북주가 망한 후로는 그 가문도 몰락해 버렸는데 그 손녀의 재색이 뛰어나 독고황후궁의 궁녀로 들어와 있었던 것이었다.

문제가 놀라 감탄을 금하지 못했다.

"참으로 기이한 인연이로다."

위씨는 얼굴을 붉히고 안절부절하지 못했지만 문제는 이런 모습에 더욱 마음이 끌렸다. 너털웃음을 터뜨리며 말했다.

"허허허허, 예로부터 미인을 두고 침어낙안(侵魚落雁)[85]이라더니 그대의 모습을 보니 그 말의 뜻을 알겠노라."

이렇게 말하고 비단 열 필을 하사했다.

그날 저녁 환관이 조심스레 말을 꺼냈다.

"위씨를 불러들일까요?"

그렇지만 평소 독고황후의 질투로 후궁도 가까이 할 수 없던 처지였기 때문에 문제가 선뜻 허락하지 못하자 환관은 특유의 야비한 웃음을 지으며 말했다.

"폐하께서는 천하의 주인이십니다. 대체 꺼리실 것이 무엇이 있겠습니까?"

문제는 자신도 모르는 배짱이 생겼다. 주위에 엄명을 내려 이 사실을 절대 비밀로 붙인 뒤, 그날 밤 몰래 위씨를 불러 수청을 들게 하였다.

젊고 농염한 육체를 지닌 위씨는 늙고 노쇠한 문제를 사로잡기에 충분했다. 이후 문제는 위씨에게 빠져 매일 늦잠을 자기가 일쑤였고 심

---

85) 월나라 서씨의 미모를 보고 물고기가 헤엄치는 것을 잊었다고 해서 침어라고 하며, 왕소군의 비파소리에 기러기가 날개 짓을 멈추고 듣다가 떨어졌다고 하여 낙안이라는 고사가 생김.

지어 조회까지 늦게 참석하게 된 적도 한두 번이 아니었다. 평소 검소하고 부지런하기로 소문난 문제였기에 황제의 이러한 변화는 환관이나 나인들에게는 더할 수 없는 재미있는 이야깃거리가 되었다.

문제는 처음에 독고황후와 결혼할 때 다른 여인을 얻지 않기로 약속했다. 그렇지만 진을 멸한 후에 진왕 양광이 선화부인(宣華夫人) 진씨(陳氏)와 용화부인(容華夫人) 채씨(蔡氏)를 바쳤고 뒤이어 자귀빈(姿貴嬪)을 맞아들여 3명의 후궁을 두었다.

독고황후도 나이가 들어감에 따라 남편의 여자문제에 애써 모른 척하려고 했지만 주위의 궁녀들이 가만히 두질 않았다. 문제의 총애를 얻지 못해 안달하던 많은 궁녀들은 소문을 더욱 부풀려서 퍼뜨리자 독고황후가 마침내 진노했다.

심복인 환관을 불러 물었다.

"위지녀의 자색이 어떠한가?"

"미모는 항아와 견줄 만하고 자태는 서시와도 같다고 합니다."

"항아(嫦娥)는 예(羿)를 배신하였고 서시(西施)는 오(吳)를 망하게 하였다. 경국지색은 나라를 망치는 법이거늘 그대로 보고만 있겠느냐?"

"듣자니 서시는 월나라 대부인이 보낸 사람들에 의해 탄천의 깊은 물에 빠져죽었다고 합니다."

독고황후가 고개를 저었다.

"아니다. 몰래 죽인다면 무슨 의미가 있겠는가?"

조용히 손짓을 하여 가까이 오게 한 다음 밀지를 내렸다.

다음날 아침 환관은 문제가 조회에 나간 틈을 타서 위씨의 처소에 뛰어 들었다.

깜짝 놀란 위씨가 소리를 질렀으나 환관이 잔인한 웃음을 흘리면서 말했다.

"흐흐흐흐, 나를 원망하지 말라. 황후마마께서 네 년이 죽기를 원하신다."

우악스런 손으로 목을 졸라 죽이고 그 시체를 침상 위에 반듯이 눕혀 두었다.

그날 오후 위씨의 거처로 돌아온 문제는 싸느랗게 식은 위씨의 시체를 보았다. 놀라고 격분하여 시종들에게 소리쳤다.

"어떤 놈의 소행이냐. 바른대로 토설하지 않으면 모두 찢어 죽이겠다."

문제는 부하들을 잔인하게 다루기로 이름이 나 있었다. 겁에 질린 시종들은 모두다 황후궁의 환관을 범인으로 지목했고 문제는 즉시 금군을 보내어 잡아들였다.

"네놈이 감히 이런 짓을 저질러놓고도 무사할 줄 알았더냐. 네놈의 뼈를 가루로 내어 버릴 것이다."

환관은 독고황후가 자신을 구해줄 줄 알았다.

"모든 것은 황후 폐하가 시킨 일이었습니다."

사시나무처럼 떨면서 변명해 보았지만 오히려 문제의 노여움만 더 키우고 말았다. 분노로 일그러진 얼굴에는 광기어린 살기가 떠올랐다.

문제는 무장 출신으로 힘이 세고 성격이 불과 같았다. 끝에 날카로운 칼날이 박힌 채찍을 휘두르며 손수 때려죽였는데, 이미 시체가 되어 살점과 뼈가 다 흩어져도 그치지를 아니하였다.

그래도 문제는 분이 풀리지 않은 듯 숙직무관을 불렀다.

"저놈의 애비와 그 새끼들까지도 모조리 죽여 버려라."

삼족을 멸하는 무시무시한 형벌을 내렸다. 그리고 피 묻은 채찍을 집어 던지고 마구간으로 달려가서 혼자 말을 타고 궁궐을 빠져나가 깊은 산 속으로 20여 리나 들어갔다.

조당에 있던 고경과 양소가 이 사실을 알았다. 황급히 말을 타고 쫓아가서 문제의 말고삐를 잡고 돌아가기를 청했다. 그때에야 제 정신으로 돌아온 문제가 한숨을 쉬며 말했다.

"내가 존귀하기로는 천자가 되어 있지만, 이처럼 마음대로 할 수 있는 것이 없다."

고경이 답하여 말했다.

"황제 폐하께서는 어찌 일개 아녀자 때문에 천하를 가볍게 여기십니까."

문제가 말을 한참 동안 세워두고 서성이고 있다가 마침내 노여움을 풀고 밤중에야 궁으로 돌아왔다. 이때 독고황후도 잠을 자지 않고 기다렸다가 눈물을 흘리고 사죄하였다. 하지만 이 말은 잊지 않았다.

"폐하께서 전에 저와 결혼할 적에 다른 여인과 가까이 하지 않기로 맹세하셨습니다. 폐하께서는 만인의 어버이가 되시니 어찌 허언이 있을 수 있겠습니까. 이 사람들이 보고 있는 앞에서 이 약속만은 꼭 지켜 주시기 바랍니다."

축첩제도에 반대하는 독고황후의 집념은 대단한 것이어서 문제는 체념하고 약속할 수밖에 없었다.

고경과 양소 등이 두 사람을 화해시키기 위하여 밤늦게까지 술상을 벌여놓고 즐겁게 놀았다.

이 사건 이후로 많은 변화가 있었는데 후일 신하들 중에서 첩에서 자식을 낳은 자는 파면을 당하였고 심지어 처형당한 자도 있었다.

또한 독고황후는 고경이 자기에게 '일개 아녀자'라고 했다는 말을 듣고 그에게도 원한을 품게 되었다.

독고황후는 문제가 조정에 나가면 반드시 가마를 타고 동행하여 궁궐 문 앞에서 기다리면서 환관을 시켜 조정의 대소사를 모두 파악하게 하였다. 그리고 문제가 잘못 판단할 기미조차 보이면 즉시 환관을 보내어 바로 잡았기 때문에 수의 신하들은 문제와 독고황후를 이성(二聖)이라 부를 정도였다.

독고황후의 또 다른 희생양은 바로 태자 용(勇)이었다. 태자 용(勇)은 어린 시절부터 총명하여 문제가 사랑했다. 애초에 문제는 태자에게 정무에 참석시켜 제왕으로서의 능력을 길러주고자 하는 등 각별한 애정을 보였다.

하지만 문제는 결백증이 있을 만큼 근검절약을 강조하였는데 태자는 정반대였다. 어린 시절부터 귀하게 자라온 태자는 천성이 사치함을 좋아하여 화려한 옷차림을 좋아하고 값비싼 장신구로 치장했다.

특히 평소에도 촉(蜀)나라 땅에서 나는 정교한 갑옷을 입고 보석으로 만든 검을 차고 다녔다. 검소함을 좋아하는 문제가 불쾌하게 여겨 꾸짖었다.

"제왕으로서 사치를 좋아하면서 오랫동안 자리를 유지한 사람은 없었다. 너는 황제의 자리를 이어갈 사람인데 마땅히 근검절약을 우선으로 해야 한다. 그래야만 종묘사직을 이어갈 수 있느니라."

그리고 오래된 낡은 옷을 한 벌 꺼내어 주면서

"이것은 옛날 내가 입었던 옷이다. 너는 항상 이것을 꺼내어 봄으로써 자신을 경계하도록 하라."

또 사람을 시켜 칼 한 자루와 반찬 한 합(盒)을 보내면서

"옛날에 내가 차던 칼과 태자가 되기 전에 네가 먹었던 반찬 합이다. 네가 옛날의 일을 기억하고 있어야만 황제인 내가 얼마나 고생을 하고 신경을 쓰는 지 알 수 있을 것이다."

이렇게 훈계했다.

하지만 태자는 조금도 행동을 고치지 않았는데 마침 그해 동짓날 백관들이 태자궁을 찾아가 하례 인사를 하였다. 호사스러움을 좋아하는 양용은 크게 기뻐하였다. 위엄을 차려 예복으로 갈아입고 악대(樂隊)를 벌려 백관들의 축하를 받았다.

태자의 비행만 호시탐탐 노리던 양소가 이 사실을 알았다. 나는 듯이 달려가 양광에게 일러바치자 양광은 도리어 기쁜 빛을 띠면서 말했다.

"오만과 허영은 양날의 칼과 같아서 겉으로는 위엄이 있고 화려하지만 결국 주인을 망치는 법이다. 태자는 스스로의 운명을 재촉하고 있다."

몰래 사람을 시켜 이 소문을 퍼뜨렸다. 태자의 이런 소문을 듣자 문제가 크게 노하여 신하들에게 물었다.

"동짓날에 백관들이 모두 태자궁으로 몰려가서 조견(朝見)하였다는데 그것은 무슨 예법인가?"

태자의 최측근인 태상소경(太常少卿) 신단(辛亶)이 태자를 위하여 변명했다.

"백관들이 동궁을 찾아간 것은 다만 동지를 축하하기 위함이었을 뿐입니다. 그것으로 조견했다고 할 수 없습니다."

문제는 나이가 들어감에 따라 젊을 때의 패기와 관용은 사라지고 마음이 편협해져서 사소한 일에도 화를 자주 내었다. 문무백관들이 태자에게 하례 인사를 갔다는 소리를 듣자 그는 자신의 아들에게조차 묘한 시기심을 가지게 되었다. 화를 버럭 내면서 말했다.

"축하하러 가는 것이라면 많아야 열대여섯 명이면 족하다. 무슨 이유로 모든 부서의 백관들이 일시에 모여 갔겠는가? 또한 태자가 감히 예복을 입고 음악을 연주하며 백관을 접대한 것은 무슨 뜻인가?"

이튿날 문제는 조서를 내려 태자를 꾸짖고 명하였다.

"예에는 등급과 차별이 있어서 군신이 뒤섞여 놀 수는 없는 법이다. 태자는 비록 황제의 자리를 계승할 사람이기는 하나 도리로 말하자면 신하임에 틀림없다.

또한 각 지방 장관과 관리들은 동짓날 짐을 찾아와 축하인사를 드리고 자기 관할 지방의 특산물을 바치도록 되어 있다. 그러나 따로 태자에게 공물을 바치는 것은 예에 어긋나는 일이다. 마땅히 모두 중단하도록 하라."

이런 조치를 내린 후 태자를 점점 싫어하고 멀리하는 것이 다른 사람들도 모두 알아차릴 정도였다. 마음이 우울해진 태자가 술로 날을 보내자 신단이 찾아와 말했다.

"붉은 색은 본래 태양을 상징하며 운수가 크게 트이거나 승진의 의미가 있습니다. 붉은 색 바지를 입으면 관운이 형통할 것입니다."

문제가 이 이야기를 들었다. 그는 동짓날 하례 사건 이후로 신단이 태자를 올바르게 인도하지 않고 잘못을 두둔만 한다고 여겨 못마땅하게 여기던 중 다시 요상한 술법으로 현혹하게 만든다고 판단했다. 금군을 보내어 잡아들인 연후에,

"네놈은 요상한 소리를 떠들고 다니면서 태자를 그릇되게 인도하고 사람들을 현혹시키고 있으니 용서할 수 없다.

형부에 명하여 사형에 처하게 하였다. 형부대신 조작(趙綽)이 대전에 엎드려 청하기를,

"법률에 의하면 신단의 죄는 사형에 처할 만한 것이 되지 않습니다. 신은 감히 명을 받들 수 없습니다."

이렇게 반박하였다.

문제가 격노하여,

"짐이 보기에는 그대는 다른 사람을 감싸기 위하여 자신을 돌보지 못하는 구나."

이렇게 꾸짖고 둘 다 끌어내어 참수하게 하였다. 그렇지만 평소 조작의 강직함과 충성심을 믿고 있었으므로 처형 직전에 이르러 다시 물었다.

"마지막으로 할 말이 없는가?"

조작이 말하기를,

"신은 오로지 한 마음으로 법률을 집행해 왔기 때문에 죽어도 여한이 없습니다. 하지만 신단의 죄는 사형에 해당되지 않으니 절대로 죽여서는 안 됩니다."

문제가 화를 벌컥 내고 소매를 뿌리치며 나가 버렸다. 하지만 가만히 생각해보니 조작의 말이 옳다는 생각이 들었기 때문에 신단의 사

형을 취소하고 조작에게는 상을 내렸다.

신단의 사건은 이렇게 종결되었지만 태자에 대한 문제의 총애는 완전히 식어버렸다. 하지만 태자는 부황의 그런 마음을 조금도 헤아리지 못하고 여인들의 치마폭에서 술과 음악에 취해 나날을 보내고 있었다.

"마마, 이러시면 아니 되옵니다. 비(妃)께서 이 사실을 아시게 되면 쇤네들은 경을 치게 되옵니다."

태자궁에서는 여인들의 간드러진 교성과 함께 태자의 너털웃음이 연신 터져 나왔다.

"흐흐흐흐, 귀여운 것들. 제깟 년이 감히 너희들을 어쩐단 말이냐. 아무 염려 말고 이리 와 어서."

태자는 질펀하게 술판을 벌여놓고 대낮에도 벌거벗은 궁녀들로 하여금 주악을 연주하게 하며 소훈(昭訓) 운씨(雲氏)와 여러 희첩들과 더불어 온갖 음탕한 놀이에 여념이 없었다.

태자의 정비(正妃)인 원씨(元氏)는 독고황후가 간택한 여자였는데 매우 현숙한 여인이었다. 그녀는 태자의 이러한 행동을 못마땅하게 여겨 냉담할 정도로 태자를 무시했으므로 태자도 몹시 그녀를 싫어했다.

반면에 첩으로 들어온 소훈 운씨의 사이에는 세 아들을 낳았고 또 다른 희첩들에게서도 아들을 다섯이나 낳았다. 남자의 바람기를 병적으로 싫어하는 독고황후는 아무리 자신의 아들이라고 할지라도 여색이라면 사족을 못 쓰는 태자를 용서할 수 없었다.

"태자는 이세 황제가 될 사람이다. 그런데 학문에 정진하고 수양에 힘쓰기는커녕 계집들과 더불어 농탕질하기에 여념이 없으니 시정잡배의 난봉꾼과 무엇이 다르단 말이냐."

사사건건이 태자의 행동을 꾸짖었다.

"이 년이 몰래 고해바치는 것이다."

태자는 원씨가 몰래 독고황후에게 고자질하는 것이라 생각하고 더욱 모질게 구박했다. 그러던 어느 날 원씨가 갑자기 시름시름 앓았는데 의원에서 보낸 약을 먹고는 더욱 병이 심해져서 사흘 만에 죽고 말았다.

마침 운씨의 거처에서 있던 태자는 이 보고를 받았으나 아무렇지도 않은 듯 여러 첩들과 농탕을 치면서 낄낄거렸다.

독고황후가 이 사실을 알고 크게 노했다.

"저 모질고 독한 놈이 원비를 독살한 것이 분명하다."

즉시 태자궁으로 나아가서 많은 궁인들이 보는 앞에서 모욕적인 말로 꾸짖자, 태자도 울컥하는 마음에서 대들었다.

"나는 그 아비 원효구(元孝矩)도 죽일 수 있습니다."

독고황후의 입술이 무섭게 파르르 떨렸다.

당시에는 황제도 자신에게 무례하게 행동하지 못했는데 자식인 태자가 이처럼 막 대드는 것은 도저히 참을 수 없는 노릇이었다. 자리를 박차고 일어나 문제에게 가서 고했다.

"현지벌(現地伐)[86]의 무례함은 이미 도를 넘었습니다. 어미인 저에게도 안하무인(眼下無人)으로 대하니 다른 사람에게야 오죽하겠습니까?"

문제에게 있어서 독고황후의 영향력은 거의 절대적인 것이었다. 문제가 즉시 금위 군사들을 불러 태자를 잡아들였다.

"천하에 몹쓸 놈. 정녕 스스로 죽고자 하는가!"

---

86) 양용의 아호

당장이라도 처형할 듯이 호통 치는 소리가 멀리 성 밖 담장너머까지 들릴 정도였다. 태자가 땅바닥에 엎드려 엉엉 울면서 사죄하여 간신히 위기를 모면하였지만 이후 영원히 독고황후의 미움을 사게 되었다.

모자 사이는 원수처럼 멀어지게 되었고 결국 독고황후의 주장에 의해 폐위당하고 마침내 친동생인 양광에 의해 비참하게 목숨까지 잃게 될 줄을 그때에는 알지 못했다.

진왕 양광의 처 소비(蕭妃)는 양나라 세종 효명제 소규의 딸로서 양이 멸망하자 13세의 어린 나이로 당시 25세이던 양광의 비가 되었다. 그녀는 매우 아름답고 기품이 있어 일찍이 유명한 방사(方士)가 다음과 같이 말했다.

"모의천하(母儀天下) 명대도화(命帶桃花)"

즉 '천하의 어머니가 될 것이요 운명에 도화살을 지니고 있다.' 라는 뜻이다. 이 도화살이란 점술가들이 흔히 말하는 '오방살(五方煞)[87]'의 하나로 너무 아름다운 여인은 많은 남자를 거치게 된다는 뜻이다.

과연 그의 말대로 우문화급이 반란을 일으켰을 때 그의 고모부인 양제의 정비였던 그녀를 범하여 '숙비'라고 칭하며 곁에 두었고, 다시 두건덕에게 잡혀서 첩이 되었다.

뒤에 돌궐 왕비였던 양제의 동생인 의성공주가 사자를 보내어 소비와 그녀의 손자 양정도를 돌궐로 피신시켜 함께 돌궐왕을 모시기도

---

87) 암록살, 역마살, 도화살, 공방살, 역살을 말함.

했다.[88]

또한 당나라 건국 후에 태종이 돌궐을 쳤을 때[89] 의성공주는 죽였지만 소황후는 다시 빈으로 삼았으니 아홉 명의 빈 중에 소소용(蕭昭容)이 바로 양제의 소황후이다.

훗날 천수를 누리고 죽자 태종이 민황후(愍皇后)라고 시호를 내리면서 남편이었던 양광의 시호인 양(煬)을 붙여 양민황후 소씨라 일컬어졌다.

이후 양민황후는 후세에 도화살의 대표격인 여인이 되었다.

양광은 태자가 여자관계가 복잡하여 황후의 눈 밖에 나게 되자 자신은 항상 소비와 함께 거처하면서 후궁 소생의 자녀를 낳지 않았다. 또 문제의 총애를 받기 위하여 일부러 거처를 소박하게 꾸미고 또 여러 조정 대신들과 교제하면서 겸손하게 몸을 굽혀 조금도 교만한 빛을 보이지 않았다.

하루는 안주(安州) 총관으로 있는 우문술이 장안으로 올라와 그를 찾았다.

"내관이나 시녀들이란 그 직책은 보잘 것 없으나 황제폐하와 황후폐하를 측근에서 모시는 자들이라 그들의 입은 일만 대군의 창끝보다 더 무섭습니다. 그들에게 은자를 두둑이 내리고 우리 사람으로 삼아야 할 것입니다."

우문술은 본시 돌궐 출신의 번장(番將)으로 그 무리와 함께 수에 귀화한 장수였다. 우문술에게는 매우 아름다운 누이가 있었는데 일부러

---

88) 619년
89) 629년

양광을 자신의 집으로 초청하여 술을 따르게 하였다. 호색했던 양광은 이국적인 매력을 물씬 풍기는 우문술의 누이를 보자 마음이 금방 동했다.

술에 취한 척 그녀를 더듬자 우문술은 슬그머니 자리를 피했다. 창가에는 달빛만이 교교하게 흘렀고 외로운 촛불은 거친 숨소리에 꺼졌다. 양광은 밤새도록 그녀와 함께 희롱하였는데 다음날 곧장 진왕부로 데려가 네 번째 후비로 삼았으니 우문숙비가 바로 그녀다.

진왕은 덩치가 크고 힘이 센 처남인 우문술을 든든하게 여겼다. 그의 말을 따라 만금을 내려 황궁과 황후궁은 물론이요 동궁에 있는 내관과 시녀들에게도 재물을 뿌렸다.

태자의 괴팍하고 음탕한 행동에 진저리를 치고 있던 내관과 궁녀들은 곧장 양광의 심복이 되었고 태자의 비행을 소상하게 고해 바쳤다.

양광은 이러한 태자의 비행을 사람을 시켜 몰래 소문을 퍼뜨렸다. 소문은 사람의 입을 거치면서 점점 커지기 마련이어서 태자의 비행에 관한 온갖 유언비어들은 꼬리에 꼬리를 물고 널리 퍼져 궁궐은 물론이요 일반 여염가에서조차 모르는 사람이 없을 정도였다.

양광의 교활한 행동은 여기서 그치지 않았다. 문제와 독고황후가 사람을 보낼 때마다 그 지위고하를 막론하고 소비와 함께 문 앞까지 나아와 영접하고 성대한 연회를 베풀어 주었으며 돌아갈 때에는 후한 예물까지 잊지 않았다.

황궁이나 황후궁에 있던 내관이나 시녀들은 양광에 대한 칭송으로 입에 침이 마르지 않았다.

한번은 독고황후가 몸이 불편하였는데 홍주총관(洪州摠管) 곽연(郭

衍)이 진왕에게 찾아가 말했다.

"마침 제게 진귀한 약재가 있습니다. 이것을 황후폐하께 가져다 바치면 칭찬을 얻을 수 있을 것입니다."

비단 보자기에 싸인 큼직한 상자를 내놓았다. 그 안에는 어린아이 머리만한 돌멩이 같은 것이 들어있었는데 백설처럼 하얗게 빛났다. 호기심이 발동한 양광이 물었다.

"이게 무엇인가?"

곽연이 대답했다.

"이것은 백복령(白茯笭)이란 것으로 오래된 흑송(黑松)의 정기(精氣)를 받아 이루어지는 것입니다. 도가(道家)에서는 선약(仙藥)이라 하여 으뜸으로 손꼽는 약재인데 이것을 드실 때에는 감국, 계피, 백출 등을 같은 분량으로 가루를 내어 한 번에 한 숟갈씩 하루에 세 번 더운 물로 타서 마십니다.

한 달만 먹으면 심신의 모든 병이 사라지고, 100일을 먹는다면 밤낮으로 잠을 자지 않아도 피로나 괴로움을 느끼지 않는다고 합니다. 그리고 3년을 계속하면 귀신을 마음대로 부릴 수 있고, 5년을 계속하면 선심(仙心)이 깃들어 스스로 뜻하는 대로 하여도 이루지 못할 것이 없고 시녀까지 거느린 선인(仙人)이 될 수 있다고 하는 보배 중의 보배입니다."

양광이 크게 기뻐하고 곧장 황후전으로 달려가 백복령을 바쳤다. 독고황후가 쓸쓸한 빛을 띠우며 말했다.

"참으로 마음 씀씀이가 어질고 기특하다. 태자가 너의 반만 본받았다 해도 좋으련만... ."

문제가 이 소리를 듣고 기특하게 여겨 내탕금(內帑金)을 내렸는데 진왕은 오히려 사양했다.

"소자는 당연히 해야 할 일을 했을 뿐입니다. 분에 넘치는 재물은 오히려 독이 된다고 합니다. 삼가 거두어 주십시오."

태자의 행실에 실망이 컸던 문제는 진왕의 이러한 행동을 보자 깊은 감동을 받았다. 이후 진왕에 대한 총애는 점점 깊어지게 되었다.

한번은 문제가 독고황후와 더불어 갑자기 양광의 처소로 찾아간 적이 있었다. 문지기가 이 소식을 전하자 양광은 얼른 아름다운 첩들은 모두 다른 방으로 몰아넣었다. 그리고 늙고 못생긴 여자들만 남겨두고 아무런 장식도 없는 옷차림으로 시중을 들게 하였다.

독고황후가 여인들을 자세히 관찰한 후 크게 칭찬하였다.

"광은 참으로 유덕한 군자로다."

양광은 방안의 휘장도 소박하게 바꾸는 한편 비파의 줄도 끊고 그 위에 먼지를 뿌려 두었다. 검소함을 좋아하는 문제가 이것을 놓치지 않았다.

"양광은 음악이나 여자를 좋아하지 않는구나."

황궁으로 돌아온 문제는 이 일을 두고두고 자랑삼아 이야기 하였고 평소 양광에게 뇌물을 먹은 신하들은 다투어 입에 침이 마를 정도로 진왕의 행실을 칭송하기 바빴다.

문제의 마음 속에는 이미 양광이 크게 자리 잡고 있었다. 문제는 측근들과 함께 술을 마실 때에는 으레 넋두리처럼 말했다.

"태자가 광의 반이라도 된다면... ."

이러한 말들은 황궁의 궁녀들의 입을 통하여 양광의 귀에 들어가자 양광이 그의 신하들에게 자랑삼아 말했다.

"전일에 꿈속에서 신인에게 금척(金尺)을 받았으니 이제 그 영험이 드러나는 것이다."

금척이란 동양에서는 고래로 왕위를 상징하는 신물(神物)이었다. 양광은 황위를 노리는 마음을 스스로 드러낸 것이었다.

문제도 점점 태자의 자질을 의심하게 되었다. 하루는 풍수사 소길을 불러 자신의 아들들의 관상을 보게 했다.

소길은 진작부터 문제의 마음이 진왕에게 있다는 것을 잘 알고 있었기 때문에 비위를 맞추어 말했다.

"모든 황자들이 훌륭하오나 특히 진왕 양광은 눈썹 위에 쌍골이 우뚝 솟아 있어 가장 귀하게 될 상입니다."

문제가 곁에 있던 의동삼사(儀同三司) 위정(韋鼎)에게 농담 삼아 다시 물었다.

"짐의 여러 아들들 가운데 누가 황위를 계승할 만한가?"

위정은 두려워하면서

"지존의 자리는 마땅히 폐하와 황후께서 가장 사랑하는 아들이 계승해야 할 것입니다. 그러나 이 일은 신으로서는 감히 미리 알 수 없는 일입니다."

이렇게 얼버무리자 문제가 웃으며 말했다.

"그대는 분명히 말하려 하지 않는구나."

며칠 후 고경이 찾아오자 짐짓 물었다.

"어떤 무당이 진왕 광의 비에게 말하기를 진왕이 반드시 천하를 차지하게 될 것이라고 하였다는데 자네는 이 일을 어떻게 생각하는가?"

강직한 고경은 즉석에서 무릎을 꿇고 말했다.

"일반 사가(私家)에서도 장유(長幼)에 순서가 있습니다. 하물며 저군(儲君)[90]이 이미 있는데 어찌 함부로 바꿀 수 있겠습니까."

며칠 후 독고황후가 고경의 말을 듣고 안색이 변하여 주위 사람에게 말했다.

"고경은 참된 인물을 보지 아니하고, 다만 훗날을 도모하여 황태자에 아부만 하려는 인간임에 틀림없다"

독고황후는 태자와 고경을 한꺼번에 미워하여 틈나는 대로 참소하고 헐뜯었다. 문제에 대한 독고황후의 영향력은 절대적인 것이어서 문제도 눈에 띠게 태자를 멀리했다.

며칠 후 동궁의 호위병들 가운데 건장한 군사를 뽑아서 황궁의 숙위를 맡기라는 지시를 내렸다.

영문을 모르는 고경이 간했다.

"만약 폐하께서 건장한 자들을 모두 뽑아 가시면 동궁의 호위가 약해질까 두렵습니다."

평소 같으면 웬만해서는 고경의 말을 물리치지 않는 문제였지만 이때만은 도리어 노기를 띠고 말했다.

"짐은 수시로 궁궐 밖으로 순시를 나가므로 숙위하는 병사들은 반드시 용감하고 건장해야 한다. 하지만 태자는 동궁에 편히 앉아 덕을 닦아야 하는데 좌우에 건장한 호위병이 무슨 필요가 있느냐. 동궁에 강한 호위 병사들이 있는 것은 폐단만 많아질 따름이다.

짐의 생각으로는 서로 임무를 교대하는 날 나누어 동궁으로 가서 경

---

90) 황태자를 말함.

비하도록 한다면 양쪽 궁궐이 상하 하나같이 되어서 좋지 않겠느냐. 짐이 전대의 여러 제도의 장단점을 헤아려 내린 결정이니 그대는 다시 주청하지 말라.“

얼마 후 고경의 부인이 죽자 독고황후가 문제에게 말했다.

“고복야는 이미 늙었는데 게다가 부인까지 잃었습니다. 폐하께서는 어찌하여 그를 새 장가 보내주시지 않습니까?”

문제가 그 말을 고경에게 하였더니 고경이 눈물을 흘리며 말했다.

“신은 이미 늙어서 조정에서 물러나면 집안에서는 불경만 읽고 있습니다. 폐하께서는 소신을 한없이 불쌍히 여겨 주시지만, 처를 맞아들이는 일은 신이 원하는 바가 아닙니다.”

그리하여 문제가 그 일을 그만 두었다.

그런데 얼마 후 고경의 애첩이 남자아이를 낳았다. 문제가 기뻐하였으나 독고황후는 매우 언짢아하였다.

“고경은 믿을만한 신하가 못 됩니다.”

“그게 무슨 말이오? 고경은 짐을 위하여 머나먼 돌궐의 모래바람도 마다하지 않았소.”

“천길 물속은 알아도 사람의 마음속은 알 수가 없습니다. 폐하께서 전에 그를 위하여 아내를 얻어주려 하자 고경은 이미 애첩이 있었으면서도 속여서 말했습니다. 이미 폐하를 기만함이 드러났는데 어찌 그를 믿을 수 있겠습니까?”

독고황후는 옛날 위지녀의 사건 때 고경이 자신을 ‘일개 아녀자’라고 한 말을 잊지 않았다. 그때 원한을 가슴에 품고 있었는데 고경의 애첩 사건 때 노골적으로 그를 참소한 것이었다. 문제도 노여워하며 고경을 멀리하기 시작했다.

서기 600년 4월 이었다.

날이 따뜻해지고 농사일이 바빴는데 갑자기 서쪽 변방에서 급한 보고가 올라왔다.

"타르두가 대군을 이끌고 국경을 넘었습니다."

평소 수와 동돌궐을 가까이 지내는 것을 눈에 가시처럼 여기던 서돌궐의 타르두가 장안을 공격해 온 것이었다.

타르두의 군사들은 대를 쪼개는 기세로 돈황과 주천을 함락하고 농서(朧西)까지 진격하였다. 수군들은 간간히 저항하기도 하였으나 그때마다 엄청난 피해를 입고 달아나기 바빴다.

위급해진 문제는 고경을 다시 등용할 수밖에 없었다. 행군원수로 삼아 오만 대군을 주어 타르두를 막게 하였다. 그렇지만 고경이라고 별수 있는 것은 아니었다. 연전연패를 거듭하여 돌궐군의 선봉부대는 장안 삼십 리까지 침공해 들어왔다.

고경은 부하들을 독려하여 말했다.

"이제는 더 이상 물러설 곳이 없다. 적들이 쳐들어오면 우리 가족들은 모두 유린당하고 말 것이다."

군사들도 비분강개하여 죽기로 저항하였는데 날마다 시체가 산처럼 쌓였다.

이때였다. 하늘이 도왔던지 갑자기 큰 바람이 일어나고 검은 구름이 몰려들면서 장대 같은 비가 열흘 동안 내렸다. 뜻하지 않은 폭우로 원정길에 오른 돌궐군들은 보급을 제대로 받을 수 없었고 설상가상으로 역병마저 나돌았다.

견디지 못한 타르두가 회군해 버리자 문제는 겨우 한숨을 놓았다. 여느 때 같으면 고경의 공을 칭찬했을 터이지만 이미 고경에게 마음이 멀어진 뒤여서 오히려 책망하였다.

"폭우가 오지 않았더라면 어떻게 적들을 물리쳤을까? 나는 그때의 일을 생각만 해도 아찔하다."

그런 와중에 엉뚱한 곳에서 사건이 터졌다.

양량과 함께 고구려 원정에 나섰던 왕세적은 패전의 죄를 입고 구금되었으나 나중에 풀려나서 양주 총관으로 가 있었는데 또다시 뇌물을 받은 죄로 붙잡혀 왔다.

그런데 죄를 심문하는 과정에서 궁중 비밀에 속하는 일을 왕세적이 토설하였다. 심문하는 관리가 출처를 묻자 왕세적은 고경에게서 들었다고 거짓 자백하였다.

담당 관리가 보고서를 올렸다.

"고경과 좌우위대장군(左右衛大將軍) 원민(元旻), 원주(元胄) 등은 왕세적과 서로 관계를 갖고 긴밀히 왕래하였습니다. 더욱이 고경은 왕세적이 바치는 명마를 받기도 했습니다."

양량의 부장으로 고경과 함께 고구려를 침공하여 명성을 날렸던 왕세적은 이 죄에 연루되어 사형을 당했다.

고경 역시 죄를 면할 수 없었다. 대리에 부쳐져 형벌을 받게 되자 문제의 5녀인 난릉공주(蘭陵公主)의 남편이자 병부상서 유술(柳述)이 그의 무죄를 변명하였다.

이에 문제가 대답했다.

"아무리 옛날의 공이 있다고 하나 국법을 어겼다면 처벌은 피할 수가 없다."

이때 뜻밖에도 상주국(上柱國) 하약필(賀若弼)이 나섰다.

"폐하께서는 왕세적의 거짓말에 속고 있는 것입니다. 간교한 왕세적의 말을 믿어서는 안 됩니다."

하약필은 북주의 대장군 하돈의 아들이었다. 하돈은 전쟁에서 큰 공을 세웠으나 논공행상에서 밀려나자 조정을 원망했다. 권신 우문호가 노하여 핍박하자 독고신과 마찬가지로 자살을 하게 되었는데, 숨을 거두기 전 그의 아들 하약필에게 말했다.

"나는 혀 때문에 죽는 것이다. 똑똑히 기억해두어라!"

그리고 송곳으로 아들의 혀를 찔러 피를 내어 그것으로 권계(勸戒)하였다.

이에 하약필은 다짐했다.

"군주가 신중하지 못하면 신하를 잃고, 신하가 신중하지 못하면 목숨을 잃는다"

항상 스스로를 일깨우면서 매사에 신중하게 행동하고 말을 삼가려고 애썼다. 그런데 양견을 도와 수 왕조의 건국 공신이 되고 진나라를 정벌할 때 앞장서서 지위가 높아졌다.

그렇지만 양소와 고경에 밀려 재상에서 밀려나자 주위사람들에게 항상 불평을 늘어놓았다. 문제가 이 소리를 듣고 하약필을 불러 꾸짖었다.

"내가 일찍이 고경과 양소를 재상으로 삼자 너는 뒤에서 이 두 사람은 그저 식은 밥이나 먹고 살아도 충분한 인물들이라고 비방하고 다녔다. 네 놈이 무슨 자격으로 그런 말을 떠벌리고 다닌단 말이냐?”

이에 하약필은 머리를 조아리고 울면서 용서를 빌었다. 간신히 죄를 모면한 하약필은 다짐했다.

“내가 아버지의 가르침을 잊었다. 두 번 다시 입을 함부로 놀리지 않겠다.”

그렇지만 양소와 고경이 세력다툼을 하게 되자 하약필은 나중에 고경의 무리에 속하게 되었는데 뜻밖에도 고경이 죄를 입게 되자 자기도 모르게 변호하고 나선 것이었다.

그러나 그는 이미 미운털이 박혀있던 터라 문제는 오히려 크게 나무랐다.

“저놈이 저렇게 나서는 것을 보니 무언가 구린 것이 있는 게 틀림없다. 한 점의 의혹도 없이 철저히 조사하라.”

이렇게 명령을 내리자 양소의 무리들은 이 기회에 하약필을 제거하고자 하였다. 고경과 더불어 뇌물을 받았다고 죄를 덮어씌우고는 사형에 처해야한다고 주청을 올렸다.

그러나 문제는 같은 죄로 붙잡힌 사위인 유술을 처벌할 수 없었기 때문에 지난날의 공이 있다고 하여 사형을 면하고 파직시켰다.

문제는 이때에도 하약필에게 따끔한 일침은 잊지 않았다.

“너에게는 세 가지 지나침이 있다. 첫째는 질투가 너무 지나치고, 둘째는 자만이 너무 지나쳐 다른 이를 얕잡아보며, 셋째는 군주에 대한 무시가 지나치다”

이렇게 고경을 변호했던 하약필과 유술 등도 사법관에 넘겨지자 만조백관 중에서 고경을 위해 변명하는 자가 한 명도 없었다. 그 해 8월

10일 고경은 모든 관직을 박탈당하고 제공(齊公)이란 직함만 가진 채 집으로 돌아갔다.

얼마 후 문제는 진왕(秦王) 양준(楊俊)의 집을 찾았는데 연회를 베풀어 고경을 불렀다. 고경이 한숨을 쉬면서 슬픈 마음을 이기지 못했는데 독고황후도 이때에 눈물을 흘렸다고 한다.

문제가 말했다.

"짐이 공을 배반한 것이 아니라 공 스스로 자기 자신을 배반한 것이다."

그리고 주위의 신하들에게 말했다.

"나는 고경을 내 자식들보다 사랑했다. 그래서 혹 보지 못할 때에도 언제나 마치 눈앞에 있는 듯이 하였다. 그러나 그가 관직에서 해임되고 난 후에는 그를 까마득히 잊어버렸는데 마치 본래부터 고경이란 사람이 있지 않은 것 같았다. 그러므로 신하된 자는 군왕의 총애를 믿고 함부로 행동하면 안 된다."

벼슬에서 물러 난 고경은 마음이 상하여 아랫사람들을 가혹하게 다루었다. 고경의 국령(國令)[91]이 재산을 잘못 계산하여 뭇사람이 보는 앞에서 혹독하게 맞았다. 그는 이 일을 원망하여 비밀리에 밀고 하였다.

내용인즉 고경의 아들 고표인이 말하기를 '사마중달은 칭병으로 물러나 조정에 나아가지 않았으나 마침내 천하를 차지하였습니다. 아버님께서 이번 일을 당하신 것은 오히려 복이 될 줄 어찌 알겠습니까.'라는 것이었다.

---

91) 제공 고경의 땅을 관리하던 책임자

문제는 의심이 많은 사람이었다. 고경을 내친 후에 그의 동태를 살피게 하였는데 이 같은 밀고를 받자마자 즉시 사람을 보내어 고경 부자를 내사성에 잡아들이게 하였다. 혹독한 심문 후에 관련 사법관이 이와 같이 보고하였다.

"진각이란 승려가 일찍이 고경에게 '내년에 나라에 큰 상(喪)이 있을 것이다. 라고 말했으며, 영휘라는 여승도 개황 17년과 18년에 황제에게 큰 액이 들어 있는데 19년을 넘길 수 없다고 하였습니다."

문제가 대노하여 말했다.

"제왕의 자리가 어찌 추구한다고 해서 얻을 수 있는 것이겠는가. 공자 같은 대성인의 재주로도 오히려 천하를 얻을 수 없었다. 고경과 그 아들의 대화는 마치 그들을 진의 선제 사마의에 비유하고 있는데 그들의 마음이 어디에 있다는 말인가?"

그렇지만 담당 관리가 그의 목을 베자고 청하자 갑자기 처연한 얼굴빛을 띠우며,

"지난해에는 우경칙을 처벌했고 금년에는 왕세적을 죽였다. 지금 고경까지 죽인다면 천하 사람들이 나를 보고 무엇이라 하겠는가?"

이렇게 말하고 고경의 목숨은 살려두되 제공의 직함마저 박탈하여 평민으로 삼았다.

고경이 한탄하며 후회했다.

"전날 내가 복야가 되었을 때 모친께서 말씀하시기를 너의 부귀가 극에 달했으니 남은 일은 목이 잘릴 일뿐이로다. 부디 근신하여 벼슬에서 물러나라 하였다. 내가 그 말을 들었더라면 오늘의 환란을 당하지 않았을 것이다."

제 6 장

양제의 등극

왕세적이 처형당한 후 그 후임자로서 문제는 진왕 양광을 양주 총관으로 임명하였다. 이때 홍주총관(洪州摠管) 곽연(郭衍)이 양광에게 말했다.

"전하께서 멀리 떠나시면 가까이에서 경도의 사정을 알려줄 사람이 필요합니다. 안주(安州) 총관 우문술은 성행이 숙균(淑均)하고 품자(稟資)가 곧은 장수입니다. 이번 기회에 수주(壽州) 자사(刺史)로 임명하여 전하를 도우도록 하십시오."

양광이 기뻐하며 문제에게 나아가 청하자 문제가 먼 길을 떠나는 아들의 청을 거절하지 못하고 허락하였다.

곽연이 또 말했다.

"조정의 실권은 황후마마에게 있습니다. 황후의 마음을 움직일 수만 있다면 전하께서 멀리 떠나 있어도 후환을 걱정하지 않으셔도 됩니다."

양광이 독고황후를 찾아가 말했다.

"소자는 비록 어리석고 못났지만 형제간의 우애만은 지키려고 노력

하였습니다. 하지만 형님 태자께서는 소자만 보면 항상 화를 내고 꾸짖으시니 몸 둘 바를 모르겠습니다.

형님은 변덕이 심하고 성품이 사나우셔서 모든 사람들이 두려워하고 있습니다. 소자가 멀리 임지로 떠난 후 혹 참소당하여 죽을까 봐 잠을 이루지 못할 지경입니다."

안 그래도 태자를 미워하던 독고황후는 그 말을 듣고 같이 분개하며 양광의 손을 잡고 위로하였다.

"그놈은 모질고 독하여 제 아내도 독살한 놈이다. 나중에 그 놈이 황제가 된다면 동생들이라고 살려줄 인간이 아니다. 또 너희들은 저 운가 계집에게 무릎을 꿇고 머리를 조아려야 할 판이니 이 무슨 해괴한 일인가.

무슨 일이 있더라도 내가 너희들을 돌보아 줄 터이니 너무 염려하지 말라."

양광은 방바닥에 엎드려 엉엉 울었다. 독고황후는 이때에 이르러 태자를 폐위하기로 마음을 굳혔다.

양광이 양주에 부임하자 우문술이 찾아와 축하 인사를 올렸다. 양광이 말했다.

"그대는 수주 자사로 있으면서 경도(京都)의 정세를 살펴 나의 눈과 귀가 되어 주시오."

우문술이 대답했다.

"태자는 이미 황제의 총애를 잃었고, 항상 태자의 편이 되어 일을 어렵게 만들었던 고경마저도 죄를 받고 쫓겨났으니, 왕야께서는 크게 근심하실 필요가 없습니다."

"하지만 아직도 태자는 건재해 있고 조정에는 그를 따르는 신하들이 무수히 많다. 어찌 경계하지 않겠소?"

"조정의 형세를 살펴보면 황제가 가장 신임하는 신하는 양소(楊素)뿐인데, 그의 계략은 모두 그의 동생인 대리소경(大理少卿) 양약(楊約)에서 나옵니다.

저는 양약과 오랜 친분이 있으니 저를 경도로 보내주시면 이 일은 의논하겠습니다."

양광이 우문술에게 많은 보물을 주어 경도로 보냈다.

우문술은 양약과 더불어 술을 마시면서 많은 금은보화들을 걸어놓고 내기를 하였다. 그리고 매번 일부러 져 주자 양약이 이를 이상히 여겼다.

그러자 우문술이 웃으면서 말했다.

"이것들은 모두 진왕께서 자네와 즐기라고 하사하신 것이오."

양약이 놀라 말했다.

"무슨 연유인지 까닭을 모르겠소.

"정도(正道)를 지키는 것은 매우 중요하지만 가족과 가문을 지키기 위해서는 변법(變法)도 마다해서는 안 됩니다. 공의 형제들은 폐하의 사랑을 독차지 하여 나라의 크고 작은 일을 독단으로 처리한지 몇 해나 되었습니다.

따라서 나라의 중신 중에 그대 형제들에게 수모를 당한 자도 많고 또 원한을 품은 자도 부지기수입니다. 태자 역시 공의 형제들의 참소 때문에 많은 고통을 겪었으니 속으로는 이를 갈고 있을 것입니다.

지금은 폐하께서 계시니까 문제없지만 만약 태자가 황위에 오르시는 날을 생각해 보십시오. 그때에는 공의 형제를 위해 변호해 주는 사람조차 구하기 어려울 것입니다.

마침 태자는 폐하와 황후마마의 사랑을 잃어 폐하께서도 폐립의 마음을 가진 적도 있다는 것을 잘 알고 있을 것입니다. 이제 태자를 폐위시키고 진왕을 태자로 삼자고 주청 드린다면 진왕께서는 그 공을 잊지 않을 것입니다.

그렇게 되면 공의 형제들도 누란지위(累卵之危)를 벗어나 대대로 영화를 누릴 수 있을 것이니 잘 생각해 보십시오."

양약이 깨닫는 바가 있었다. 그 형인 양소에게 찾아가 의논하자 양소가 무릎을 치며 말했다.

"나의 지혜로는 죽었다가 깨어나도 이에 미칠 수 없다. 네가 나와 우리 가문을 구했다."

이때부터 양소는 양광의 심복으로 활동하게 되었다.

양약이 말을 이었다.

"지금 황제의 마음을 움직일 수 있는 분은 황후마마뿐입니다. 기회를 보아 황후를 찾아뵙고 일을 도모해야 합니다. 만약 때를 놓치게 된다면 자칫 멸문지화를 면하지 못할 것입니다."

황후는 여러 사람들 앞에서도 주저 없이 태자를 비난했으므로 황후가 태자를 미워하는 것은 모르는 사람이 없었다. 양소는 그의 동생 양약이 시키는 대로 진귀한 예물을 갖추고 황후를 찾아가 태자의 이야기를 꺼내며 넌지시 칭찬의 말을 올렸다.

황후가 눈 꼬리를 세우며 표독스럽게 대꾸했다.

"태자의 일은 꺼내지도 마시오. 일국의 태자가 아운(阿雲)[92]같은 계

---

92) 양용의 애첩 소훈 운씨

집들과 온갖 소인배들을 모아 놓고 술과 노래로써 세월을 보낼 수가 있겠소. 나는 용(勇)이 태자로서의 자격이 없다고 생각하니 그의 일은 듣고 싶지 않소."

양소는 속으로 쾌재를 불렀다. 자리에서 벌떡 일어나 두 번 절하고 말했다.

"신의 생각도 마찬가지입니다. 진왕께서는 효심이 깊으시고 또 덕이 높으시어 모든 신하들이 존경해마지 않습니다. 하지만 멀리 양주에서 태자의 모함을 두려워하여 자나 깨나 근심에 싸여 있다고 합니다. 폐하께 말씀을 잘 올려 부디 보살펴 주십시오."

그러자 황후가 눈물을 흘리며 오히려 태자를 폐립하게 도와달라고 부탁했다.

황후의 지원을 얻은 양소는 천군만마를 얻은 듯 든든했다. 그때부터 마음 놓고 태자를 무고하여 헐뜯었다.

"태자는 폐하의 총애를 잃고 원망하고 있습니다. 요즈음 동궁의 군사들에게 매우 고된 훈련을 하고 있다고 하니 저의가 두렵습니다. 잘 살펴보아야 할 것입니다."

안 그래도 눈 밖에 난 태자였다. 문제의 의심은 더욱 심해져서 현무문(玄武門)에서 지덕문(至德門)에 이르는 길목마다 군사들을 배치하여 태자의 거동을 살피게 하고 또 태자궁에서 일어난 일들은 사소한 것까지도 모두 보고하게 하였다.

그뿐만 아니라 태자의 오른팔인 좌위솔(左衛率) 소효자(蘇孝慈)를 석주자사(淅州刺史)로 보내어버리고, 동궁 소속의 숙위(宿衛) 군사들 중에 시관(侍官) 이상의 위병(衛兵)들은 모두 위부로 옮겨 용맹하고 건장한 자들은 모두 없애버렸다.

  문제의 압박이 점점 심해지자 좌서자(左庶子)[93] 당령칙(唐令則)이
태자에게 간했다.

  "요즘 주변에서 일어나는 일들이 아무래도 심상치 않습니다. 진왕
일파들은 갖은 중상모략으로 황제와 태자마마 사이를 이간질하더니
이번에는 돌리[94]를 가까이 하여 돌궐의 세력까지 끌어들이고 있습니
다. 그 음흉한 속을 알 수 없으니 빨리 조치하지 않으면 큰 화근이 될
것입니다.

  태자도 최근의 상황에 알 수 없는 두려움을 느끼던 터였다.

  "나도 그것을 모르는 바가 아니지만 특별한 대책이 없으니 어떡하
겠는가?"

  "신에게 한 가지 계책이 있으니 성공한다면 진왕과 돌리를 한꺼번
에 잡을 수 있습니다."

  태자가 반색을 하며 재촉했다.

  "그게 무엇인가? 빨리 말하라."

  "만약 돌궐이 반기를 들어 우리나라를 쳐들어온다면 돌리는 물론이
고 돌리에게 의성공주를 출가하자고 주장한 진왕도 크게 입지가 곤란
해질 것입니다."

  태자가 무릎을 치면서 기뻐했다. 비밀리 돌궐에 사람을 보내어 이간
질을 하였다.

---

93) 태자의 교육을 담당하는 관리
94) 계민카한을 말함

"돌리는 제 일신의 영화를 위하여 수의 공주와 결혼한 뒤 돌궐을 몽땅 바쳐 수에 신하 노릇을 하려한다."

당시 돌궐의 다섯 부족장들은 돌리가 돌아오지 아니하자 의심을 품고 있었다. 그러던 차에 양용이 퍼뜨린 헛소문을 듣자 격노하였다. 각 부족이 군사를 모아 수로 쳐들어왔다.

문제는 양소를 대장으로 삼아 토벌하게 하였으나 거칠고 사나운 돌궐족들의 공격을 받아 수천 명의 군사를 잃고 크게 패하고 말았다. 난처해진 돌리가 말했다.

"결자해지(結者解之)라 하였습니다. 신 때문에 일어난 전쟁이니 신이 나아가 해결하겠습니다."

그 길로 갑옷을 갈아입고 전선으로 달려갔다. 그리고 돌궐군의 진영 앞에 나아가 소리쳤다.

"나는 너희들의 왕 돌리이다. 나의 명령이 없는데 어찌하여 군사를 출동시켰는가. 감히 나에게 대드는 자는 삼족을 멸하게 될 것이다."

그의 말을 듣자 전에 돌리를 모시던 수하 장수들이 먼저 무기를 버리고 항복해 왔다. 나머지 군사들도 줄줄이 투항하자 돌궐의 다섯 부족장은 달아나버려 난이 평정되었다.

돌리의 승리는 양광의 세력을 더욱더 강화시켰다. 휘하에는 수많은 무리들이 구름처럼 모여들고 조정 대신의 신망을 한 몸에 받았다.

교만해진 양광은 태사령 원충을 회유하여 문제에게 참소하게 하였다.

"신이 천문을 보았더니 태자가 폐출될 것 같습니다."

문제도 태자를 갈아치우기로 마음을 먹었던 참이라 원충의 말에 서슴없이 대답했다.

"현상이 나타난 지는 이미 오래되었다. 다른 신하들이 감히 말을 하지 못할 뿐이다."

태자에게도 귀도 있고 눈도 있었다. 이 말을 전해 듣고 크게 두려워하고 뉘우쳤다. 가령(家令)[95] 추문등(鄒文騰)이 꾀를 내었다.

"폐하께서는 검소함을 좋아하십니다. 먼저 화려한 궁실과 의복을 버리고 바뀐 모습을 보여드려야 합니다. 그리고 이름난 무당을 불러 굿을 하고 잡귀를 물리치고 치성을 올리십시오."

태자는 이성을 잃은 상태였다.

후원에다 평민촌이라는 낮고 누추한 집을 꾸며 놓은 뒤 그곳에서 기거하였다. 또한 도성에서 이름난 왕보현(王輔賢)이라는 무당을 불러 부적을 만들어 붙여놓고 공부는 하지 않고 요상스런 주문만 외우면서 화를 피하게 해달라고 기도할 뿐이었다.

세마(洗馬) 이강(李綱)이 꿇어 앉아 울면서 이를 말렸으나 태자는 오히려 화를 내고 듣지 않았다.

태자의 기이한 행동들은 양광을 추종하는 자들의 좋은 비난거리가 되었다. 먹이를 만난 시랑이처럼 낱낱이 고해바치면서 훨씬 과장하여 헐뜯기를 그치지 않았다.

그런데 이번에도 문제는 변덕을 부렸다.

갑자기 태자를 측은히 여기는 마음이 생겼기 때문이었다. 죄를 주지 않고 모른 척 넘어가 버렸는데 이러한 행동 때문에 오히려 양광 쪽에서 바짝 몸이 달았다.

---

95) 동궁의 총 책임자

"무슨 좋은 수가 없느냐? 태자의 비위 사실을 확실하게 밝혀내어야 한다. 꼼짝 못할 증거가 필요하단 말이다. 이번에도 끝내지 못하면 앞으로 영영 기회가 없을 것이다.

양광이 부하들을 재촉하자 곽연이 꾀를 내었다.

"들은 바로는 독왕부(督王府) 사관인 단달(段達)은 태자의 애첩인 희위(姬威)와는 어린 시절 함께 자라며 장래를 약속한 사이였다고 합니다. 그러나 태자가 그녀의 미모를 탐하여 자신의 첩으로 삼았는데, 지금은 아운(阿雲)에게 빠져 희위는 찬밥 신세가 되어 있습니다. 마땅히 단달을 부린다면 태자를 잡을 묘책이 생길 것입니다."

단달로 하여금 희위를 다시 유혹하여 태자의 갖은 비행을 캐내자는 것이었다.

그날 밤 양광이 단달을 불렀다. 이때 술상을 받아놓고 흥에 겨운 듯 동문지선(東門之墠)[96]이라는 노래를 불렀다.

東門之墠 茹蘆在阪   동문지선 여려재판

其室則邇 其人甚遠   기실즉이 기인심원

東門之栗 有踐家室   동문지율 유천가실

豈不爾思 子不我卽   기불이사 자불아즉

동문 밖에 있는 제터에는 꼭두서니풀이 무성한데

그대의 집은 가까워도 님의 마음은 너무 멀구나.

동문 밖의 밤나무 골에는 집들이 이어져있건만

---

96) 지척에 님을 두고도 님을 보지 못하는 안타까움을 노래한 시

그대 사랑 잊지 못하는데 그대는 나에게 아니 오네.

단달이 감히 그 뜻을 알지 못하고 당황하자 양광이 황금 서른 근을 내려 주면서 말했다.

"나는 너와 희위와의 관계를 잘 알고 있다. 너는 이것으로 희위를 다시 꾀어 네 여인으로 만들면 된다. 그리고 태자부에서 일어나는 일들을 모두 나에게 고하라."

단달의 등줄기에는 식은땀이 흘렀다. 아무리 예전에는 자기 여자라고 해도 이미 태자부의 여인이 된 희위를 꾀어내는 것은 죽음을 면치 못할 죄이었다. 거기다가 염탐을 하라는 명령을 받았으니 자칫하면 멸문지화를 당할 판이었다.

그렇다고 거절한다면 당장 여기서 살아서 걸어 나가지도 못할 판국이어서 부들부들 떨고만 있었다. 양광이 재촉했다.

"희위는 원래 네 여인이 아니었던가. 억울하게 빼앗겼던 여자를 찾아오는 일인데 무얼 망설인다는 말이냐?"

"그렇다. 피하지 못할 운명이라면 당당하게 받아들이자."

단달의 머릿속에는 언뜻 이런 생각이 들었다.

"신은 목숨을 걸고 왕야의 명을 받들겠습니다."

이렇게 다짐하자 양광이 다시 너털웃음을 터뜨렸다.

"허허허허, 목숨까지 걸 필요가 없다. 돈은 내가 대어 줄 터이니 넌 단지 희위만 끌어내어 즐기면 되는 것이다."

진왕부에서 물러나온 단달은 태자부의 궁녀들에게 뇌물을 뿌려 마침내 희위에게 접근하는데 성공했다. 희위는 처음에는 경계하는 빛을 띠었지만 계속해서 단달이 보내는 진귀한 선물을 받자 마음이 달라졌다.

달빛조차 깜깜한 그믐밤 몰래 희위의 처소로 숨어들어간 단달은 능숙한 솜씨로 희위를 안았다.

"안 돼요. 누가 볼지도 몰라요."

　희위는 꿈틀거리며 앙탈을 부리는 듯했으나 이내 그의 품속으로 파고들면서 단달의 몸을 쓰다듬기 시작했다. 뱃살이 축 늘어져 띠룩띠룩 살이 찐 태자의 몸보다는 단단하고 억센 단달의 가슴에 안기자마자 그녀의 몸은 녹아들기 시작했다.

　그날 이후 두 사람의 밀회는 계속되었다. 불륜의 사랑은 더욱 뜨거워지는 법이었다. 희위는 단달과 하루라도 만나지 않으면 배기지 못할 지경에 이르렀다.

　단달이 본색을 드러내어 거짓으로 을러메었다.

"동궁의 잘못은 천하가 다 안다. 나는 폐하의 명을 받들고 태자의 과실을 비밀리 조사하고 있는 중이다. 얼마 못 가 태자는 반드시 폐위될 것이니 그때가 되면 당신의 신세도 어찌될지 모른다. 하지만 당신이 태자의 죄를 고발한다면 나와 더불어 부귀를 함께 할 것이다."

　희위는 고민에 빠졌다.

　하지만 여자란 몸을 주면 마음도 가게 되는 모양이었다. 희위는 마침내 태자를 배신하고 단달을 따르기로 결심하였다. 몰래 글을 올려 태자의 비위를 낱낱이 고발하자 태자의 죄상은 백일하에 드러났다.

　이 글을 받아 본 문제가 대노하였음은 말할 것도 없었다. 만조백관들을 모아놓고 태자를 폐위하고자 조서를 내렸다.

"황후는 매양 태자를 폐립하고자 권하였다. 하지만 그는 내가 평민으로 있을 때 낳은 자식으로 장자이므로 그가 점점 나아지기를 기다리고 있었다.

하지만 돌궐과 내통하여 국경을 어지럽혀 신하의 예를 어겼고, 또 전일에 황후의 시녀들을 보고 '저것들은 모두 내 것이다.'라고 하였으니 이 얼마나 괴이한 일인가. 원비가 죽었을 적에도 황후가 야단치자 '그 아비도 죽일 수 있다.'라고 대들어 자식으로서의 법도도 어겼다.

짐은 비록 요순(堯舜) 임금님에게는 미치지 못하지만 이런 패륜아에게 천하를 맡길 수 있겠는가. 장차 그를 폐하여 천하 백성들을 편안하게 하고자 한다."

좌위대장군(左衛大將軍) 원민(元旻)이 간했다.

"태자를 폐립하는 것은 국가의 중대사입니다. 만약 조서가 반포되어 시행된다면, 나중에 가서 후회해도 소용이 없습니다. 참언의 말들은 망극한 것들이니, 부디 통촉하소서."

문제가 눈썹을 치켜세우고 꾸짖었다.

"네놈은 감히 태자에게 은혜를 베풀어 훗날의 영화를 도모하려 하는가?"

원민의 말을 뿌리치고 희위를 불러 태자의 죄를 진술하게 하였다. 문제의 확고한 태도를 짐작한 신하들은 태자를 위해 변명하는 자가 아무도 없었다.

개황 20년 시월, 문제는 결국 태자를 서인으로 내쳤는데 그때 양용의 나이 32세였다.

태자가 폐출될 때였다.

문제는 동궁 소속의 관리들도 모두 소집하여 큰 꾸지람을 내렸다. 모두들 부들부들 떨 뿐 아무 말도 못했는데 오직 세마 이강만이 조리 있게 대꾸했다.

"적장자(嫡長子) 계승은 오래된 전통입니다. 지금 태자를 폐위하는 것이 옳지 않다는 것은 문무대신들 중에서 모르는 사람이 없습니다. 다만 폐하의 진노를 두려워해서 입을 다물고 있을 뿐입니다.

신은 태자를 모시는 신하로서 어찌 죽음을 두려워하여 한 말씀 올리지 않겠습니까. 태자는 본디 보통 사람의 성품을 지녀 착하게 할 수도 있고 악하게 할 수도 있습니다. 그래서 폐하께서 정직하고 올곧은 사람을 뽑아 보필하게 하였다면 충분히 황통과 홍업을 계승할 수도 있었습니다.

하지만 충성스러운 좌위솔(左衛率) 소효자(蘇孝慈)는 석주자사로 내치시고 당령칙(唐令則)을 좌서자(左庶子)로, 추문등(鄒文騰)을 가령(家令)으로 임명하여 보필하게 하였으니 이 둘은 다만 노래와 사냥으로 태자를 즐겁게 해 줄 따름이라 오늘과 같은 지경에 이르게 된 것입니다. 이것은 폐하의 잘못이지 태자의 죄가 아닙니다."

말을 마치고 바닥에 엎드려 소리 내어 울었다. 문제가 한참 동안 눈을 감고 생각하다가 말했다.

"너의 말에도 일리가 있다. 하지만 너는 하나만 알고 둘은 모른다. 동궁에는 너 같은 사람도 있는데 양용은 오히려 너를 멀리하고 신임하지 않았으니 비록 정직한 사람을 뽑아 주더라도 무슨 소용이 있겠느냐?"

이강이 대답하였다.

"신이 태자와 친하게 지내지 못한 것은 간사한 인간들이 태자 곁에 있었기 때문입니다. 지금이라도 당령칙과 추문등을 참하시고 다시 어진 인재를 뽑아 태자를 보필하게 한다면 어찌 신이 끝내 태자와 소원해지고 버림을 받겠습니까.

태자를 폐하게 되면 황실의 근본이 흔들리게 되어 나라가 기울어지고 위험에 빠질 수도 있습니다. 폐하께서 깊이 통촉하시어 후회하시는 일이 없도록 하시기 바랍니다."

문제가 매우 불쾌하게 여겨 자리를 박차고 나가 버렸다. 그때 같이 있던 모든 사람들은 이강은 곧 큰 벌을 받으리라 생각했다. 하지만 문제는 뜻밖의 명령을 내렸다.

당시에 마침 상서우승(尙書右丞) 자리가 비었는데 다음날 문제가 이강을 지명하며 말했다.

"이 자가 가장 적임자다."

곧바로 이강에게 상서우승에 임명하였다.

태자가 폐위되자 독고황후가 기다렸다는 듯이 졸랐다.

"나라에 태자가 없어서는 안 됩니다. 하루속히 태자를 임명하셔야 합니다."

양소와 양약 등도 약속이나 한 듯, 함께 입을 모아 양광을 추천하자 태자가 폐위된 지 한 달이 채 못 되어 11월 3일 진왕 양광을 세워 태자로 삼았다.

그런데 공교롭게도 바로 그때 하북에 큰 지진이 일어났다. 새로 태자가 된 양광은 자신 때문에 좋지 않은 징조가 일어난 것으로 생각하고 두려워하였다.

다음날 황제에게 청했다.

"예복을 입지 않도록 해 주시고, 동궁 소속 관리들이 저에 대하여 스스로 신하라고 칭하지 못하도록 해 주십시오."

태자인 양용과는 전혀 다른 양광의 행동에 문제가 매우 흐뭇해져서 신하들에게 말했다.

"태자는 저렇게 행동해야 하는 법이다. 어제 저녁에 내가 생각을 해 보았는데 이제야 올바른 태자를 세운 것이 틀림없다."

황제의 신임을 얻는데 성공한 양광은 차츰차츰 자신의 측근들을 문제의 주변에 포진시키기 시작했다. 제일 먼저 가장 믿음직한 동료이자 처남인 우문술을 추천하여 좌위솔(左衛率)로 삼았고, 또 심복인 홍주총관(洪州摠管) 곽연(郭衍)을 좌감문솔(左監門率)로 임명하게 하여 문제의 좌우에 심어 놓았다.

문제는 양용을 동궁에 가두어 놓고 양광으로 하여금 감시하게 하였는데 양용은 황제를 직접 만나 억울함을 호소하고자 몇 차례나 탈출을 시도하였다.

그러나 양광이 이를 가만히 둘 리가 없었다. 경비병들로 하여금 양용의 일거수일투족을 철저히 감시하게 하며 동궁의 모든 문을 통제하고 심지어 화장실에 가는 것조차 감시병을 따라가게 하는 등 엄격히 통제하였다.

양용이 뜻을 이루지 못하자 큰 나무에 올라가서 인수궁을 향해 엉엉 울면서 소리쳤다.

이 소문이 점점 퍼져 문제가 듣고 괴이하게 여겨 물었다.

"동궁 쪽에서 날마다 울음소리와 이상한 소리가 난다고 하는데 이것이 대체 무엇인가?"

간교한 양광이 얼른 말을 돌렸다.

"현지벌이 폐위가 된 후로 정신이 혼란하여 미쳐 버려서 종종 발작을 일으킨다고 합니다."

문제가 혀를 끌끌 차면서 나무랐다.

"참으로 형편없는 놈이로다."

이렇게 해서 양용은 결국 문제를 만날 수 없었다.

태자를 추종하던 자들도 전혀 없는 것은 아니었다. 태자의 폐위에 불만을 품은 자들은 부처님의 자비심이 무너진 것이라 생각하고 장안 성 근처를 돌아다니며 불상을 훼손하였다.

불심이 돈독한 문제가 이를 알고 불상을 훼손하는 자는 엄벌에 처하 라고 엄명을 내릴 정도였다.

이듬해 오월에 돌궐에서 남녀 구만 호가 내려와서 귀부(歸附)하기를 원했다.

문제가 하북에 터를 주어 살게 하였는데 이러한 조치는 서돌궐의 타 르두를 자극했다. 군사를 일으켜 황하의 남쪽을 넘어 쳐들어오자 변 방의 군사들이 당해내지 못했다.

장손성이 말했다.

"오르도스 왕인 쿠쿠노르는 타르두와 사이가 나쁩니다. 신이 쿠쿠 노르를 타일러 우리를 돕게 하겠습니다."

문제가 기뻐하며 허락하자 장손성은 많은 보물과 비단을 가지고 가 서 오르도스와 연합하는데 성공했다.

쿠쿠노르가 서돌궐을 공격하자 급해진 타르두는 군사를 되돌릴 수 밖에 없었다. 이때 양소가 3만 대군으로 급습하여 타르두 병사 3천을 죽이고 오백 필의 말을 얻었다.

문제는 돌궐군을 물리치는데 공을 세운 장손성을 주국(柱國)으로 승진시켰는데, 특히 양소에게는 더 큰 은덕을 베풀어 그의 아들 현감(玄感)도 주국으로 승진시키고 현종(玄縱)은 회남공(淮南公)이란 관작을 내렸다.

양소가 의기양양하여 말했다.

"전날 고구려는 사신을 보내어 폐하를 모독하였습니다. 지금 사해의 모든 나라가 조공을 바치는데 고구려왕은 입조는커녕 사신도 보내지 않습니다. 마땅히 정벌하여 폐하의 위엄을 보이셔야 합니다."

이때 양소에 대한 문제의 총애가 매우 깊었으므로 그 누구도 양소의 뜻을 거슬러 반대하는 자가 없었는데 오직 유현이 무이론(撫夷論)이란 글을 써서 반대 상소를 올렸다.

문제가 그 글을 읽고 난 후,

"오로지 유현만이 진실을 말하고 있다."

이렇게 말하고 고구려 정벌을 그만 두었다.

익주(益州) 총관(摠管) 양수(楊秀)는 문제의 넷째 아들로 용모가 걸출하였고 담력과 기백이 있어 무예를 좋아하였다.

문제는 이러한 수의 행동이 항상 걱정이 되었다.

"수는 틀림없이 제 명대로 못 살 것이다. 내가 죽은 후에 형제 대에 이르면 틀림없이 반란을 일으킬 것이다."

대장군 유쾌(劉噲)가 서찬(西爨)을 토벌하러 갈 때, 문제는 상개부 의동삼사(上開府儀同三司) 양무통(楊武通)에게 군사를 끌고 가서 유쾌를 돕게 하였다.

양수의 총신 만지광(萬智光)이 졸랐다.

"저도 토벌군에 참가하고 싶습니다. 부디 양 대장군을 따라가게 해

주십시오."

양수가 양무통에게 사람을 보내어 행군사마(行軍司馬)로 임명하게 하였다. 우문술이 이 사실을 알고 양광에게 고자질했다.

"양수가 제멋대로 군율을 어기고 있습니다. 이 기회에 따끔하게 벌어 주어 함부로 날뛰지 못하게 해야 합니다."

양수는 양광보다 한 살 아래로 마음 씀씀이가 매우 넓어 재물을 아끼지 않고 베풀었기 때문에 천하의 영웅호걸들이 널리 따랐다. 따라서 태자가 된 양광에게 가장 위협적인 인물이었다.

양광은 즉시 이 사실을 문제에게 일러바쳤고 과연 우문술의 생각대로 문제가 크게 노했다.

"맹호는 다른 짐승이 해칠 수 없지만 그의 털 사이에 있는 벌레가 그를 해친다. 나의 법도를 깨뜨리는 자도 바로 나의 자손이다. 능력도 재능도 없는 자를 권력으로 벼슬을 주는 것은 용서할 수 없다."

그날로 조서를 내려 양수의 통할 지역을 크게 삭감했다. 하지만 그 정도로 만족할 양광이 아니었다. 양소로 더불어 모략을 꾸며 양수가 정말 빠져나오지 못하도록 모함하였다.

"촉왕 양수는 일전에 땅을 삭감당한 후에 항상 원한을 품고 있습니다. 게다가 장사(長史) 원암(元巖)이 죽은 후로 그의 행적이 참월(僭越)[97]하여 신분을 벗어났습니다. 그래서 혼천의(渾天儀)를 제작하고 요인족(獠人族)을 붙잡아 환관으로 삼으며 거마와 옷들을 황제처럼 꾸며 백성들의 원성이 높습니다."

혼천의를 제작하는 일이나 환관을 두는 것은 모두 천자의 일로써 반

97) 분수를 벗어남

역을 의미하는 것이었다. 문제가 이를 조사하기 위해 양수를 부르자 양수가 두려워하여 병을 핑계로 나아가지 않았다.

그의 총관사마(總管司馬) 원사(源師)가 간했다.

"가지 않으시면 정말로 의심을 받게 됩니다."

그렇지만 양수는 끝끝내 가지 않았다.

이러한 행동은 양광의 패거리들에게는 둘도 없는 빌미가 되었다. 양소 등이 나서서 양수가 태자의 폐위에 반감을 품고 반란을 일으키려 한다고 거짓으로 상소를 올렸다.

당시 독고황후가 병석으로 누워 있던 터라 문제는 예전의 총명함을 잃고 있었다.

제대로 조사도 하지 않고 그 달 12일에 원주(原州) 총관 독고해를 익주 총관으로 임명하여 양수와 교체시켜 버렸다.

양수로서는 황당하기 짝이 없는 노릇이었다. 어쩔 수 없이 쫓겨난 양수가 길을 떠났으나 분한 마음을 금하지 못했다. 가는 도중에 군사를 돌려 독고해를 습격하려 하였다.

그렇지만 독고해도 만만한 인물이 아니었다. 양수의 행동을 눈치를 채고 경비를 엄중하게 하였기 때문에 공격할 틈을 찾지 못했다.

원사가 말했다.

"독고해가 이미 공격에 대비하여 철저하게 지키고 있으니 자칫하다가는 목숨을 부지하기도 어렵겠습니다."

양수가 결국 포기하고 물러날 수밖에 없었다.

그렇지만 양광은 참소를 그치지 않았다. 평소 친한 여러 대신들을 시켜 양수가 불만을 품고 백성들에게 화풀이를 하며 온갖 토색질을 일삼는다고 끊임없이 모함하였다.

다행히 병석에 누워있던 독고황후가 이 소식을 듣고 문제에게 간했다.

"아무리 사나운 짐승이라도 제 새끼들은 보호하는 법입니다. 전날 용을 내쳤는데 이제 수마저 죄를 준다면 장차 저승에 가서 무슨 면목으로 조상들을 대하겠습니까?"

문제가 후회하고 신하들에게 명을 내렸다.

"황자에 관한 일들은 짐이 알아서 처리할 것이다. 앞으로 황자의 일로 짐의 마음을 어지럽히는 자는 용서하지 않겠다."

문제의 엄명에 눌린 양광은 더 이상 계책을 꾸미지 못했다.

인수 2년 8월 15일 한질로 앓아누웠던 독고황후가 점점 위독해졌다. 문제는 태자에게 정사를 임시로 맡긴 채 친히 영안궁으로 나아가 침식도 잊고 병간호를 하였지만 나흘 뒤 갑자일 19일에 향년 59세의 나이로 영면의 길로 들어서고 말았다.

후주의 팔주국 독고신의 7째 딸로 태어나 질투심이 강하여 혼인할 때 맺은 약속을 내세워 후궁문제에 깊숙이 간여하여 위지녀를 죽이기도 한 그녀였지만 검소하고 금욕적인 생활로 백성들의 존경을 받았다.

그러나 문제를 부추겨 태자인 용을 폐하고 진왕 양광을 태자로 삼게 하였지만 훗날 양광은 나라를 망하게 하였으니 세상사란 참으로 알 수 없는 일이었다.

문제에게 독고황후는 언제나 든든한 동료이자 후원자였다. 황후를 잃은 문제는 눈물을 그치지 않았다. 저작랑 왕소가 문제를 위로하여 말했다.

"부처님의 가르침에 사람이 죽어 무량수국(無量壽國)에서 태어나게 되면 천상(天上)의 부처가 밝은 빛을 비추어 길을 밝히고 향기로운 꽃과 기악(伎樂)을 가지고 와서 맞이한다고 하였습니다. 신이 엎드려 생각건대 대행황후(大行皇后)[98]께서 생전에 복을 짓고 선을 행한 상서로운 징조는 예언서에 이미 갖추어져 있는데 모든 사람들이 묘선보살(妙善菩薩)이라고 하였습니다.

지난 8월 22일에는 인수궁(仁壽宮) 내에서 금은화(金銀花)가 비처럼 뿌렸고 23일 밤에는 대보전(大寶殿) 뒤편에서 신비스러운 빛이 있었으며 24일 묘시에는 영안궁(永安宮) 북쪽에서 여러 종류의 음악이 저절로 생겨서 허공을 채우고 흔들었는데 밤 오경에 이르러 갑자기 잠자듯 승하하시니 경문(經文)에서 말하는 바와 모두 일치합니다."

이 말을 듣고 문제는 슬퍼하면서도 기쁜 빛을 띠었다.

그렇지만 태자인 양광은 남들이 보는 곳에서는 숨이 넘어갈듯이 비통하게 곡을 하다가 자기 처소로 돌아와서는 웃고 떠들면서 먹고 마시며 또 궁녀들을 희롱하기를 평소처럼 하였다.

또 무당의 말에 따라 아침마다 두 움큼의 쌀을 바치도록 하고 몰래 살찐 짐승의 고기와 포육, 젓갈을 얻어서 대나무 통 안에다 넣고 밀랍으로 입구를 닫고 옷과 두건을 안에 넣어두는 등 기이한 행동을 자행했다.

태자부의 신하들이 이러한 사실을 몹시 두려워하였으나 양광은 태연하게 웃으며 말했다.

"으하하하. 바보 같은 놈들. 이제는 나를 간섭하는 사람은 아무도

---

98) 大行이란 제왕이나 후궁이 죽은 후 시호를 내리기 전에 쓰던 칭호.

없다. 천하는 내 것이나 다름없거늘 두려울 것이 무엇인가?"

9월 11일 병술일에 인수궁에서 돌아온 문제는 10월 9일 계축일에 좌위대장군 광평왕 양웅의 아들인 공부상서 양달(楊達)을 납언(納言)으로 삼았고 윤10월 갑신일에는 양소와 소위, 우홍 등에 명하여 오례(五禮)를 고치게 했다.

그리고 상의동삼사(上儀同三司) 소길에게 황후의 장지(葬地)를 고르게 하였다. 양광이 그에게 좌위솔 우문술을 보내어 말했다.

"그대는 전에 내가 천자가 되리라고 예언하였는데 오늘에 이르러 과연 태자가 되었으니 그 공을 잊지 않고 있다. 지금 그대는 산릉을 고르고 있는데 내가 하루 빨리 세워질 수 있도록 힘쓰라. 내가 황제가 되는 날 부귀와 영화로써 보답할 것이다."

소길이 우문술에게 약속했다.

"2년 후에는 반드시 천하를 호령하시게 될 것이라고 전해 주십시오."

얼마 후 소길은 문제에게 나아가 함양의 한 땅을 추천했다.

"이 땅은 천계(天鷄)가 알을 품은 듯한 금계포란형(金鷄抱卵形)으로 대대로 자손이 번창하고, 위대한 인걸이 나오는 곳으로 길지 중에 으뜸으로 칩니다. 점복으로 나타난 햇수로 보더라도 이천 년이 지속될 것이며, 황통은 2백대를 이을 것입니다."

문제가 시큰둥하게 답했다.

"길흉은 인간에게 달려있고 땅에 있지 않다. 북제의 후주 고위(高緯)[99]도 자기 부친의 장사를 지낼 때 어찌 점을 쳐 보지 않았겠는가. 하지만 북제는 곧바로 망해버렸다.

---

99) 북제의 5대 군주로 북주의 무제에게 멸망당함.

우리 집안의 일도 마찬가지다. 우리 집안의 묘터가 길지(吉地)였다면 나의 동생 양정은 전투 중에서 죽지 않았어야 하고[100], 흉지(凶地)라면 내가 천자가 되지 못했을 것이다."

그렇지만 소길의 건의대로 태릉에 황후의 묘를 정하였고 과연 그의 예언대로 2년 후에 문제가 죽어 합장되었다.

소길이 퇴청하고 돌아오다가 친척인 소평중(蕭平仲)을 만났다. 소평중이 물었다.

"황후 폐하의 장지는 천하에 둘도 없는 길지라고 들었습니다."

소길이 입가에 알 수 없는 야릇한 미소를 지으며 대답했다.

"2천 년을 세로로 내려 쓴다면 3십년이 되고 황통(皇統) 이백 대는 이대에다 영을 하나 더 붙인 것뿐이다. 너는 나의 말이 맞는 지 잘 기억해 두어라."

문제는 윤10월 임인일 28일에 독고황후를 태릉(太陵)에 장사지내고 다음과 같은 조서를 내렸다.

"양소는 장례를 주관하고 부지런히 길지를 찾았으니 그 마음으로 말하자면 지극한 정성과 효성으로 섬긴 것이다. 어찌 그 공적과 업적을 오랑캐를 평정하고 노략질을 평정한 것에 비교하겠는가. 특별히 한 아들을 의강공(義康公)으로 책봉하고 채읍을 1만호로 할 만하다."

전지(田地) 30 경(頃)과 비단 1만 단, 쌀 1만 석을 하사하고 금과 보배, 무늬가 있는 비단도 이와 비슷하게 내렸다.

제 3황자 촉왕(蜀王) 양수(楊秀)는 독고황후의 서거 소식을 늦게야 알았다. 밤낮으로 말을 채찍질하여 달려왔으나 장안에 도착한 날은

---

100) 북주의 3대 군주인 宇文邕을 따라 북제를 공격하던 중 幷州에서 전사하였음.

장사를 치른 다음날이었다.

만지광의 사건 이후로 문제의 눈 밖에 나 있던 양수는 모후의 장사마저 참석하지 못하게 되자 안절부절 하지 못하고 궁 앞에서 서성이고 있었다.

그 모습을 딱하게 여긴 수문장이 이 사실을 고하자 문제는 얼굴빛이 싸늘하게 변하여 궁 안으로 들여 놓지 못하게 하였다.

그런데 다음날 아침이 되자 태자 양광과 제 4황자 양량과 함께 양수를 궁으로 불러들였다.

"전에 진왕 준이 사사로이 관직을 매수하고 또 재물을 낭비하기에 아비 된 도리로서 내가 훈계하였다. 지금 너는 임지에서 쫓겨나자 그 죄를 뉘우치기는커녕 오히려 백성을 해치고 있다고 하니 어찌 용서할 수 있으랴. 마땅히 군왕의 도리로서 처벌할 것이다."

모두 마당에 일렬로 세워놓고 엄중히 질책하자 양수는 아무런 변명도 못하고 부들부들 떨고만 있었다.

태자 양광은 속으로 쾌재를 불렀지만 겉으로는 눈물을 흘리면서 사죄하는 척 하였다.

이때 개부의동삼사(開府儀同三司) 경정(慶整)이 마당에 엎드려 간했다.

"서인(庶人) 용(勇)은 이미 폐출되었고 진왕(秦王) 준(俊)은 이미 죽었습니다. 폐하에게는 아들이 얼마 없습니다. 어찌하여 꼭 이렇게까지 하시렵니까. 촉왕(蜀王) 수(秀)의 죄가 크다 하나 한번만 더 기회를 주시어 개과천선하게 하소서."

그렇지만 이 말은 오히려 문제의 노여움을 부채질했다.

"저 따위 요악한 놈의 혀를 잘라 버려라."

경정이 사색이 되어 끌려 나가자 아무도 양수를 위해 변명하지 않았다. 문제는 더욱더 화를 내어 양수를 즉시 가두게 한 후 양소 등에 명하여 치죄하게 하였다.

하지만 다음날이 되자 문제는 마음이 바뀌어 양소에게 명령을 내려 경정을 풀어주게 하고 양수의 치죄도 미루게 하였다.

"황제가 또 변덕을 부리는 게다. 이번에는 반드시 그도 해치워야 한다."

양수를 제거하기로 한 양광의 마음이 조급해졌다. 양소와 우문술 등과 며칠을 모의한 끝에 한 계책을 내었다.

두 개의 허수아비 인형을 만들어 하나에는 양견, 또 다른 하나에는 양광의 이름을 새겼다. 그리고 인형의 목에 칼을 씌우고 족쇄를 채운 다음 그 손을 묶고 심장에다 못을 박고 그 등에다 다음과 같이 글을 새겨 넣었다.

"서악(西嶽)의 자부(慈父)와 성모(聖母)께서는 양견(楊堅)과 양량(楊諒)의 귀신과 영혼을 거두어 가셔서 이런 모양으로 만들어 놓고 흩어지지 않게 해 주십시오."

사람을 시켜 화산(華山) 아래에다 묻어 두고 양소에 심복을 보내어 이 사실을 알리는 한편 다른 신하를 시켜서 참소하였다.

"양수는 망령되게 도참설을 좋아하여 지금의 장안에는 요사스러운 일이 많으니 촉지에다 상서로운 징후를 만들었으며, 또 자기 문집에다 '날짜를 정하여 죄를 묻겠다.'라는 격문을 지어 넣었으니 그 뜻을 알 수 없습니다."

문제는 나이가 들수록 사람이 교격해졌는데 이 말을 듣자 알아보지도 않고 화부터 먼저 내었다. 즉시 조서를 쓰게 하여 양수를 서인으로 폐하고 자기 처자식과도 만나지 못하게 하였으니 그 날은 그해가 저물어 가는 12월 20일이었다.

양수는 억울했지만 하는 수 없었다. 분노를 삭이고 표문을 올려 간절히 용서를 구하자 문제가 마음을 돌려 아들과 함께 있도록 해 주었다.

양수마저 제거한 양광은 거칠 것이 없었다. 평소에 마음에 들지 않은 신하들을 변방으로 내쫓고 그의 심복들로 조정을 채우는데 온힘을 기울였다. 이때 우문술과 양소의 일가친척들은 모두 주국(柱國)과 상경(上卿)이 되어, 다른 고관대작들도 우문술이나 양소의 앞에서는 굽실거리며 아첨을 다했으며, 그 집 앞에는 매양 지방에서 연줄을 대기 위해서 올라오는 사람들로 인산인해를 이루었다.

대리경(大理卿) 양비(梁毗)는 성품이 강직하여 이러한 우문술과 양소의 사악한 행동을 용납하지 않았다. 그들의 비리를 캐내어 문제에게 상소를 올렸다.

"신은 죽음을 무릅쓰고 간하고자 합니다. 항간에 두 마리의 여우가 있어 나랏일을 제멋대로 한다고 합니다. 모름지기 사람을 파견하여 민심을 살피시기 바랍니다."

이 사실을 알게 된 우문술과 양소는 크게 당황하여 그 무리들과 함께 양비를 헐뜯기 시작했다.

"양비가 무고한 대신을 헐뜯어 자신의 공을 내세우려 합니다.

젊은 시절의 영명함을 잃어버린 문제는 우문술과 양소의 참소를 믿고 양비를 투옥해 버렸다.

양비와 절친했던 소위가 양소의 죄상을 일일이 나열하여 바치자 그 제야 문제는 일이 잘못된 줄 알았다. 근위대장 장형을 불러 양소를 잡아들이게 하자 이부상서 유술이 간했다.

"양소는 큰 공을 세운 나라의 중신입니다. 조그만 허물로 처벌을 내릴 수는 없습니다. 차라리 조정에서 물러나게 함이 옳다고 생각합니다."

문제는 그의 말을 따라 양소에게 말했다.

"복야는 국가의 재상인데 자질구레한 국사를 직접 챙길 수가 있는가? 닷새에 한 번씩만 나와서 큰일들만 평론하도록 하라."

말이야 생각해 주는 척하였지만 사실상은 그의 권력을 빼앗아버린 것이었다. 대신 유술을 병부상서를 겸하게 하고 국가 기밀의 모든 일을 처리하게 하였다.

본래 태자부의 신하였던 상서우승 이강은 석주자사 소효자와 더불어 유술을 찾아가 말했다.

"방릉왕[101]께서 폐위된 것은 독고황후의 미움을 받기 때문입니다. 적장자 계승은 고래(古來)의 정법(正法)인데 이를 어기면 나라가 어지러워집니다. 공은 폐하의 신임이 두터우니 부디 간하여 주시면 은혜를 잊지 않겠습니다."

유술이 문제에게 이 뜻을 전하자 문제가 말꼬리를 흐리며 대답했다.

"용은 비록 행실에 문제가 있었으나 폐위할 만큼의 죄는 아니었다. 그러나 이미 광으로 하여금 태자로 다시 세웠는데 또 다시 바꾸면 나라가 어지러워지지 않겠느냐?"

이 말을 전해들은 양광은 크게 놀라 우문술에게 말했다.

---

101) 폐태자 양용을 말함.

"폐하께서는 아직도 폐태자를 잊지 않고 있음이 분명하다. 대비책을 세우지 않으면 만사를 그르치게 될 것이다."

우문술이 꾀를 내었다.

"술과 여자는 사람의 마음을 흐리게 합니다. 황후께서 돌아가신 후 폐하의 총애는 온통 귀인(貴人)과 세부(世婦)에게 쏠려 있으니 그들을 우리 편으로 끌어 들여 정사에 관심이 멀어지게 해야 합니다."

귀인과 세부란 선화부인 진씨(宣華夫人 陳氏)와 용화부인 채씨(容華夫人 蔡氏)를 가리키는 말로 특히 선화부인은 진나라 선제의 딸로 진나라가 멸망할 때 양광에게 붙잡힌 뒤 액정(掖庭)[102]에 배속되었으나 그 타고난 자질이 총명하고 지혜로우며 용모가 빼어나서 나중에 입궁하여 빈(嬪)이 되어 독고황후가 죽은 후 문제의 총애를 독차지하다시피 하였다.

이후 양광은 자주 진부인과 채부인의 처소를 드나들며 문후를 올리고 또 금으로 만든 뱀이나 낙타 등 진귀하고 값비싼 물건을 바치며 온갖 아첨의 말을 아끼지 않았다.

진부인으로서는 꿩 먹고 알 먹는 일이었다. 태자의 전폭적인 지지 아래 내사(內事)를 좌우하여 명실 공히 육궁(六宮)에서 으뜸이 될 수 있었고 또한 매일같이 주연을 베풀어 문제와 함께 환락의 밤을 즐길 수도 있었다.

환갑이 훌쩍 넘은 몸으로 방탕한 생활을 즐기던 문제는 마침내 깊은 병이 들었고 인수 4년, 문제의 나이 64세에 이르러 돌이킬 수 없는 상

---

102) 후궁을 말함

태가 되었다.

그해 정월 보름에 문제는 정사를 완전히 양광에게 넘기고 상서좌복야 양소와 병부상서 유술, 황문시랑 원암 세 명을 거느리고 장안 서쪽의 기주(冀州)에 있는 인수궁(仁壽宮)에 들어가려 하였다. 이때 술사(術士) 장구태익(章仇太翼)이 말렸다.

"이번에 가시게 되면 돌아오시지 못할까봐 두렵습니다."

죽음에 대한 공포감에 시달렸던 문제는 이 소리를 듣자 크게 노하였다.

"저놈은 감히 짐의 죽음을 바라는 것이다."

좌우에 명을 내려 감옥에 가두자 누구도 인수궁의 행차에 대하여 간하는 자가 없었다. 27일 인수궁에 도착하여 28일 조서를 내려 국가의 대소사를 태자 양광이 처리하도록 하였다.

하지만 몸은 점점 허약해져서 진부인과 채부인 등이 온갖 정성을 다하여 백약(百藥)을 올렸으나 아무 효험이 없었다.

간호를 하고 있던 유술이 간했다.

"폐하의 병은 인간으로서는 다스릴 수 없습니다. 오로지 부처님의 자비를 구해야 합니다."

6월에 천하의 고승을 모아 불사를 열고 또 대사령을 내려 죄인들의 목숨을 구하게 하는 등 여러 가지 공덕을 베풀었으나 문제의 망가진 몸은 회복되기는커녕 점점 악화되었다.

7월 갑진일 문제의 병이 매우 심해졌다.

문제는 마지막임을 절감했다. 젊은 날 전쟁터를 달리면서 만군을 호령하며 천하 통일을 이룩했던 기개는 이미 사라지고 없었다. 한낱 노쇠한 몸으로 숨을 헐떡이며 최후의 순간을 기다리는 가련한 한 인간에 불과할 뿐이었다. 문제는 자신도 모르게 눈물을 주르르 흘렸다.

"백관들을 들게 하라. 마지막으로 한 번 만나보고 싶다."

백료들을 불러 영별하고 한 사람 한사람의 손을 잡고서 허희(歔欷)[103]하였다.

문제가 있던 인수궁 대보전(大寶殿)은 여인들의 거처였기 때문에 환관을 제외한 남자들은 드나들 수 없었다. 그렇지만 사태가 워낙 심각하여 양광이 들어와서 의약을 손수 맡았다.

그렇지만 양광의 머릿속에는 문제의 서거에 대비하려는 생각으로 가득 차 있을 뿐이었다. 그래서 직접 편지를 써서 봉한 다음 외부에 있는 양소에게 보내어 상의하고 또 다른 신하들과 군사들에게 미리 손을 써 두게 하였다.

또 양소로 하여금 밖의 상황을 안에 있는 자신에게 하나도 빠뜨리지 않고 보고하게 하여 만약의 사태에 철저히 대비하였다.

그런데 문제가 생겼다. 한 궁인이 실수를 하여 양광의 이런 편지들을 문제의 처소로 가지고 간 것이었다. 그것들을 보게 된 문제는 경악하지 않을 수 없었다.

"이런 죽일 놈. 내가 죽기만을 기다렸다는 말인가?"

분노를 감추지 못하고 양광을 불렀으나 마침 양광이 그 자리에 없어서 오지 못했다. 다시 환관에게 명하여 태자를 잡아오게 하였는데 이 때 또 하나의 엄청난 사건이 일어났다.

원래 방탕하여 여자라면 사족을 못 쓰는 양광에게 대보전 궁위(宮

---

103) 크게 흐느껴 우는 것을 말함.

閨)들의 아름다운 자태는 너무 매혹적이었다. 아비가 옆방에서 죽어 가든 말든 아리따운 여인들의 향기에 넋을 잃었다.

틈만 나면 후궁들의 가슴과 엉덩이를 어루만지는 것은 물론이고 으슥한 방으로 끌고 들어가 겁간을 하는 등 그 간란(姦亂)[104]함은 이루 말할 수가 없었다. 그렇지만 황제가 위독하여 태자가 전권을 휘두르는 때여서 누구 하나 반항하는 자가 없었다.

일전에 진부인은 양광이 선물을 가지고 올 때마다 얇은 비단 옷을 입고 손수 차를 끓여 같이 나누어 마신 적이 있었다. 양광은 그녀의 탐스런 가슴을 보고 욕정을 품었다.

"언젠가는 내 품에 꼭 안고야 말 것이다."

이때에 이르러 양광은 마침내 그녀까지 범하려고 작정했다. 갱의실(更衣室)[105]에 몸을 숨기고 기다렸다가 옷을 갈아입기 위해서 방으로 들어오는 그녀의 뒤를 돌아 가슴을 덮쳤다.

"에그머니!"

진부인이 놀라 소리치자 얼른 입을 틀어막고 위협하였다.

"황제는 죽음이 얼마 남지 않았다. 오늘은 나의 씨앗을 받으라. 만약 나의 청을 거절한다면 훗날 크게 후회하리라."

진부인이 몸부림치며 저항하였으나 양광의 완력을 당할 수 없었다. 옷고름이 풀어 헤쳐지고 희디 흰 앞가슴이 드러나자 양광이 더욱 흥분하였다. 재빨리 그녀의 저고리와 치마를 찢어 버리고 짐승처럼 덮쳤다.

"에구머니!"

---

104) 음탕하게 희롱함
105) 화장실을 말함

진부인의 외마디 비명을 듣고 가까운 곳에 있던 여러 궁녀들이 우르르 몰려왔다. 아무리 금수 같은 양광이라고 할지라도 사정이 이렇게 되자 그녀를 겁간할 수 없었다.

양광이 눈을 부라리며 소리쳤다.

"무슨 구경거리가 생겼다고 이렇게 호들갑을 떨고 지랄이냐."

괜스레 궁녀들을 꾸짖고 얼른 자리를 떠났다. 그렇지만 일은 크게 벌어지고 말았다. 낙담상흔(落膽傷痕)[106]하여 양소에게 달려가 자초지종을 말했다.

양소는 음험한 미소를 지었다.

"낙화난상지(落花難上枝)[107]라 하였습니다. 기왕 이렇게 된 바에는 일을 앞당길 수밖에 없습니다."

"나를 위해 도모한다면 자자손손 부귀영화를 보장하겠다."

둘이서 굳게 맹약하고 엄청난 역모를 꾀했다."

한편 모든 궁녀들에게 추태를 들켜버린 진부인도 이번 사태는 숨길 수 없다는 것을 잘 알고 있었다.

"이럴 땐 내가 먼저 일을 고해야 한다."

영악한 진부인의 머리는 재빠르게 움직였다. 험난한 궁중에서 살아남으려면 미리 선수를 치는 것뿐이었다. 곧바로 문제의 처소로 달려가 흐느껴 울었다.

"마마 정말 분하옵니다."

---

106) 크게 낙심하여 넋을 잃음

107) 한번 떨어진 꽃은 다시 붙일 수 없다는 말로 한번 저지른 일은 돌이킬 수 없다는 뜻.

머리와 옷매무새가 흐트러진 채로 새파랗게 질려서 가쁜 숨을 몰아쉬며 달려온 애첩의 모습을 보자 문제는 심상찮은 일이 생겼음을 직감하였다.

아픈 몸을 일으켜 세우며 다그쳐 물었다.

"무슨 일이더냐. 누가 감히 너를 이렇게 하였는가?"

"황태자가 무례(無禮)[108]를 범하였사옵니다."

순간 문제는 번개를 맞은 사람처럼 몸을 부르르 떨었다. 그러지 않아도 편지의 일로 크게 노하였는데 이번에는 자신의 첩마저 건드리자 도저히 참을 수 없었다.

"축생(畜生)보다 못한 놈에게 내가 속았구나. 독고가 참으로 나를 그르쳤구나."[109]

부랴부랴 소리를 질러 환관을 불러들인 후 인수궁에서 대기하고 있던 병부상서 유술과 황문시랑 원암을 불러들였다.

"너희들은 지체 없이 달려가서 양용을 불러오라."

유술과 원암이 칙서를 만들고 있을 때 마침 양소가 들어왔다.

"지금 무엇을 하고 계시는 겝니까?"

유술은 양소가 양광의 사람인줄 모르고 있었기 때문에 숨김없이 그대로 말했다.

"폐하께서 방릉왕(房陵王)[110]을 부르시는 분부를 내리셨습니다."

양소가 일이 잘못되었음을 알았다. 즉시 달려 나가 양광에게 고하자

---

108) 강간함
109) 畜生, 何足付大事 獨孤誤我
110) 태자 용을 말함

양광이 새파랗게 질려 물었다.

"지금 용을 부르는 것은 필시 나를 폐하려는 것이다. 이일을 어떻게 처리한단 말인가."

"시간이 없으니 빨리 일을 도모해야 합니다. 우서자(右庶子) 장형은 힘이 장사이니 그에게 일을 맡기시면 됩니다."

장형은 근위대장으로 궁중 출입이 자유로웠다. 양광은 우문술과 곽연에게 동궁의 병사들을 주어 사방을 포위하게 한 후 대(臺)에 올라 숙위(宿衛)하도록 하고 모든 사람들의 궁문 출입을 금지시켰다.

그리고 거짓으로 조서를 꾸며 원술과 원암을 그 자리에서 추포하여 옥리에 넘기고 또 장형으로 하여금 문제의 침소에 나아가 독약을 올리게 하였다.

"태자의 명을 받들어 약을 가지고 왔으니 비빈들은 모두 별궁으로 물러가시오."

장형이 완력으로 부인과 후궁들을 모두 방에서 내보내자 문제가 낌새를 알아채고 꾸짖었다.

"네놈이 감히 어느 안전이라고 이토록 방자한가. 네가 정녕 살기를 원하는가."

그러나 장형은 오히려 당당했다. 입가에 잔인한 미소를 띠우며 가져온 독약을 내밀었다.

"태자께서 자결하시라는 분부를 내리셨습니다."

문제가 기가 막혀 미처 말을 맺지 못했다.

"무어라. 이 역적 놈이……."

자리에서 벌떡 일어나 앉으며 약사발을 쳐서 넘어뜨렸지만 장형은 우뚝 서서 비웃듯이 황제를 내려다보았다.

"아무리 앙탈을 부려도 소용이 없습니다. 이제 폐하께서는 운명하실 시간입니다."

문제가 새파랗게 질려 소리쳐 보았으나 달려오는 사람은 아무도 없었다. 장형은 성큼성큼 다가가 두 손을 우악스럽게 벌리고 반항하는 문제의 목을 꺾어 죽였다.

그때 피가 사방에 튀고 고통스러워하는 소리가 침실 밖에까지 들렸다. 좌우의 사람들이 새파랗게 질려 전전긍긍하였지만 장형은 태연한 얼굴로 나와서 손을 탁탁 털면서 아무렇지 않은 듯 말했다.

"상(上)께서 막 붕어하셨습니다."

이렇게 해서 문제는 파란만장한 일생을 64세의 나이로 마감하게 되었다.

문제가 죽자 양광은 양소와 우문술, 곽연 등과 함께 치밀한 계략을 세웠다. 먼저 좌우를 단속하여 상(喪)을 발표하지 않고 방릉왕 용을 죽이고자 거짓 조서를 꾸몄다.

"서인 용은 죄를 짓고 물러나 있으면서 항상 뒤에서 난을 꾀하며 나라를 어지럽혔다. 이제 그 악행을 더 두고 볼 수 없어 죽음을 내린다."

마침 인사 차 올라온 이주자사(伊州刺史) 양약(楊約)을 장안으로 보내어 황제의 명령이라 속이고 현재의 장안 유수(留守)를 갈아치운 뒤, 자신의 근위대장인 우문지급을 보내어 양용을 목 졸라 죽이게 하였다.

부황과 태자를 모두 처치한 양광은 거리낄 것이 없었다. 군사를 거느리고 조정에 들어가 백관들을 불러 모아 국상을 발표하고 스스로 제위에 올랐다.

수 문제 양견은 묘호는 고조, 시호는 문황제로 서위 12대장군가의 양충의 아들로 태어나 외손인 북주 정제의 선양을 받아 나라를 세우고 대수(大隋)라 하였다. 수도를 대흥성으로 정하고 개황율령을 제정하며 과거제를 실시하여 중앙집권을 강화하였고 진을 정벌하여 대륙을 통일했다.

검소하고 근면하여 제왕의 법도를 지켰으며 세금을 줄이고 균전제를 실시하여 선정을 베풀었다. 특히 부정부패를 철저히 엄단하여 나라에 잡범이 없을 정도였다.

북방의 돌궐은 온유 양단의 정책으로 잘 대처하였으나 30만 대병으로 고구려를 침공하다가 대패하고 돌아갔다. 말년에 태자 용을 폐하고 광을 세웠으나 오히려 암살당하여 독고황후와 함께 태릉에 합장되었다.

제 7 장

양량의 난

황제로 즉위한 양광은 우문술과 양소, 장형 등에게 큰 상금을 내리고 그 가족들까지 벼슬을 높여 주었다. 논공행상을 마치고 바쁜 일정이 끝나자 양광은 진부인의 탐스런 가슴이며 엉덩이를 잊을 수 없었다.

해질 무렵 은밀히 사자를 불러 황금으로 장식한 조그만 상자를 선화부인 진씨에게 보내었다.

봉하는 곳에는 붉은 글씨로 직접 '봉(封)'이라 서명하여 부인 이외에는 다른 사람이 못 열어 보게 하였다. 부인이 이것을 보고 짐독(鴆毒)[111]이라 짐작하고 두려워 떨었다.

"어서 열어 보십시오."

사신이 앞에 서서 열화와 같이 재촉하자 부인이 마지못해 보자기를 풀었다. 순간 진부인은 물론이요 주위에 있던 궁인들 모두 놀라지 않을 수 없었다.

의외에도 그 속에는 붉은 비단에 황금색 수실로 만든 커다란 동심결

---

111) 자살용 독약.

(同心結)[112]이 들어 있었던 것이었다. 당시 연서(戀書)에는 동심결이라는 독특한 방법으로 편지를 묶는 것이 관습이었다. 궁인들이 오히려 기뻐하며 내심 안도의 숨을 내쉬었다.

"이제 살 수 있게 되었다."

진씨도 속으로는 다행스럽게 여겼으나 한편으로는 부끄럽기도 하였다. 일부러 화를 내며 돌아앉아 사례의 말을 하지 않았다. 그러자 궁인들이 모두 일어나 재촉하였다.

"만약 지금 거절하신다면 죽음을 면치 못할 것입니다. 빨리 손을 얹어 놓으십시오."

진부인의 머릿속에는 만 가지 상념이 떠올랐다. 진(陳)이 망하고 끌려온 뒤 원수인 수문제의 품에 안겨 애첩이 되고 이제는 다시 그 아들인 양광의 노리개가 될 판이니 참으로 기구한 운명이었다.

그런데 선비족의 풍습에는 형이 죽으면 아우가 형수를 취하거나 아비가 죽으면 아들이 후처를 맞이하는 일이 흔했다. 선비족의 핏줄인 양제로서는 그 아비의 후비인 진부인을 차지하는 것은 조금도 창피스런 일이 아니었던 것이었다.

진부인도 모든 것을 체념할 수밖에 없었다. 못 이기는 척 일어나 절을 하고 손을 얹었다.

그 소식을 전해들은 양광은 크게 기뻐하였다. 밤이 되자마자 곧바로 진부인의 처소를 찾아 와서는 시녀들을 쫓아내듯 몰아내고 덥석 진부인의 허리를 감싸 안았다.

"어머나, 이를...... "

---

112) 두 개의 노끈으로 묶은 일종의 구애의 표시로 받아들이려면 그 위에 손을 얹으면 된다.

채 말을 잇지 못하고 파르르 떠는 진부인의 모습은 양광을 더욱 자극하였다. 얼마나 가슴을 졸이며 기다렸던 순간이었는가. 양광은 먹이를 노리는 맹수처럼 사납게 번쩍 들어 금침 위에 올려놓았다.

진부인도 이미 양광에게 허락하기로 결심했다. 교태를 부리며 품속으로 가슴 깊이 파고들자 양광이 황급히 진부인의 얇은 옷을 벗겨내었다.

농익은 진부인의 눈부신 나신이 부드러운 촛불 아래서 더욱 고혹적으로 빛났다. 진부인도 어느새 열에 들떠 유혹의 콧소리를 내며 흥흥대고 있었다.

양광의 가슴은 소년처럼 뛰기 시작했다. 진부인의 탐스런 가슴에 살며시 손을 얹자 진부인은 미끈한 몸을 이리저리 비틀면서 교성을 터뜨렸다.

양광은 짐승처럼 쿵쿵거리며 덤벼들었다. 삽시간에 방안에는 뜨거운 숨소리가 가득했다.

이제는 진부인이 더욱 정열적으로 양광을 이끌어 나가면서 마치 물결 속을 누비는 물고기마냥 금침 위를 헤엄쳤다. 구중궁궐 깊은 밤은 점점 깊어가기만 했다.

다음날 양광은 배구를 보고 말했다.

"용화부인 채씨도 내가 바친 여자이다. 당연히 내가 차지해야 한다."

역시 그녀에게도 동심결을 보내고, 증(烝)[113]하여 그 아비가 생전에 가까이한 두 명의 부인을 모두 범하고 자신의 시첩으로 삼았다.

병주총관(并州摠管)인 한왕 양량은 효산(崤山) 이동에서 창해(滄海)

---

113) 계모와 성관계를 갖는 것을 말함

에 이르는 지역과 남으로 황하에 이르기까지 관동 52주를 지배하고 있었다. 그런데 문제 말년에 태자 양용이 폐위되고 촉왕 양수가 죄를 입는 것을 보고 불안해졌다.

하루는 총관사마 황보탄(黃甫誕)이 말했다.

"어제 저녁에 춘양문 앞에서 형혹성이 자미성을 범하였습니다. 이는 반란의 징조가 나타난 것이 분명합니다. 요즘 장안의 기운이 심상치 않으니 미리 대비해야 합니다."

이번에 태자가 된 진왕 양광은 비록 친형이었지만 자신과 사이가 좋지 않았다.

공부(工夫)들을 대량으로 징발하여 각종 무기를 제작하고, 무예에 능한 자들을 뽑아 호위하게 하여 가까이 부리는 자만해도 수만 명이 넘을 정도였다.

양소는 이러한 양량을 매우 껄끄럽게 여기고 있었다. 조용한 틈을 타서 양광에게 말했다.

"병주(并州)에 있는 한왕은 막강한 군사를 가지고 있습니다. 가만히 남겨 두면 후환이 될 것입니다."

황제 놀음에 정신이 빠져 있던 양광은 그 소리를 듣자 정신이 번쩍 들었다.

양량은 어린 시절부터 덩치가 크고 행동이 거칠었다. 아버지 문제로부터 많은 꾸중도 들었지만 무예가 뛰어나고 효성이 깊어 사랑도 많이 받았다.

고구려 원정에서 패전한 이후로 병주로 내려가 있었지만 돌궐의 침공에 대비하여 많은 정예군을 거느리고 있었기 때문에 만약에 난이라도 일으킨다면 큰일이었던 것이었다.

평소 지략과 임기응변이 뛰어난 거기장군(車騎將軍) 굴돌통(屈突通)으로 하여금 위조한 문제의 새서(璽書)를 가지고 가게 하여 양량을 장안으로 불러들이게 하였다.

새서를 받아 본 양량이 물었다.

"이것만 가지고 왔느냐?"

굴돌통이 아무 대답도 못하고 안절부절 하자 양량은 굴돌통을 물리치고 미간을 찌푸린 채 아무 말도 하지 않았다.

자의참군(諮議參軍) 왕규(王頍)가 이상하게 여겨 물었다.

"무슨 일로 그러십니까?"

"이것은 위조된 것이 틀림없다."

"무슨 근거로 그런 말씀을 하십니까?"

"내가 이리로 부임할 때 부황께서 나를 불러 '만약 새서로써 너를 부를 때에는 반드시 '칙'자(勅字) 옆에 점 하나를 더 찍겠다. 그리고 사자가 가지고 간 명부(命符)가 옥린부(玉麟符)와 합치되거든 내가 부른 줄 알고 부름에 응하라.'고 말씀하셨다. 그런데 굴돌통이 가져온 새서에는 '칙'자옆에 점이 없고 명부도 가지고 오지 않았으니 거짓임이 틀림없는 것이다. 다만 누가 무엇 때문에 이따위 짓을 시켰는지 그것이 궁금할 뿐이다."

"그렇다면 어찌하여 굴돌통을 잡아들이지 않는 것입니까?"

"굴돌통은 심부름 온 하수인에 불과하다. 모른 척하고 잠시 잡아 두었다가 장안에 밀정을 보내 사정을 살핀 후에 취조하는 것이 무방하다."

양량은 왕규에게 명하여 굴돌통을 영빈관으로 모시게 하여 잔치를 벌여 후하게 대접하도록 하였다.

하지만 굴돌통도 바보가 아니었다. 양량의 안색을 살핀 후 일이 틀어졌음을 깨달았다. 그날 밤 취한 척하면서 일부러 일찍 침소에 들어 사람들을 따돌리고 삼경이 지나자 몰래 성을 빠져 달아났다.

다음날 양량이 군사를 내어 쫓았으나 잡지 못했다.

며칠 후 장안으로 보냈던 밀정이 달려와 고했다.

"황제와 방릉왕이 모두 시해당하고 태자가 황위를 찬탈했다고 합니다."

양량이 분노하여 반란군을 일으키려 하였지만 황보탄이 간곡히 말리고 나섰다.

"장안에는 정예 군사들이 많아 상대가 되지 않습니다. 더구나 진왕이 이미 황제에 즉위하여 임금과 신하가 정해져 버렸으니 천하의 명분도 얻기 어렵습니다. 일단 반역자란 낙인이 찍히게 되면 형법으로 다스려지기 때문에 평민으로 남고자 하여도 안 됩니다."

양량이 화를 내며 그를 가두어 버리고 사방에 격문을 돌리고 군사를 일으켰다.

첩자들이 급히 장안으로 이 소식을 전하자 양제가 군사를 파병하려 하였다. 양소가 말했다.

"한왕은 변방에서 오랫동안 군사를 길렀기 때문에 따르는 사람이 많습니다. 하지만 수족이 따르지 않으면 힘을 쓰지 못합니다. 관동의 각 수령에게 먼저 전령을 보내어 참가하는 자는 구족을 멸하겠다고 엄포를 놓으십시오. 그렇다면 양량은 저절로 무너지게 될 것입니다."

듣고 보니 옳은 말이었다.

양제는 관동 52주에 사람을 보내어 반란에 참가하지 못하도록 위협하자 수령들이 두려워하여 눈치만 볼 뿐이어서 양량에게 가담한 것은 19주에 불과했다.

남주(嵐州) 자사 교종규(喬鍾葵)는 양량이 고구려 원정에 나설 때 참군으로 종군한 인물이었다. 양량이 군사를 일으키자 즉시 합세하려 하였으나 그의 사마 경조도모(京兆陶模)가 말렸다.

"한왕은 반역을 하고 있는 것입니다. 공은 나라의 두터운 은혜를 입고 있으면서 어찌하여 스스로 몸을 화단(禍端)[114]에 빠뜨리려 하십니까."

"감히 네놈이 나를 설교하려 하는가?"

교종규가 화를 내며 칼을 목에 들이대었으나 경조도모는 조금도 비굴한 기색이 없었다. 교종규가 감명하여 놓아 주려 하자 한 군사가 말했다.

"경조도모를 죽이지 않고 다른 사람들의 마음을 복종하게 할 수는 없습니다."

교종규는 경조도모를 처형하고 양량의 반란에 가담했다. 왕규가 말했다.

"지금 우리에게는 두 가지 계책이 있습니다. 하나는 대왕께서 거느린 장수와 군사들은 그 가솔들이 대부분 관서지방에 있습니다. 이들을 앞세워 곧바로 경도로 쳐들어가야 합니다. 두 번째로는 관동지방의 사람들을 부려 옛 북제의 땅에 할거하여 새로운 나라를 건국하는 것입니다."

양량이 두 가지 계책을 모두 쓰고자 하였다.

---

114) 재앙을 입게 되는 처지

'양소가 반란을 일으켰으므로 이를 토벌하려고 한다.'

이렇게 명분을 내세우고 소마가에게 10만 군사를 주어 관서지방으로 진격했다. 하지만 수적으로 열세인 양량의 군사들은 양소의 대군을 이길 수가 없었다. 첫 전투에서 대패하고 소마가도 사로잡히고 말았다.

양소의 군사들이 가까이 진격해오자 왕규는 자기 아들을 깊은 산속으로 데리고 가서 말했다.

"나의 계책이 양소보다 못한 것이 아니었다. 하지만 한왕이 어리석어 나의 건의를 채택하지 않았기 때문에 결국 이 지경이 되고 말았다. 내가 죽은 후에는 너는 친척이나 친구들이 있는 곳을 찾아가지 말고 숨어 지내도록 하라."

말을 마치자 칼로 목을 찔러 자결했다. 시체를 석굴 속에 묻고 숨어 지내던 그 아들은 배가 고파 친구 집을 찾아갔다가 결국 양소의 군사들에게 붙잡혔다.

한편 소마가가 처형당하고 왕규도 사라져 보이지 않자 양량은 두려움에 휩싸였다. 부하들을 이끌고 진양(晉陽)으로 도망가 항거하였으나 군사들 중에는 달아나는 자가 많았다.

양량의 무리 중에 가장 많은 군대를 가지고 있던 교종규는 양소가 쳐들어오자 성 밖으로 나아가 양소의 선봉 군사들을 깨뜨리고 승리를 거두었다.

양의신(楊義臣)은 그 성이 본래 위지(尉遲)씨였으나 아비가 돌궐과 싸워 죽었기 때문에 문제가 그의 어린 아들 위지림과 위지의신을 양자로 삼아 양씨를 하사하고 궁 안에서 키웠다.

양의신은 한 번 글을 읽으면 모두 외웠고 또 말타기와 활쏘기에도 능하여 장수로서의 자질이 있었으므로 양제도 그를 중용하였다.

양량의 난이 일어나자 양소의 부장이 되어 출전했는데 선봉부대가 교종규에게 패배하자 오십 명의 정병을 이끌고 적진을 돌파하여 승리에 결정적인 역할을 하였다.

교종규가 남주성으로 돌아가 저항했을 때에도 양의신은 몸에 밧줄을 매고 제일 먼저 성벽을 타고 올랐다. 성이 함락되자 양소가 대군을 이끌고 들어가 저항하는 교종규의 장수들을 모조리 죽이고 교종규를 사로잡았다. 때마침 왕규의 아들도 체포되어 오자 양소가 함께 장안으로 압송하려 하였다.

그러나 양제가 사람을 보내어 말했다.

"왕규와 교종규는 무뢰배들과 결당하고 국가를 원망하고 군사를 일으켰으니 그 죄가 지극히 흉참하다. 이러한 무리들은 준례대로 결안(結案)하였으니 시기를 기다리지 말고 능지처참하라."

능지처참이란 많은 사람이 모인 가운데 죄인을 기둥에 묶어 놓고 포를 뜨듯 살점을 베어내되, 한꺼번에 많이 베어 출혈과다로 죽지 않도록 천 번을 베어 엄청난 고통 속에서 죽게 하는 형벌로써 대개 팔다리와 어깨, 가슴 등을 잘라내고 마지막에 심장을 찌르고 목을 베어 죽였다.

만약 그 전에 죽으면 칼질하는 자도 함께 처형하였기 때문에 구경하는 사람들도 공포에 떨었다.

양소는 교종규와 왕규의 아들을 저자거리에 끌어내어 능지처참에 처했는데 마침 왕규의 시체도 찾아내어 함께 효수하여 성문에 내걸었다.

길거리는 피비린내로 가득 찼고 골목골목마다 시체가 즐비하여 백성들은 두려워하여 감히 길에 나오지 못하고 담장 뒤에 숨어서 구경만 할 뿐이었다.

"더러운 핏줄은 하는 수 없어. 애비는 왕위를 찬탈하고, 아들은 애비의 여자를 겁탈하더니, 이제는 형제끼리 서로 죽이고 있으니 참으로 잘하는 짓이다."

"참으로 말세로다. 어느 놈이 권력을 잡더라도 백성에게는 아무런 득 될 놈이 없는 게 탈이지."

"그나저나 애꿎게 개죽음 당하는 군졸들은 무슨 죄인가?"

"저놈들도 마찬가지야. 어차피 권력에 빌붙어 백성들 등이나 처먹던 놈들이니...... ."

"우리 백성들이 기 펴고 살 수 있는 세상은 언제나 온단 말인가?"

두려움 반 한탄 반하여 자조(自嘲) 섞인 말들로 수군거릴 뿐이었다.

성을 빠져나가지 못한 양량은 창고 구석진 곳에 숨었다가 끌려나왔는데 양제가 차마 죽이지 못하고 투옥시켰다. 내사시랑 우세기는 옛날 양량이 자신의 외조카인 괴정을 죽인 것에 대하여 원한을 품고 있었다.

"제왕은 자고로 조그만 인정에 얽매여서는 안 됩니다."

이렇게 말하고 사사할 것을 건의하자 양소도 역시 주청을 올려 빨리 죽이자고 건의하였다.

그렇지만 우문술이 반대했다.

"골육지친을 직접 죽이는 것은 민심을 다스리기에 좋지 않습니다. 일단 유폐시켰다가 나중에 잠잠해지면 죽이는 것이 좋을 것입니다."

양제가 그 말을 따라 처음에 유폐시켰다가 나중에 사람을 보내어 죽였다.

문제가 살아있을 때 신하들에게 자랑하여 말했다.

"옛날 황제들은 희첩들에 빠져서 적자와 서자들이 많았다. 그들이 서로 다투어 나라가 망하는 일도 많았으나 짐의 아들들은 모두 한 어미의 소생이라 진정한 형제들이라 할 수 있다."

하지만 양량이 죽고 후일 양광도 우문화급에게 시해당하여 문제의 다섯 아들 중에서 천수를 누린 자는 아무도 없었다.

후일 사마광이 수사(隋史)를 논할 때 탄했다.

"수나라 고조는 적서(嫡庶)의 다툼만 알았지, 비록 같은 어미를 둔 골육지친이라 하더라도 권력을 앞에 두고서는 서로 원수가 될 수 있다는 것을 몰랐다."

어쨌든 양량의 반란으로 그 죄에 연루된 자가 20만 명이나 되었는데 양제는 조금도 용서치 않았다. 군관 급 이상은 모두 죽이고 나머지 졸병들도 모조리 유배를 보내 사역하게 하였다.

그리고 공을 세운 양소에게 재물 5만 단(段)과 비단 1천 필을 비롯하여 양량이 소유하고 있던 기녀와 시첩 20명을 상으로 내렸고 그의 아들 만석과 인행, 그리고 조카인 현정 등은 의동삼사(儀同三司)라는 벼슬을 제수하였다.

양제는 문제의 총신이자 개국공신인 원주를 싫어했다. 황실 자제들과 결탁하여 자신을 몰아낼 음모를 꾸미고 있다고 의심을 하고는 모든 관직을 빼앗아버렸다.

원주가 앙앙불락하였는데 얼마 후 문제의 총신 상관정이 죄를 받아 영남으로 귀양 가고, 장군 구화도 관직을 박탈당했다. 구화는 원주와 오랜 친구로 한번은 둘이 함께 술을 마시다가 취기가 오른 원주가 구화에게 이런 넋두리를 했다.

"상관정은 재능이 출중한 인물이 아닌가. 이번에 영남으로 귀양을 갔으니 무슨 큰일을 내지 않을까 싶네."

그리고는 계속 말을 이었다.

"내가 상관정이라면 절대로 가만히 있지 않을 것이네!"

구화는 간교한 인물로 다음 날 아침 일찍 원주가 반역을 꾀한다고 고발하였고 원주는 결국 처형당하고 말았다.

이렇게 선왕 문제의 총신을 하나씩 둘씩 제거한 양제는 철저하게 자기 사람들을 조정에 심어 놓음으로써 전형적인 폭군으로 행세할 수 있었다.

수 왕조는 문제 때의 안정 기조를 바탕으로 하여 양제 때에 이르러서 비약적인 발전을 거듭하였다.

604년 11월에 전국 지방 행정조직을 개편하여 낙양을 동경으로 하고 190개 군과 1225개 현으로 조정함으로써 행정 능률을 제고하고 헌법 제 17조를 제정하며 처음으로 역서(曆書)를 사용하는 등 통치권을 확고히 했다.

그래서 진을 정벌한 590년 경에는 460여만 호로 파악되던 인구가 불과 10여 년이 지난 양제 초기에는 890여만 호로 급증하였다. 경지 면적도 1940만 경(頃)에서 5585만 경으로 급증하여 50년 내지 60년간의 국가 예산에 해당하는 2천6백여 만 석의 군량을 비축하고 있었다.

양제는 즉위한 후 얼마 되지 않아서 다음과 같은 영동경조서(營東京詔書)를 내렸다.

"궁실을 짓는 것은 본래 생활을 편하게 하기 위한 것이다. 마룻대를 올리고 서까래를 얹어 바람과 이슬을 피하면 족한데 고대광실의 집이 어찌 적합한 것이란 말하는가?

그러므로 전(傳)에서 말하기를 '검소함은 공덕이요, 사치는 커다란 악이다.' 라 했고 선니(宣尼)[115]는 '불손하게 구느니 차라리 검소하겠다.'라고 말했다. 어찌 요대(瑤臺)[116] 경실(瓊室)[117]만이 궁전이 되겠는가?

흙 계단과 다듬지 않은 서까래로 막진 집은 제왕의 집이 아닌가? 이것은 천하가 한 사람을 받드는 것이 아니라 한 사람이 천하를 주인으로 한다는 것이다.

백성은 국가의 근본으로 근본이 단단해야 국가가 편안하다. 백성이 풍족한데 군주가 왜 풍족하지 않겠는가? 지금 집을 짓는데 검소함에 힘쓰며 화려하고 높고 큰집을 다시 짓지 않도록 하고 궁전을 검소하게 하고 변변치 못한 음식을 먹어 후세에 물려주고자 한다. 관리는 법으로 만들어 짐의 뜻을 알리도록 하라."

그렇지만 이러한 그의 마음은 오래 가지 못하고 곧 바뀌어 엄청나게 큰 역사(役事)를 벌였다.

희대의 풍류객으로 순행을 즐겼던 양제는 관전(觀殿)의 벽에 있는 광릉도(廣陵圖)를 구경하기 위해 수시로 목란정(木蘭庭)으로 놀러 갔다. 이때 양제는 함께 대동한 소후(蕭后)의 허리를 왼손으로 감고 오른 손으로 광릉도의 산수를 가리키며 물었다.

"천하 절경이 눈앞에 있는데 어찌 즐기지 않으리오."

---

115) 공자
116) 훌륭한 궁전
117) 옥으로 장식한 아름답고 화려한 집

소후가 대답했다.

"폐하의 즐거움은 소첩의 행복입니다. 폐하의 생각이 이미 광릉에 있으니 어찌 따르지 않겠습니까?"

양제가 기뻐하고 광릉으로 순행하기로 결심했다. 다음 날 커다란 배를 띄어 여러 비빈과 대신들과 더불어 낙양에서 출발하여 강을 따라 광릉으로 내려갔다. 이때 간의대부(諫議大夫) 소회정(蕭懷靜)이 아첨하여 말했다.

"신이 듣기로는 대량(大梁)의 서북쪽에 옛날 하도(河道)가 있는데 이것은 진나라 때 왕리수(王離水)를 흘러들도록 만든 것입니다. 대량 서쪽에서 먼저 물길을 열고 하음(河陰)에서 맹진수(孟津水)를 끌어들인 다음 동쪽으로 회구(淮口)에 이르게 하여 맹진수를 방류하면 길이는 천리에 불과하지만 천하를 물길로 이을 수 있습니다.

더구나 휴양(睢陽) 경내를 지나게 되면 한편으로 광릉에 이르게 되고 다른 한편으로는 왕기(王氣)를 끊게 됩니다."

중국은 서쪽이 높고 동쪽이 낮아 대부분 강물이 서에서 동으로 흐르는데 당시 주된 교통수단인 육로는 산을 넘고 강을 건너야 했으므로 매우 험하고 힘들었다.

그러나 뱃길을 이용하면 순풍이 불고 물살을 타면 수많은 사람과 화물들을 힘들이지 않고 하루에도 수백 리를 옮길 수 있었다. 그런데 문제는 당시 하천은 범람이 심하였기 때문에 홍수가 날 때마다 물길이 바뀌곤 하였다.

문제도 운하의 중요성을 알고 광통거와 강남하를 개착하였는데 양제는 기존의 여러 하천과 수로를 다시 정비하여 대규모 국가적 사업으로 벌이려 작정했다.

남북으로 흐르는 대운하를 파서 장강, 회하, 황하, 해하, 전당강을 하나의 수망으로 연결하여 드넓은 중국 대륙을 원활하게 소통시키려 한 것이었다.

며칠 후 장안으로 돌아간 양제는 양자강 이남의 풍부한 식량과 물자들을 장안 근처까지 수송하기 위하여 대운하를 건설하겠다고 선포했다.

대업 원년 3월에 상서우승(尙書右丞) 황보의(皇甫儀)에게 명을 내려 하남(河南)과 회북(淮北) 등 황하 남쪽 여러 군의 백성 100만 명을 동원하여 통제거(通濟渠)[118]를 개착하였다.

통제거는 동도(東都)인 낙양을 기점으로 서원(西苑)으로부터 곡수(穀水)와 낙수(洛水)[119]를 끌어 황하에 연결시키고 판저(板渚)에서 형택(滎澤)을 거쳐 변하(汴河)로 들어가게 하였다.

그리고 다시 대량(大梁)의 동쪽에서 변하(汴河)를 끌어 사수(泗水)로 통하여 회수(淮水)에 닿도록 했다.

그리고 문제 때 완성한 산양독의 폭을 넓히고자 회남(淮南)사람 10여만 명을 징집하여 한구(邗溝)를 뚫었는데 직예성(直隸省) 통주(通州)에서부터 황하를 횡단하여 절강성(浙江省) 항주(杭州)에까지 폭이 40보가 되는 삼천리 운하를 완성하였다.

운하는 용문(龍門)의 동쪽에서 장평(長平), 급군(汲郡)을 거쳐 임청관(臨淸關)에 이르고, 황하(黃河)를 건너 준의(浚儀), 양성(襄城)을 거

---

118) 605년

119) 장안에서 출원하여 동으로 흘러 낙양 부근의 황하로 이르는 강

쳐 상락(上洛)까지 도달하였다.

양제는 이 운하를 조운(漕運)으로 적극 활용하기 위하여 심혈을 기울였다. 그래서 수로 도중의 연안에는 여러 개의 성을 쌓았으며, 수많은 다리를 만들고 부두를 설치하게 하는 한편 물길을 따라 수백 개의 식량창고를 만들었다.

수나라는 서경(西京)의 태창(太昌)과 동경(東京)의 함가창(含嘉倉), 낙구창(洛口倉), 화주영풍창(華州永豐倉), 섬주태원창(陝州太原倉) 등에 축적해 놓은 쌀이 많은 경우는 천만 석, 적은 경우는 수백만 석이었다.

천하의 의창도 모두 꽉꽉 찼다.

경도(京都)와 병주고(幷州庫)에는 직물이 각각 수천만 필이 있었다. 그리고 공로자에게 상으로 내리고도 풍족했으니 위진 이래로 이런 상황은 아직 없었다.[120]

아직도 낙양, 서안, 상구 일대에서 태창(太倉)을 비롯하여 낙양창(洛口倉), 하양창(河陽倉), 회락창(回洛倉), 여양창(黎陽倉), 산양창(山陽倉) 등이 발견되고 있으며 수말 혼란기에 이밀이 공격한 수의 최대 창고인 흥락창(興洛倉)도 운하를 끼고 있었던 것으로 추정된다.

양제는 운하 주변의 조경에도 정성을 기울였는데 학벽시의 대비산 위에는 북위대불을 만들었다. 그리고 낙양과 강도 사이에 마흔 곳이나 되는 이궁(離宮)을 짓게 하여 미녀를 배치시키고 이궁 사이에는 운하에 따라 버드나무를 심은 어도(御道)[121]를 만들었다.

북위의 호태후(胡太后)는 효명제의 어미로 남편인 선무제가 죽은 후

---

120) 두우(杜佑)의 통전(通典)
121) 황제의 전용도로로써 수양버들이라는 말은 이에서 비롯되었다는 설도 있다.

명장 양대안(梁大眼)의 아들인 젊고 아름다운 양백화와 사랑에 빠져 사통하였다. 이들의 불륜이 계속되자 효명제(孝明帝)까지 알게 되었고 이에 위협을 느낀 양백화는 남조인 양(梁)에 투항해 버렸다.

  그렇지만 호태후는 젊은 연인인 양백화를 잊지 못해 양백화(楊白花)란 시를 지어 궁녀들로 하여금 낭송하게 하였다.

  버드나무를 좋아한 양제는 호태후의 이 노래를 자주 불렀다.

陽春二三月	양춘이삼월
楊柳齊作花	양류제작화
春風一夜入閨闥	춘풍일야입규달
柳花飄蕩落南家	류화표탕낙남가
含情出戶脚無力	함정출호각무력
拾得楊花淚霑臆	습득양화루점억
春去秋來雙燕子	춘거추래쌍연자
願銜楊花入窠裏	원함양화입과리

따뜻한 봄 이삼월에
버드나무가 일제히 꽃 피누나
한 밤중에 봄바람이 규방으로 날아드니
버들꽃은 분분하게 남쪽 집에 떨어지네
정을 품고 문밖으로 나가려하나 다리에 힘이 없고
버들꽃 주워드니 가슴엔 눈물이 젖는다.
봄에 갔다 가을에 와 짝지어 나는 제비가

버들꽃 물고 보금자리로 돌아왔으면

   강도에 있던 미루(迷樓)에 후부인(侯夫人)이란 궁녀가 있었는데 미색이 뛰어나고 글재주가 있었다. 그녀는 양제에게 간택되기를 소망했지만 간택되지 못하자 비단 주머니를 걸고 대들보에 목을 매어 자살했다.
   그 비단 주머니에 장성(粧成)이란 시가 있었으니 다음과 같다.

粧成多自惜	장성다자석
夢好却成悲	몽호각성비
不及楊花意	불급양화의[122]
春來到處飛	춘래도처비

화장을 마치고 스스로 슬퍼하노라.
좋은 꿈을 꾸니 오히려 서글프다.
버드나무 꽃의 뜻에 미치지 못하니
봄이 오니 도처에 날아다니네.

   나중에 이 사실을 알게 된 양제가 처연한 빛을 띠우며 술을 마시면서 말했다.
   "참으로 아깝도다. 꽃다운 청춘이 실의에 빠져 죽었구나!"
   양제는 대운하에 배를 띄우고 놀기 위해서 강남에서 목재를 징발한 뒤 용주(龍舟), 봉가(鳳舸), 황룡(黃龍), 적함(赤艦), 누선(樓船) 등 수

---

122) 양화란 양제를 뜻한다.

만 척의 배를 만들게 했다.

장안에서 양자강까지 대운하가 완성될 때까지 전국은 노역에 끌려나온 백성들의 신음소리로 가득 찼다.

양제는 정북대총관(征北大總管) 마숙모(麻叔謀)를 도호(都護)로 삼아 전국의 15세 이상 50세 이하 성인 남자를 모두 징발토록 하고 만약 은닉하면 삼족을 멸한다는 조칙을 내렸다.

성인 남자는 모두 360만 명이었는데 다시 다섯 집마다 한 명을 내도록 하였다. 이때 노인과 어린이 또는 부인들은 음식을 제공토록 했다.

또 젊고 날쌘 병사 5만 명에게 채찍을 들고 인부를 감독하도록 했는데 마치 관물(官物)을 담당하는 급장(級長)과 같았다. 감독관들은 수시로 뇌물을 받고 부역을 면제해주고 그렇지 못한 자들에게는 지나치게 엄하여 공사 도중에 죽은 인부가 150만이나 되었다.

이때 죽은 인부의 시체를 실어 나르는 관아의 수레들이 동쪽으로는 성고(城皐), 북쪽으로는 하양(河陽)까지 늘어섰다.[123]

이윽고 마숙모가 변거(汴渠)를 터 관구(灌口)를 채웠을 때 이미 죽은 자가 250만 명이었고 인부를 감독하던 5만 명의 군사들도 죽은 자가 2만 3천 명이나 되었다.

그러나 양제는 오히려 자랑삼아 말했다.

"진시황이 만리장성을 쌓았지만 짐은 대운하를 건설했다."

양제의 대운하 사업은 중국 역사에 큰 변화를 가져왔다. 무엇보다도 유럽과 중앙아시아, 중국문화를 연결시켜 발전시키는 원동력이 되었고, 북방소수민족의 문화와 중원문화가 습합되어 오늘날 중국문화를

---

123) 훗날 개하기(開河記)란 소설에서 운하 건설의 잔혹함은 더욱 과장되었다.

이루게 되었다.

또한 운하를 중심으로 양주, 서안, 북경을 축으로 수많은 도시가 발달했고 이들은 정치, 경제, 문화의 중심에 놓이게 되었으며 당조(唐朝) 번영의 근간이 되었다 .

우문개가 다시 양제를 부추겼다.

"장안은 관중의 땅을 안고 있어 비옥하고 중요하지마는 서쪽으로 치우쳐 있어 천하를 경영하는데 어려움이 있습니다. 그런데 낙양(洛陽)은 옛 동위(東魏)의 수도로 가히 천혜의 땅이라 할 만합니다.

이곳에 크게 성을 쌓고 이궁(離宮)을 지어 천하를 경영하며 남쪽에서 나는 해산물과 농산물을 거두어들인다면 재정이 넉넉해질 것입니다."

낙양은 동위가 업(鄴)으로 수도를 천도한 후 쇠락해 있었는데 이곳을 제 2의 수도로 삼아 수도 장안의 지리적 취약점을 보완하자는 것이었다.

국고를 담당하는 관리들이 반대했지만 양제의 측신인 어사대부 배온이 말했다.

"나라의 큰일을 하는데 돈 때문에 그만 둘 수는 없다."

희대의 간신 내사시랑 우세기도 나서서,

"지금 조금 힘이 들더라도 운하가 개통된다면 자손만대로 번영을 누릴 수 있을 것입니다."

라고 동의하였다.

양제가 부족한 재원을 보충하기 위해 백성들의 세금을 두 배나 올리게 했는데 평소 성품이 올곧은 소위가 어전에 꿇어앉아 간곡히 간했다.

"대운하를 비롯하여 각종 공사가 계속되어 백성들의 생활은 말할 수 없이 어렵습니다. 그런데다 세금을 많이 올리게 되면 가난한 백성들은 굶주림을 벗어나지 못 할 것입니다. 부디 고통 받는 서민들을 헤아려 주시기 바랍니다."

양제가 못마땅한 듯 노려보며 대꾸가 없자 우세기가 얼른 눈치를 살펴 소위를 꾸짖듯 말했다.

"무슨 말씀을 하시는 것이오. 여러 공사를 하게 되면 많은 재화들이 유통되어 경제가 살아나고 백성들도 일자리를 얻게 되어 더욱 살기 좋은 세상이 될 것이 아닌가?"

당봉의가 참다못해 소위를 거들었다.

"어리석은 신이 생각하건데 성군은 항상 백성들을 가장 먼저 염려한다고 들었습니다. 그런데 지금 제도를 살펴보면 가난한 백성들에게는 과중한 세금과 용역이 부과되는데 부유한 권문세족들은 오히려 면제받는 자가 많습니다.

그래서 선제께서는 호적 정리를 단행하시어 누락되었던 호구를 파악하여 세원을 크게 늘리고 또 세금을 내지 않던 권문세족이나 호족들에게 많은 세금을 내게 하여 가난한 백성들에게는 오히려 은혜를 베풀었습니다.

정히 세금을 올리시려거든 선제께서 시행하셨던 제도를 받아들여 부유한 자들에게 많은 세금을 부과하시고 서민들에게는 적게 부과하여야 합니다."

우세기가 얼굴빛이 변하여 반박했다.

"당치도 않는 말은 삼가시오. 소대인의 말대로 한다면 모든 백성들이 굶주림에 허덕이게 될 것입니다. 생각해 보십시오. 권문세족이나 부유한 자들은 1만 명에 불과합니다. 그들에게 1만 냥을 거두면 1억 냥을 모을 수 있으나 그렇게 되면 웬만한 부자들은 거덜이 나고 말 것입니다.

하지만 4천 만이 넘는 백성들에게 10 냥씩만 거둔다면 4억 냥이 됩니다. 그 정도의 돈은 백성들에게는 별로 부담이 되지 않지만 4배가 넘는 엄청난 금액을 모을 수 있습니다."

양제가 반신반의하자 우세기가 말을 이었다.

"비유를 들자면 국고가 튼튼하고 폐하의 내탕고(內帑庫)가 풍족해야 신하들과 백성들에게 넉넉히 인정을 베풀 수 있습니다. 마찬가지로 권문세족들이 부유해야 그 아래 일하는 하인들이나 소작 짓는 자들도 먹고 살 수 있게 되는 것입니다."

양제가 껄껄 웃으며 말했다.

"내사시랑의 말이 정녕 옳다."

장안의 대흥성을 서경(西京)이라 하고 정치 중심의 도시로 삼고 낙양을 동도(東都)라 하며 부유한 백성 오만 명을 강제로 이주시키고 경제 중심의 부도(副都)로 육성하고자 하여, 3월에 통제거와 함께 낙양성도 재건하였다.

이에 낙수(洛水)를 끼고 남북 두 성으로 둘레가 69 리의 큰 성을 만들어 이듬해 4월 완성했으니 북위 시대와 거의 같았다.

또한 낙양 서쪽 교외에 현인궁(顯仁宮)을 짓게 하고 천하의 진귀한 나무와 기이한 짐승을 모았다. 또 개인용 유원지로써 서원(西苑)을 크게 만들어 사방 이백 리를 에워싸게 했다.

중앙에는 십 리나 되는 큰 못을 파고 그 가운데 삼산(三山)[124]을 세우고 곳곳에 전망대와 전각을 만들어 마치 선경에 들어 선 듯하였다.

양제는 못의 곳곳에다 조어정(釣魚亭)이란 정자를 만들고 또 조어선(釣魚船)이란 배를 띄워 낚시를 즐기곤 했는데 이때 잡인들의 출입을 일절 금하고 발가벗은 수많은 궁녀들을 헤엄치게 하면서 바늘이 없는 낚시를 던져 잡아 올려 대낮에도 음탕한 행동을 서슴지 않았다.

서원 북쪽에는 용린거(龍鱗渠)라는 수로를 만들어 물이 호수로 들어가게 하였으며, 수로를 따라서 16개의 별궁을 지어 4품 부인을 두어 차례로 돌면서 온갖 환락을 다 즐겼다.

이때 양제는 양이 이끄는 수레를 타고 다니면서 후궁의 처소를 돌아다니다가 수레가 멈추는 곳에 내려가 밤을 지냈는데 이때 후궁들은 양제의 성은을 입기 위해 문 앞에 댓잎을 꽂아두거나 소금 즙을 뿌려 두어서 양이 이것을 먹기 위해 멈추게 하려고 했다.

양제는 수천 명의 궁녀와 더불어 청야유(淸夜遊)란 곡을 지어 말을 타고 연주하며 놀았으며, 때때로 산마루에 있는 누각에 올라 야경을 완상할 수 있게 하였다.

현인궁을 만드는데 1년 남짓 걸렸는데 공사에 필요한 목재와 석재들은 전국에서 모아 수집하게 하였다. 이때 운송하는 행렬은 천리에 뻗쳤고 4천 6백만 인구 중에 매월 2백만 명이 동원되어 남자는 늙은이와 어린이도 가릴 것이 없었고 심지어 아녀자들까지 동원되었다고 한다.

---

124) 봉선서(封禪書)에 나오는 봉래산(蓬萊山), 영주산(瀛州山), 방장산(方丈山)을 말하는 것으로 발해 동쪽에 신선이 산다는 산..

동원된 백성들의 비참한 생활은 이루 말할 수 없었고 공사 중에 고된 노역으로 죽은 인부들 역시 그 수를 헤아릴 수 없었다.

　이렇게 엄청난 백성들의 희생을 감수하며 만든 화려한 양제의 궁궐도 훗날 마침내 황폐해져 잡초만 남게 되었으니 뒷사람이 이를 원통하게 여겨 수궁(隋宮)이란 시를 지었다.

紫泉宮殿鎖煙霞	자천궁전쇄연하
欲取蕪城作帝家	욕취무성작제가
玉璽不緣歸日角	옥새부연귀일각
錦帆應是到天涯	금범응시도천애
於今腐草無螢火	어금부초무형화
終古垂楊有暮鴉	종고수양유모아
地下若逢陳后主	지하야봉진후주
豈宜重問后庭花	개의중문후정화

자천궁은 안개 속에 묻혔는데
무성을 취하여 황제의 거처로 삼고자 했다..
옥새가 인연으로 당으로 돌아가지 않았다면
비단 돛 달고 배는 하늘까지 닿았으리라
그러나 지금은 잡초만 무성하고 반딧불도 없이
마침내 운하의 버들엔 갈가마귀 모여든다.
훗날 저승에서 진후주를 다시 만나더라도
어찌 다시 '후정화'의 소식을 묻겠는가?

또한 대운하도 마찬가지여서 역시 강가에 소먹이는 초동과 빨래하는 아낙네의 노랫소리에 잠겼으니 당나라 시인 이익(李益)은 변하곡(卞河曲)을 지어 다음과 같이 노래했다.

卞水東流無限春　　변수동류무한춘
隋家宮闕已成塵　　수가궁궐이성진
行人莫上長堤望　　행인막상장제망
風起楊花愁殺人　　풍기양화수쇄인

변하의 물은 동으로 흐르고 봄은 끊임없이 되풀이되건만
화려했던 수나라의 궁궐들은 티끌이 되어 스러졌다
지나는 길손이여. 부디 강둑에 올라 바라보지 말라.
바람에 버들잎이 날리면 시름만 잠길 뿐이니.

한편 서역 나라에서는 수나라에는 많은 금은보화가 있다는 소문이 나돌아 사절단과 대상(隊商)들이 잇달아 몰려왔다. 허영심이 많은 양제는 수나라의 국력과 부를 뽐내고 싶었다. 그들을 위하여 성대한 환영식을 개최하도록 명령하고 궁궐 정문 앞에는 특별무대를 설치하도록 하였다.

이 무대는 둘레가 20 리나 되었고, 거문고와 피리를 가진 악사가 1만 8천 명이나 되어 장관을 이루었다. 수많은 등불이 불야성을 이루었고 노래와 연극, 춤의 향연이 계속되었다.

양제는 투계(鬪鷄)놀이를 좋아하여 신하들과 자주 내기를 하였는데 아첨하는 신하들은 일부러 약한 닭을 골라 져 주면서 엄청난 뇌물을 바치는 것이 상례가 되어 있었다.

백희(百戲)라고 불리는 이러한 놀이는 정월 보름부터 시작되어 한 달 동안이나 계속되었는데 무대를 둘러싼 나무에는 형형색색으로 오색 비단이 장식되어 있었다.

이때 어떤 서역상인이,

"수나라에는 옷도 입지 못하는 백성들이 많은데, 왜 그들에게 비단옷을 주지 않고 나무에게만 옷을 주는가?"

라고 야유하였다.

양제의 사치와 환락이 심해질수록 백성들의 마음은 수 왕조를 떠나고 있었다.

수의 전역에는 유랑하는 백성들이 늘어나고 산야에는 도적이 가득 찼고, 4월에 임읍(林邑)에서 반란이 일어나 그 세력이 매우 크게 번창했다.

어사대부 우방유가 간하였다.

"나라 안에 큰 공사가 많아 재정이 부족하고 어려움이 많습니다. 성지를 내리어 교화하고 달래시는 것이 좋겠습니다."

좌효위대장군 장근(張瑾)이 양소의 그늘에서 빛을 보지 못했는데 양제에게 아부하기 위해서 반박하고 나섰다.

"모르시는 말씀이오. 옛날 한나라 말기에 황건적이 창궐하여 종국에는 나라가 망하고 말았습니다. 지금 반란을 다스리지 못한다면 훗날 큰 우환이 될 것입니다. 대군을 파병하여 일벌백계(一罰百戒)를 해야 합니다."

양제는 무력으로 모든 것을 해결할 수 있다고 생각하는 인물이었다.

이 기회에 자신의 군사력을 과시함으로써 누구도 딴마음을 품지 못하게 하고 싶었다.

장근을 대장으로 삼아 부월(斧鉞)을 내리면서 말했다.

"반란에 가담한 자는 남녀노소를 막론하고 모조리 처형하여 훗날의 본보기로 삼도록 하라."

장근은 정예병 3만을 이끌고 달려가 임읍을 깨뜨린 뒤 성중에 있는 사람들은 아녀자와 어린아이 가릴 것 없이 모조리 죽였다. 그리고 시체는 치우지 않고 한 달 동안이나 거리에 방치해 두었는데 그 참혹한 모습을 보는 사람은 몸서리를 치면서 두려워했다. 이후로 지방의 반란이 가라앉았다.

양제는 여행을 무척 좋아하여 재위 14년 간 고구려 원정을 제외하고는 거의 매년 출순(出巡)하였다. 그때마다 호화와 사치스러움은 극에 달하였고 수행 인원만 해도 적게는 수만 명에서 많게는 수십만 명을 거느리고 다녔다.

통제거가 완성된 8월, 날이 서늘해지자 돌아다니기를 좋아하던 양제는 강도(江都)로 순유를 나갔다.

그 전에 황문시랑(黃門侍郎) 왕홍(王弘)을 강남으로 보내어 용주(龍舟)를 비롯하여 자신을 수행하는 비빈과 백관, 군사들이 타는 여러 종류의 배를 수백 척이나 만들게 하였다.

황제 전용선인 용주는 높이가 45척으로 4층이었고 길이는 200척이나 되었다. 내부의 위층에는 정전(正殿)을 비롯하여 내전(內殿)과 동서조당(東西朝堂)을 모두 갖추었으며, 2층에는 금과 옥으로 장식된

방이 120개나 있었고 아래층에는 환관들이 머물게 했다.

황후가 탄 봉가(鳳舸)인 상리주(翔螭舟)는 이보다 약간 작았지만 호화롭기는 황제의 배와 마찬가지였고 후궁을 비롯하여 제왕과 공주 등이 타는 9척의 부경선(浮景船)도 모두 3층루의 수상궁전이었다.

12위의 사병들은 그 직위에 따라 양채(漾彩), 평승(平乘), 청룡(靑龍), 몽동(艨艟), 팔도(八棹), 정가(艇舸) 등에 나누어 탔으며 뱃머리와 배꼬리가 서로 이어지기를 2백리나 되었다.

양안에서 배를 끄는 섬부(纖夫)는 모두 8만 명의 장정이 동원되었는데, 양채급 이상의 배를 끄는 인부만 해도 9천 명이나 되었다.

호색가인 양제는 장안에서 강도까지 물길을 따라 지은 40개의 이궁마다 여러 처녀들을 징발하여 궁녀로 삼아 놓고 온갖 환락을 즐겼는데 밤에는 배에서 새어나오는 불빛으로 강 연안까지 밝았고, 낮에는 호위하는 군사들의 군기가 벌판을 수놓았다.

또 연도 500리 내에 있는 주현에서는 음식과 술을 바치게 하였는데 많은 주는 수레 100대 분이 넘었다. 이것들은 모두 귀한 산해진미였는데 먹고 나면 모두 버리거나 묻었기 때문에 굶주린 백성들은 이를 얻어먹기 위해 부두마다 줄을 서곤 하였다.

양제가 강소성의 단양주에 이르러 취흥이 크게 올랐는데 마침 누군가가 말했다.

"동이 여인들은 미색이 뛰어나기로 유명합니다."

전날 문제의 채부인도 단양 출신의 미녀였다. 호색한 마음이 발동한 양제는 즉석에서 고구려에 사신을 보내어 후궁으로 들일 아름다운 여인과 그와 어울리는 꽃을 청하였다.

고구려 영양왕이 괘씸하게 여겨 사신을 목 베려 하였으나 대로 고율(高汨)이 간했다.

"나라 간에 여인을 주고받는 것은 오래 전부터 있어온 관습입니다. 수는 큰 나라라 궁녀 한 명을 보내어 양국의 우호관계를 다질 수 있다면 과히 나쁠 것도 없습니다."

대부분의 다른 신하들도 고율과 뜻이 같았다.

아희(阿姬)라는 미인과 진귀한 백 가지 화초를 분에 옮겨 수나라로 보냈다. 그런데 사신의 배가 장강을 거쳐 양주 근처의 단양 강가에 다다랐을 즈음에 문득 큰 파도가 일어나 배가 침몰되었다.

사신이 놀라 아희를 구하여 뭍으로 오르려 할 때 갑자기 아희가 그의 손을 뿌리치며 말했다.

"나는 여기서 죽을지언정 황음무도한 수주의 노리개가 되지 않을 것이다."

큰 물결에 몸을 날려 물속에 잠겨 버리자 사신이 넋을 잃고 강가를 떠나지 못했다. 그때 홀연히 하늘에 쌍무지개가 찬란히 빛나면서 한 마리 황룡이 솟아올랐다.

"나는 연호(鍊湖)에 사는 용왕(龍王)으로 아희는 내가 데려갈 것이다. 너희들은 고구려로 되돌아가라."

고구려 사신이 난처해서 물었다.

"수주와의 약속을 저버리게 되니 이를 어떡합니까?"

용이 크게 몸을 비틀어 하늘 높이 치솟으며 말했다.

"이곳에서 폭풍을 만나 조난당하여 용신이 대신 데려갔다고 하라. 그 증표로 이 술을 내릴 것이다."

말을 마치자 하나는 봉항주(封缸酒), 또 하나는 노황주(老黃酒)라 새긴 술 두 병이 발아래 있었다. 사신이 하릴없이 그 술을 받쳐 들고 양제를 찾았다.

양제가 처음에는 믿지 아니하였으나 술을 받아 보니 색깔과 향기가 인간의 것이 아니라 믿지 않을 수 없었다. 그 맛은 꽃 위에 이슬이 맺힌 듯하고 색깔은 동굴 속의 봄과 같아 천하제일의 미주(美酒)라 할 만하였다. 오늘날 단양(丹陽) 지방의 곡아미주(曲阿美酒)가 바로 이것이다.

신하들이 모두 말하기를 우리가 대운하를 건설하였는데 용신의 분노를 산다면 좋지 않을 것이라고 간하자 양제가 사신들을 후대하여 돌려보냈다.[125]

이듬해 정월에 태사(太史)가 말했다.

"수(隋)가 속해 있는 분야에 큰 상사(喪事)가 있을 것입니다."

양제는 초경무공(楚景武公) 양소의 권한이 너무 큰 것을 시기하고 있었는데 이 소리를 듣자 양소를 초공(楚公)으로 옮겼다. 그리고 주현(州縣)을 합하여 황명을 강화하였다.

이것은 초와 수는 천문 지리에 있어 같은 분야에 속하였으므로 양소를 그곳으로 옮김으로써 요사스런 기운을 제압하려는 뜻이 있었다.

이후로 양제는 내심 양소를 제거할 뜻을 품었다.

3월에 양제는 강도에서 장안으로 돌아올 때 육로를 택하고 타고 올 거여(車輿)를 깃털로써 장식하게 했다. 물론 각 주현에서는 새의 깃털을 모아 바쳤는데 백성들은 농사일도 접어두고 새털을 마련하기

---

125) 강소성 단양주(丹陽酒)의 전설

바빴다.

오정(烏程)이라는 마을에 백 척이 넘는 큰 나무가 있었는데 그 위에
는 학들이 살고 있었다. 사람들이 학을 잡기 위해 마침내 나무를 베기
로 했다.

학들은 나무가 베어지면 자기의 후손이 살지 못하게 되므로 스스로
깃털을 뽑아 아래로 던져 주었다. 간사한 신하들이 이 이야기를 듣고,

天子制羽儀　　천자제우의
鳥獸自獻羽毛　조수자헌우모

천자께서 깃털로 마차를 장식하니
미물인 조수조차 스스로 깃털을 바친다.
라고 하며 대단한 길조라고 크게 선전하였다.

어쨌든 양제의 우의를 만드는데 10만 명의 장인이 동원되었고 그 사
치스러움은 끝이 없었다. 양제의 어가는 20 리에 이르렀고 동경에는
1천승(千乘) 기(騎)의 군사가 호위했다.

양제의 일행이 장안에 도착하자 원덕태자[126) 양소(楊昭)가 와서 양
제를 배알하였다. 몇 개월 후 돌아갈 때가 되어 좀 더 머물도록 청하
였으나 양제가 윤허하지 않고 연회를 베풀어 환송했다.

이때 양제가 술잔을 두 개 주면서 태자와 양소에게 주라고 하였다.
태자가 그것을 마시고 3일 후에 독이 퍼져 2되나 하혈하고 죽었다.

126) 양제의 아들

사실은 양제가 양소(楊素)를 죽일 양으로 독주를 주었으나 궁인이 잘못 전달하여 태자가 죽게 된 것이었다. 태자가 죽기 전에 이것을 알고 탄식했다.

"내가 양소를 대신하여 죽을 줄이야 꿈에도 몰랐다. 이것은 모두 운명이다."

태자가 죽자 양제는 몇 차례 곡을 하고는 황궁으로 돌아가 춤추는 무희와 노래하는 기녀들과 더불어 먹고 마시기를 평상시처럼 하였다.

그렇지만 태자 양소의 모후인 소비는 식음을 전폐하며 울부짖으며 말했다.

"애비가 천륜을 어긴 것을 소가 대신 받았구나."[127]

이때 양소도 병이 들어 누웠는데 양제가 매번 궁의를 보내어 치료하고 약도 내려 주었다. 그러나 양소는 이미 자기가 죽을 것을 짐작하고 약을 먹지 않았으며 양약을 불러 말했다.

"더 이상 살다가는 오히려 치욕스런 죽음을 당할 뿐이다."

곡기를 끊고 죽었다는 말을 듣자 양제가 근신들에게 말하였다.

"그가 이제 죽지 않았다면 내 손에 죽었을 것이다."

하지만 겉으로는 양소를 태위공(太尉公)으로 봉하고 홍농(弘農) 등 10개 군의 태수(太守)를 추증하며 그의 장례를 성대하게 치러 주었다.

이때 거란은 부족을 통일하고 10부를 형성하여 그 세력이 매우 커졌다. 대업 5년에 영주(營州)를 침입했다. 양제가 크게 화를 내고 통사알자(通事謁者) 위운기(韋雲起)에게 조서를 내려 토벌하게 하였으나

---

127) 606년

오히려 패하고 돌아왔다.

이때 우문술이 말했다.

"거란은 바람이 세차고 풍토가 거칠어 대군을 출동시켜도 토벌에 성공하기 어렵습니다. 마침 계민이 거란의 옆에 있으니 어찌 그를 이용하지 않으시는 것입니까?"

양제가 계민에게 사람을 보내어 명을 내렸고, 계민은 기병 2만으로 출정하여 위운기와 합세했다. 그렇지만 거란도 사나운 유목민이어서 쉽게 정벌할 수 없었다.

계민의 수하 하나가 꾀를 내었다.

"거란은 고구려의 하수 세력에 불과합니다. 날랜 용사들을 뽑아서 고구려 상인으로 변장하여 침투시키면 어렵잖게 성공할 수가 있습니다."

거란추장 막하불이 온달에게 투항한 뒤 고구려 번국으로 있었으므로 고구려는 거란이 실질적으로 지배하는 유성(柳城) 지방을 마음대로 지나 돌궐과 대규모 교역을 할 수 있었다.

계민이 이를 이용하여 거란의 영(營)에서 50리 떨어진 곳에 이르자 정예 병사 오백 인을 고구려 상인으로 변장시킨 뒤 거란 부족 깊숙이 침투시켜 불을 질렀다.

뜻밖의 기습을 당한 거란 군사들이 혼란에 빠지자 계민이 돌격하여 10개 부락을 함몰하고 남녀 4만 구를 노획하는 성과를 올렸다.

변방의 위협을 모두 제거한 양제는 황제의 위엄을 높이기 위하여 내정에도 박차를 가하였다.

진사과(進仕科)를 실시하고 새로운 인재들을 고루 등용함으로써 구세력들을 견제하고, 율령 개정에 박차를 가하여 신율령(新律令)을 반포한 것도 바로 이 시기였다.

양제는 음악을 매우 좋아하였다. 그래서 천하의 악사들과 흩어진 음악을 모두 모으게 하였는데 이때 관청을 따로 두어 관장하게 하였다.

그런 중에도 대외적 팽창정책은 그치지 않았다. 먼저 609년에는 토욕혼을 쳐서 선두왕(仙頭王)을 굴복시키고 고창(高昌) 국왕(國王) 국백아(麴伯雅)와 이오(伊吾)의 토둔설(吐屯設)을 위협하여 입조하게 하였다.

또 철륵에서 반란이 일어나자 배구를 시켜 격파하고 양제가 친히 연지산(燕支山)에 이르러 서역의 조그만 27개국 국왕과 추장들을 모두 배견(拜見)하였다. 의기양양해진 양제는 자신의 위엄을 과시하기 위하여 천 명이 앉을 수 있는 거대한 휘장을 치고는 연회를 베풀었다.

수의 개국공신이자 진나라 정벌에 공을 세웠던 우경칙은 고경의 사건에 연루되어 관직에서 쫓겨난 후 양제가 등극한 후에도 한직에 머물렀는데 이때 어가를 배행하여 연회에 참석했다. 술이 거나하게 취하자 사람들 앞에서 불평을 늘어놓다가 문득 말했다.

"황제가 너무 사치스러워 백성들이 곤궁하다."

양제가 이 말을 전해 듣고 즉석에서 사형에 처하고는 좌우 신하들에게 명하였다.

"천하의 모든 나라가 입조를 하건만 고구려왕만이 홀로 거부하고 오히려 짐의 명을 어기기를 자주하니 반드시 주륙을 면치 못하리라."

측근인 우문술과 우중문 등에 명하여 고구려 원정을 준비하게 하였다.

이때 군제를 대대적으로 개편하여 군사력 증강에 온힘을 기울였다. 종전의 표기장군부(驃騎將軍府)를 응양부(鷹揚府)로 바꾸면서 표기장군을 응양낭장(鷹揚郎將)으로 거기장군(車騎將軍)을 응양부낭장(鷹揚府郎將)으로 개칭했다.

또한 전국의 응양부 병력을 좌익위(左翊衛)와 우익위(右翊衛), 좌효기위(左驍騎衛)와 우효기위(右驍騎衛), 좌무위(左武衛)와 우무위(右武衛), 좌둔위(左屯衛)와 우둔위(右屯衛), 좌어위(左禦衛)와 우어위(右禦衛), 좌후위(左候衛)와 우후위(右候衛) 등 12위(衛)에 분속시키고 각 위(衛)에는 대장군 1명과 장군 2명을 두었다.

그리고 12위의 소속병력인 부병 집단을 형성하는 각 지방의 응양부에는 기병을 관장하는 월기교위(越騎校尉) 2명과 보병을 지휘하는 보병교위(步兵校尉) 2명을 각각 배치하여 병종에 구분에 따른 고유 업무를 수행하게 하였다.

그리고 전쟁에 출전하는 지휘관은 행군원수로 칭하고 그 수효는 일정하지 않았지만 출전부대가 많을 때는 반드시 1인의 행군원수가 선임지휘관인 절도(節度)가 되어 다른 부대의 행군원수를 지휘하도록 했다.

각 행군원수의 휘하에는 수십 명의 행군총관을 임명하여 독립적인 단위부대를 지휘하도록 하였는데 행군총관은 보통 6천 명 정도의 군사를 거느렸다.

행군원수는 대개 30여명의 총관을 지휘하였고 그 휘하 병력은 총 18만 여명에 달했다.

행군총관의 휘하에는 하급부대인 단(團)이 있어, 단장(團長)이 이를 지휘하였으며, 단장 아래에는 10개의 대(隊)가 있어 10명의 대정(隊正)이 각각 1백 명의 군사를 지휘하였다.

한편, 전투부대의 주력인 기병(騎兵)과 보병(步兵)은 대개 그 구성

비율이 1 : 2로 편성되었다. 따라서 기병이 4개 단 40대 4천 명인 반면에, 보병은 그 배수에 해당하는 8개 단 80대 8천 명으로 통합하여 1군을 형성하고 있었다.

그러므로 행군총관이 지휘하는 6천 명의 군사도 기병 2개 단 20대 2천 명과 보병 4개 단 40대 4천 명으로 편성되어, 보 기병 협동작전의 조화를 이루어 전력을 극대화할 수 있었다.

이때 전국의 이름난 장인들을 모아 최신무기 제작에 힘을 기울였다. 이동식 지휘소인 소차(巢車)를 비롯하여 검차(檢車)와 편상거(偏箱車)를 비롯한 각종 공격무기와 철벽같은 고구려 성을 공략하기 위하여 수천 대의 운제(雲梯)를 만들고 성벽이나 성문을 불 지르고 공격하기 위한 화차(火車), 목만,(木慢), 당차(撞車), 충차(衝車), 삼단노(三段弩) 등도 만들었다.

종전의 발석차를 개량하여 사거리와 위력을 배가한 비루당(飛樓撞)을 만들었고 해자(垓字)를 넘기 위해 전호차(塡壕車)와 접첩교(接堞橋) 등 부교도 준비했다.

특히 고구려 성벽을 넘지 못할 때를 대비하여 수만 대의 두차(頭車)를 만들어 땅굴을 파고 공격할 수 있도록 했는데 이것은 대 실패로 돌아가고 말았다.

고구려 성은 대부분 높고 험준한 위치에 있는 산성일뿐더러 지형도 화강암으로 이루어져 있어 도저히 땅굴을 팔 수가 없었던 것이었다.

이렇게 각종 무기들을 완비한 양제는 칠월에 남녀 백만 명을 동원하여 천리장성을 축조하여 고구려 공략의 교두보로 삼았으며, 배구를 시켜 서역의 여러 성을 경략(經略)하는 등 외정사업을 벌여 고구려 정벌을 위한 후환을 미리 없앴다.

그리고 변방지역을 순수할 때 50만 병력과 치중행렬 1천여 리에 달하는 대규모 기동훈련을 실시하여 그 위세를 천하에 과시하였다.

고구려 정벌을 위한 마지막 작업은 영제거 개착이었다. 영제거의 최종 목적지인 탁군(涿郡)은 고구려 침공의 전진기지로써 매우 중요한 군사적 요충지였다.

따라서 통제거가 개통되어 강남의 물자를 황하까지 실어 나를 수 있게 되자 양제는 양자강에서 여항(餘杭)에 이르는 강남하(江南河)를 완성한 뒤 곧바로 하북(河北) 여러 군의 백성 100만 명을 동원하여 황하와 탁군을 연결하는 영제거를 착공하였던 것이었다.

영제거는 북쪽 심수(沁水)를 황하까지 끌어 합치고, 하남성(河南省) 무척현(武陟縣) 부근의 황하에서 갈라져 북동쪽으로 흐르다가 탁군에 이르는 것으로 길이가 2,000km에 이르는 대운하 공사로 이것은 주로 하북지구(河北地區)의 군사운수(軍事運輸)의 목적으로 한 것이었다.

그리고 민간인의 무기 제조나 휴대는 금하였으나 부대를 개편하여 관군의 전투능력을 극대화시켰으며 전국의 장인들을 모아 각종 신무기 제작에 열을 올렸다.

이듬해 토욕혼의 선두왕(仙頭王)이 변경을 침략하자 양제는 각종 부대와 신무기들을 대거 출동시켜 이를 정벌하고 취약점을 보강하였으며 각종 무기들을 시험하고 성능을 보강하였다.

또한 기병부대의 기습적인 공격을 저지할 수 있는 조립식 차단벽인 육합판성(六合板城)을 제작함으로써 고구려 원정을 위한 준비도 거의 마칠 수 있었다.

제 8 장

은원의 굴레

아막산성 전투에서 아들 귀산을 잃은 신라 장군 무은은 하루도 그 원한을 잊을 수 없었다. 절치부심하며 군사를 길러 백제의 동쪽 지방을 크게 쳤다.

무왕이 달솔(達率) 백기(苩奇)를 장수로 삼아서 무은의 군사를 막게 하였는데 공교롭게도 이때 고구려 군사들이 나타나 후미를 공격하였기 때문에 크게 패하고 말았다.

백기가 돌아와 변명하며 말했다.

"고구려군이 갑자기 나타나는 바람에 이길 수가 없었습니다."

때리는 시어미보다 말리는 시누이가 더 미운 법이었다. 좌평 왕효린이 분개하여 말했다.

"고구려의 횡포를 더 이상 두고 볼 수는 없습니다."

군사를 내어 고구려를 응징할 것을 주장했지만 다른 여러 신하들이 반대했다.

"수나라도 이기지 못한 강대국입니다. 신라가 우리 변방을 노리고 있는 마당에 고구려마저 적으로 삼아서는 안 됩니다."

그렇지만 왕효린도 순순히 물러나지 않았다.

"고구려가 비록 강국이지마는 수의 대군을 이용한다면 우리는 큰 힘을 들이지 않고도 원수를 갚을 수 있을 것입니다."

"수와 고구려는 평화조약을 맺었다고 들었다. 그런데 무슨 재주로 수의 군사를 움직인단 말인가?"

"수의 황제가 바뀌었으니 고구려와의 화친도 끝난 것이나 다름없습니다. 신이 듣기로는 수황제로 등극한 진왕 양광은 잠저 시절부터 고구려를 원수처럼 여기고 있다고 합니다.

그래서 그가 황제가 된 후로 중국 대륙의 남북을 잇는 대 운하를 건설하고 강남의 양곡을 멀리 요동까지 나를 수 있게 한 것은 고구려 정벌을 위한 것이라는 소문도 무성합니다.

그렇기 때문에 우리가 사신을 보내어 군기를 청한다면 내심 기뻐할 것입니다. 그렇게 되면 두 대국이 서로 맞붙게 될 것이니 우리는 어부지리를 얻을 수 있을 것입니다."

잠자코 입을 다물고 있던 좌평 부여영(夫餘榮)이 왕효린의 말을 반박하고 나섰다.

"가까운 적을 물리치기 위해 멀리서 원병을 구해서는 안 됩니다. 하물며 외국의 힘을 믿고 전쟁을 벌이는 것은 참으로 어리석고 위험한 생각입니다.

돌이켜보면 위덕대왕 시절에 왕변나가 수에 사신으로 가서 청병한 적이 있었습니다. 그 일로 해서 고구려왕이 원한을 품게 되어 오늘의 이런 사태가 일어났는데 또 다시 그런 일이 되풀이 된다면 나중에는 나라의 사직을 걱정하지 않을 수 없습니다.

신은 병법은 잘 모르지마는 강한 나라와 대적하지 말라고 하였습니다. 고구려와는 사신을 교환하여 화친을 유지하는 한편 신라를 먼저 제압하여 나라의 힘을 키우는 일이 시급하다고 생각합니다."

조리 있는 말에 무왕은 부여영의 말에 동의하였다.

"경이야 말로 짐을 올바르게 인도하고 있다."

이렇게 말하고 왕효린을 물리쳤다.

이듬해 3월에 왕도(王都)[128]에 흙비가 와서 낮인데도 어두웠다. 4월에 이르러 크게 가뭄이 들고 기근이 심해졌는데 농기를 잃은 백성들은 굶주림에 지쳐 유랑하는 자가 많았다.

좋지 못한 변괴가 연이어 일어나자 왕은 전국에 명을 내려 음주와 가무를 금하게 하고 스스로 근신하는 한편 제단을 쌓고 기우제를 지내기도 하였지만 아무런 효험이 없었다.

일관이 점을 치고 왕에게 고했다.

"대낮에 흙비가 내리는 것은 천기가 순조롭지 못하고 오행의 흐름이 뒤섞인 것입니다. 이것은 윗사람이 바르지 못하고 아랫사람이 따르지 못함으로 일어나는 것으로써 이를 고치지 않으면 더 큰 재앙이 있을지 모릅니다."

예로부터 천기가 불순하거나 큰 재앙이 생기면 왕의 부덕함을 꾸짖는 하늘의 뜻이라고 생각했다. 그런데 더 큰 변란이 일어날 것이라는 말을 듣고 놀라지 않을 수 없었다.

"자세히 고하라."

왕의 옥음이 가볍게 떨리고 있었다. 그러자 일관이 차근차근 설명

---

128) 부여궁

했다.

"모든 일에는 항상 먼저 징조가 나타나기 마련입니다. 올해 들어서 이변이 잦은 것은 하늘이 계시를 내리심이 분명합니다. 신이 이를 이상히 여겨 서쪽 별자리를 살펴보니 열흘이 넘도록 삼태성(三台星) 주위가 붉게 빛나고 있었습니다. 이것은 장차 전란이 있을 조짐이니 대비하심이 좋을 것입니다."

항상 고구려를 응징하기를 원했던 왕효린이 나섰다.

"전에 백기 장군이 신라를 공격할 때 뜻하지 아니한 고구려 군의 출현으로 크게 패하고 말았습니다. 고구려는 믿지 못할 나라이므로 반드시 대책을 세워야 합니다."

한솔(扞率) 연문진(燕文進)도 거들고 나섰다.

"이번에 등극한 고구려왕은 성품이 포악하여 전쟁을 좋아하는 인물입니다. 등극하자마자 온달을 보내어 신라를 치게 했고 또 영주를 함락하여 수와도 돌이킬 수 없는 원한을 맺었습니다.

언제 우리에게 칼날을 돌릴지 모릅니다. 이에 대비하기 위해서는 수와 동맹을 맺는 것이 가장 시급한 일입니다."

일관의 말에 마음이 기울어진 무왕은 한솔(扞率) 연문진과 좌평(佐平) 왕효린의 의견을 받아들였다. 두 사람을 사신으로 삼아 수나라에 보내어 고했다.[129]

"고구려가 저의 힘을 믿고 자주 변방을 침략하니 백성들이 죽고 상하여 생업을 잇지 못하며, 유랑하는 자가 산천에 넘치며 국고마저 바닥이 나서 나라가 위태로우니 대국에 조공할 수도 없을 지경입니다.

---

129) 607년 삼국사기.

이제 황제의 위엄으로 저들을 벌하여 어려움에 처한 변방의 백성들을 살리신다면 저희들은 온 힘을 기울여 길을 안내하고 군량을 조달하여 도우겠습니다."

당시 수의 주위에 있던 모든 나라들은 수에 입조하거나 칭신하였는데 오로지 고구려만은 사신은커녕, 수의 팽창 정책에 대비하여 국경을 폐쇄하고 오히려 수의 사신이 동으로 가는 길까지 막았다.

천하의 황제를 자처하는 양제로서는 이러한 고구려가 눈엣가시 같은 존재였다. 마음속으로 고구려 정벌을 염두에 두고 영제거 공사를 독촉하고 있었는데 마침 백제에서 군사를 청한 것이었다. 그렇지만 양제는 그때까지 군비가 준비되지 않았기 때문에 고구려를 자극시킬 마음이 없었다.

별 관심이 없다는 듯 연문진 등에게 말했다.

"그대의 뜻은 짐이 이미 알고 있으니 따로 전갈을 보낼 때까지 기다리도록 하라."

백제 사신이 돌아가자 우문술이 물었다.

"어찌하여 백제 사신을 그냥 돌려보내시는 것입니까?"

"우리 군사들만 해도 백만이 넘는다. 조그만 백제 따위가 무슨 도움이 된다고 그들을 부리겠는가?"

"그렇지 않습니다. 백제나 신라는 전쟁이 끊이지 않기 때문에 군사들이 강한하고 용맹스럽습니다. 게다가 그들이 남쪽에서 고구려를 협공하고 폐하께서는 계민을 앞세우고 동으로 진군하신다면 이번에야말로 고구려 정벌을 성공할 수 있습니다."

이 말을 듣자 양제의 마음이 바뀌었다.

"짐의 귀가 밝아지는 것 같도다."

당시 동돌궐은 서돌궐의 압력과 내분을 견디지 못하고 그 칸인 계민은 의성공주와 결혼했기 때문에 수에 번국을 자처하고 있었다.

이듬해 정월[130] 양제는 수나라의 국력을 과시하기 위하여 수많은 비빈과 신하들과 함께 50만 군대와 군마 1만 필을 거느리고 만리장성 이북을 순행하였다.

이때 둘레가 십 리나 되는 조립식 성인 육합성(六合城)과 수천 명을 수용할 수 있는 거대한 이동식 궁전인 관풍행전(觀風行殿)을 만들어 사치를 다했다.

양제가 유림(榆林) 행궁(行宮)에 이르러 돌궐의 계민카한을 불러들였다. 이에 계민카한이 의성공주와 함께 양제를 알현하니 양제가 산악(散樂)을 연주하고 연회를 베풀었다.

양제는 다시 유림을 출발하여 계민카한의 장막(帳幕)에 행행(行幸)하자 계민이 소카한 수백 명을 이끌고 나아와 무릎을 꿇고 절을 하며 손수 술잔을 올려 축수했다.

중국은 역대로 북방 유목민족의 침입을 자주 받아 조공을 바치고 많은 치욕을 당했다. 특히 한고조가 처음에 흉노와 대항하다가 평성에서 포위를 받아 죽을 뻔하였으나 선우 묵특이 용서하고 형제의 의를 맺었다.

이에 고조는 장공주를 묵특에게 시집보내려 하자 여황후가 울면서 반대했다.

"하나 밖에 없는 딸을 만 리 밖에 떨어진 오랑캐의 땅으로 보낼 수

---

130) 607년 영양왕 18년

없습니다."

고조가 마음을 바꾸어 황족의 다른 여인을 맏딸로 입양하고 묵특에게 시집보냈다.

무제가 즉위한 후 그 원한을 잊지 않고 흉노를 토벌하려 했으나 실패하고 수많은 핍박을 받았으며, 원제 때에는 호한야 선우에게 왕소군을 보낸 일화는 세간에 널리 퍼졌다.

그런데 수 양제에 이르러 동돌궐의 카한인 계민의 술잔을 올리고 여러 소카한들이 무릎을 꿇자 감개가 무량했던 것이었다.

양제가 기뻐하여 시를 읊었다.

呼韓頓至	호한돈지
屠耆接踵來	도기접종래
何如漢天子	하여한천자
空上單于臺	공상단우대

호한야 선우[131]가 머리를 숙여 오고
도기[132]도 발굽을 잇대어 속속 귀순한다.
중국 천자의 위엄이 어떠한가.
이제야 선우대에 올랐구나.

그런데 당시 계민의 영지에는 뜻밖에도 고구려 사자도 와 있었다.

---

131) 흉노의 우두머리 카한을 말함.
132) 흉노말로 현명하다는 뜻으로 좌현왕과 우현왕을 말함.

계민이 숨기지 못하고 아뢰자 같이 따라갔던 황문시랑(黃門侍郞) 배구가 말했다.

"고구려는 본시 기자(箕子)의 영지로 한(漢)과 진(晉) 시대에는 중국 군현이었는데 지금 복속치 않고 따로 이역(異域)이 되었습니다. 선제께서 이를 차지하지 못함은 수치로 여겨, 이를 토벌하려 하였으나, 양량(楊諒)이 재능이 없어 성공하지 못했으니, 폐하가 어찌 이를 쉬 잊을 수가 있겠습니까.

지금 폐하께서 천하에 군림하고 계시니 아직도 그곳을 오랑캐 땅으로 내버려 두겠습니까. 마침 그 사자가 계민이 나라를 들어 복속함을 보았으니 폐하의 위엄을 두려워 할 것입니다. 그를 위협하여 왕을 입조케 함이 좋겠습니다."

양제가 고구려 사신을 부르게 하였다.

그렇지만 그것은 계민에게는 매우 난처한 일이었다. 당시 동돌궐은 국력이 약해져서 수와 고구려에 동시에 조공하여 두 나라 속국 노릇을 하였기 때문이었다.

계민으로서는 양제의 명을 감히 거역하기 어려웠으나 또한 고구려 사신도 오라 가라 할 수도 없는 처지였던 것이었다.

"신이 감히 황제의 명을 거역할 수 없으나 강대한 고구려가 항시 핍박하니 섬기지 않을 수 없습니다. 삼가 폐하께오서 친히 하명하심이 좋겠습니다."

양제가 불쾌한 빛을 띄웠다.

수가 건국한 이후로 고구려와는 변경의 충돌이 잦았으며 수의 사신을 감금하는가 하면 자주 기마병을 내어 변경을 약탈하고 여러 차례

간계를 부려 사설(邪說)을 지어내는 등 그 폐해가 막심했다.

문제 때 양량이 30만 대군으로 침공하였으나 대패하고 돌아온 이후로 수는 겉으로는 화평한 척하였으나 속으로는 앙앙불락하여 그 원한을 잊지 않고 있었다.

양제는 우홍(牛弘)을 불러 고구려 사자에게 다음과 같은 말을 전하게 하였다.

"계민은 성심으로 나라를 받들기 때문에 짐이 몸소 계민의 장막에 온 것이며 명년에는 응당 탁군으로 갈 것이다. 네가 돌아가는 날로 왕에게 전하라. 짐이 탁군으로 행차할 때 그대의 왕은 의구치 말고 내조하도록 하라.

그렇게 한다면 짐은 너의 왕을 위로하고 주기를 계민처럼 할 것이요, 만일 내조하지 않는다면 장차 계민의 군사를 거느리고 백제를 몰아 왕순(往巡) 하리라."

고구려 사자가 돌아와 양제의 말을 전하자 영양왕이 대노하였다. 변방의 성을 새로 쌓고 군량을 비축하며 각종 병장기를 제작하여 장차 일어날 수와의 전쟁에 대비하게 하는 한편 백제의 비겁함을 꾸짖어 군사를 일으켰다.

"간악한 백잔의 무리가 기어이 수를 충동질하여 우리 뒤를 노리니 용서할 수 없다. 짐이 그 왕의 죄를 벌하리라.[133]"

장군 고윤(高胤)으로 하여금 군사 오천을 주어 송산성(松山城)을 치게 하였다. 그러나 송산성의 저항이 만만하지 않아 이레가 지났으나 부상자만 속출할 뿐이었다. 그때 한 병사가 민간인 수십 명을 잡아 와

133) 607년 오월에 고구려가 백제를 공격함

서 말했다.

"이들은 우리 진영 근처를 돌아다니고 있었습니다. 틀림없이 이 중에는 첩자가 있을 것입니다."

나이 먹은 중늙은이가 땅에 엎드려 고했다.

"당치도 않는 말씀입니다. 저는 석두성에 사는 늙은이입니다. 아들 두 명은 저번 전쟁에 끌려가서 죽었고 이제 다시 난이 터지자 남은 가솔들을 데리고 피난을 나선 것뿐입니다."

자세히 살펴보니 모두 피골이 상접한 늙은이와 어린이, 여인네들뿐이었다. 끌고 온 군사들을 꾸짖고 시중드는 군사에게 명하여 옷가지와 먹을 것을 가져오게 하여 나누어주고 물었다.

"지금은 전쟁 중이라 위험한데 어찌 성을 버리고 유랑하고 있습니까?"

고윤이 따뜻하게 위로하고 달래자 백성들이 안심하고 술술 대답하기 시작했다.

"성 중의 백성과 군사들은 창칼이 없어 대나무와 돌멩이를 쪼개어 무기로 삼고 굶주림에 시달려 술지게미로도 연명하지 못하고 있는데 성주의 가솔들은 비단 옷감에 하인들까지도 술과 고기로 배를 채우고 먹다 남은 음식은 버릴 지경입니다.

게다가 이웃 송산성에서 전쟁이 난 줄 알고 민가의 곡식을 모조리 빼앗아 군량으로 삼고 또 어린 아이들까지 잡아다가 군졸로 삼아 방패막이로 앞세우니 모두가 기회가 나면 성을 빠져나와 달아나는 것입니다."

고윤이 그들을 위로하며 노잣돈을 나누어 주었다. 그리고 밤에 몰래 군사를 돌려 석두성(石頭城)을 포위했다. 처음에는 석두성주 치개(梔芥)가 성문을 굳게 잠그고 항전하였으나 평소 치개의 학정을 미워하던 백성이나 군사들은 힘써 싸우지 않았다.

하나 둘 탈출하기 시작하자 걷잡을 수 없었다. 치개는 도망자들을 잡아 장대 앞에 일렬로 세워놓고 목을 베게 하였는데 갑자기 한 군관이 튀어나와 소리쳤다.

"잠시 칼을 멈추시오. 저들을 죽여서는 안 됩니다."

뜻밖의 훼방꾼이 나타나자 치개가 눈을 부릅뜨고 소리쳤다.

"저놈도 한 패다. 당장 잡아 들여라."

그러자 다른 쪽에서도 군관 하나가 칼을 뽑아들고 앞으로 달려 나오면서 소리쳤다.

"성주란 자가 포악하여 군민의 마음이 떠났거늘 애꿎은 군사들만 핍박하려 하는가?"

삽시간에 분위기가 돌변하여 반란이 일어날 지경이었다. 치개가 겁을 먹고 스스로 성문을 열고 고윤에게 달아나 말했다.

"소장은 일찌기 투항하려 하였으나 군사들이 말을 듣지 않았습니다. 군사를 빌려주신다면 앞장서서 저들을 토벌하겠습니다."

하지만 고윤은 치개의 말을 믿지 않고 도리어 꽁꽁 묶어 성으로 돌려보냈다. 노한 백제 군사들과 백성들은 몽둥이와 돌로 쳐 죽이고 성을 들어 투항해 오자 고윤은 피 한 방울 흘리지 않고 성을 점령하였다.

한편 백제의 동쪽 변방에 머무르고 있던 신라 장수 무은은 고구려가 백제의 송산성을 공격한다는 소식을 들었다. 기뻐하며 부하 장수들을 불러놓고 말했다.

"백제의 군사들은 온통 송산성에 쏠려 있다. 지금이야말로 우리가 군사를 움직일 때다."

밤낮으로 군사를 행진하여 백제의 동쪽 6촌락을 공격하고 2백리를 빼앗았다. 나중에 이를 알게 된 무왕이 만조백관을 모아놓고 소리 높여 꾸짖었다.

"그대들은 모두 허수아비들이란 말이냐? 아니면 아직도 과인을 기만하려 하는 것인가?"

부여영이 눈물을 흘리며 아뢰었다.

"입술을 잃으면 이빨이 시린 법입니다. 고구려는 우리에게 입술과 같은 지라 그들이 수에 망한다면 우리도 위험에 처하게 됩니다. 신이 전일에 고구려와는 화친하고 신라를 견제해야 한다고 주장한 것은 이런 이유 때문이었던 것입니다. 지금이라도 늦지 않으니 고구려와 화친해야 합니다."

분노에 휩싸인 무왕의 귀에는 부여영의 간하는 소리가 들릴 리가 없었다.

"나라가 절단이 나고 있는데도 고작 한다는 소리가 우리를 침공한 적과 화친하자는 소리뿐인가?"

왕효린이 간했다.

"수나라가 천하를 통일하자 조공을 바치지 않는 나라가 없습니다. 그렇지만 고구려가 홀로 대항하고 있으니 두 나라는 전쟁을 피할 수 없을 것입니다.

우리가 이 두 나라 중 한 나라와 동맹을 맺는다면 다른 한 나라와

는 원한을 맺게 될 것이 분명한데 섣불리 고구려와 화친한다면 수와
는 원수가 될 것입니다. 성급하게 결정을 내리기 보다는 모름지기 사
태의 추이를 지켜보면서 그때마다 상황에 맞추어 따르는 것이 옳다고
생각합니다."

　무왕이 왕효린의 청을 받아들이자 백제와 고구려는 화해가 깨어지
고 또 신라와도 적대관계가 되어 삼국은 전쟁의 소용돌이 속에 휘말
리게 되었다.

　무은이 승리하고 서라벌로 돌아오자 신라 진평왕은 좋은 칼을 하사
하고 벼슬도 이찬으로 승진시켰다. 그러나 기쁨도 잠시였다. 석두성
을 함락한 고윤이 이번에는 신라를 공격하여 북쪽 변방 일 백리를 빼
앗아 버렸던 것이다.

　건품이 군사를 이끌고 나아가 탈환을 시도하였으나 수천 명의 군사
들만 잃고 쫓겨 오고 말았다.

　마침 그때 수에 갔던 원광법사가 서라벌로 돌아왔다.

　원광법사는 본래 진한(辰韓) 사람으로 속세의 성은 박(朴)씨였다.
진지왕 3년 25세에 배를 타고 금릉(金陵)에 갔다. 거기서 장엄사(莊嚴
寺) 민공(旻公)의 제자에게 열반경(涅槃經)과 성실론(成實論)을 배우
고 진왕(陳王)[134]에게 글을 올려 도법(道法)에 돌아갈 것을 청하였다.

　진왕이 칙명을 내려 허락하자 처음으로 중이 되어 구계(具戒)를 받
았다. 그 후 이름난 강석(講席)을 찾아 삼장(三藏) 석론(釋論)을 두루
깨달아 그의 명성이 높아졌다.

　그렇게 되자 진나라는 물론이고 멀리 수(隋)와 양(梁)에서도 그의

---

134) 선제를 말함.

전교(傳教)를 듣고자 바랑을 메고 가시덤불을 헤치고 찾아오는 자가 끝이 없었다.

훗날 수의 양광이 행군원수가 되어 양도(揚都)[135]에 쳐 들어오자 원광이 미처 피하지 못하고 난병에 붙잡혔다. 바야흐로 수군이 그를 죽이려고 하는 차에 홀연 양광의 눈에 절의 탑이 불타고 있었다.

양광이 뛰어가 구하려고 하자 불타던 탑은 사라지고 오직 한 중이 꿇어 앉아 있을 뿐이었다. 양광은 그가 예사로운 인물이 아닌 줄 알았다. 함께 데려와 수에서 전교(傳教)를 계속하게 하였는데 소승불교와 대승불교의 경전을 두루 익혀 뛰어난 명성이 사방에 널리 퍼졌다.

그 뒤 양광이 황제가 된 후로도 총애가 지극했는데 원광이 나이가 많아 고국으로 돌아가려 하자 많은 선물과 하인을 딸려 보내어 그 행차가 왕과 같았다.

진평왕이 친히 면대하여 공경하기를 성인과 같이 우러렀다. 이후로 전표계서(牋表啓書)[136]와 오고가는 국서(國書)가 모두 그의 흉금으로부터 나오는 것이 많았다.

하루는 왕이 간곡히 당부하였다.

"고구려가 남진책을 계속하고 백제 또한 우리의 변방을 끊임없이 괴롭혀서 백성들이 편안하게 살 수가 없습니다. 바다 건너 황제께 고하여 의지할 수밖에 없으니 수고로우시더라도 대사께서 글을 올려 군사를 청해 주십시오."

수에 보낼 걸사표(乞師表)를 짓게 하자 원광이 두 번이나 사양하여

---

135) 진의 수도 건강
136) 중국 황제께 올리는 글

물러났다. 왕이 세 번째 사람을 보내어 청을 하자 원광이 마지못하여 승낙하였다.

"자기가 살려고 남을 멸하는 것은 승려가 할 바가 아니로되 빈도가 대왕의 나라에 있어 대왕의 수초를 먹으면서 어찌 감히 명령을 좇지 아니하오리까."

재배하고 물러나 글을 지어 바쳤다.

"바다 건너 멀리 떨어진 변방의 번신이 황제께 간청을 올립니다. 고구려가 제 힘만 믿고 자주 변방을 괴롭혀 노략질을 일삼아 백성들은 농토를 버리고 산야를 유랑하며 천지에 원망하는 소리가 가득합니다.

게다가 대국으로 가는 길목인 북한산성마저 빼앗겨 사신을 보내는 길을 잃었습니다. 이제는 더 이상 천자의 은택을 받들 수 없으니 이 어찌 통한하지 않겠습니까.

모름지기 고구려를 주벌하시어 천자의 위엄을 떨치시고 사해 만민을 구원해 주시기를 바랍니다."

당시 수에서는 영제거도 완공되었다.

양제는 고구려 침략을 위한 마지막 준비를 하고 있었는데 때마침 신라에서 걸사표를 보내오자 고구려와 전쟁을 공표하였다.

전국에 명을 내려 군마를 모으게 하였는데 말이란 말은 모조리 사들이게 하였기 때문에 말 한 필 값이 10만 전이나 올랐다고 한다.

또한 모든 장인(匠人)들에게 병기와 의장 등을 만들어 바치게 하고 검사관으로 하여금 이를 검사하게 하여 질이 나쁜 것을 바친 자는 목 베어 죽였다.

고구려 원정을 위한 준비가 막바지에 이를 무렵이었다. 돌궐에서 사자가 와서 급보를 알렸다.

"계민카한께서 병이 중하여 매우 위독합니다."

고구려와 전쟁을 반대하고 있던 대장군 왕웅이 머리를 조아리며 간했다.

"고구려는 용맹하고 전쟁에 능하여 참으로 어려운 상대입니다. 이를 위해서는 돌궐을 앞세우고 신라와 백제로 하여금 뒤를 치게 한 뒤 공격해야 합니다. 그런데 이제 계민의 병이 깊어 군사를 빌릴 수 없으니 지금은 전쟁을 일으킬 때가 아닙니다."

평소 같았으면 왕웅의 목은 날아갔을 것이지만 당시 양제도 마음이 흔들렸기 때문에 불편한 낯으로 꾸짖기만 했다. 그날 밤 바람이 몹시 불고 날이 문득 흐리었는데 갑자기 비바람이 불고 뇌성벽력이 치면서 궁궐의 북쪽 누각이 부서졌다.

양제는 잠저시절부터 소길 등 술사들을 가까이하면서 풍수와 미신을 숭상했다. 불길한 생각이 들어 전쟁을 포기하고 신라의 사자를 타일러 돌려보냈다.

하지만 수나라 조정에는 고구려 첩자들도 있었다. 신라에서 걸사표를 청한 사실을 보고하자 영양왕이 크게 노했다.

"신라는 은혜를 원수로 갚는 배은망덕한 나라이다. 옛날 저들이 위급할 때 군사를 내어 도와주었는데[137] 지금은 이종(異種)인 중국에 붙어 아국의 뒤를 치고자 온갖 수단을 가리지 아니한다. 반드시 징벌하여 본보기를 보여야 한다."

조서를 내려 원정군을 일으켰다.

---

137) 광개토대왕이 신라를 도와 왜구를 격퇴시킨 일을 말함.

그해 2월에 고운이 대장이 되어 말갈 군사 이천 명을 앞세우고 신라의 북경(北境)을 쳐서 남녀 8천명을 사로잡았다.

고운의 부장 하진(河畛)이 말했다.

"우명산성은 공수의 요충지입니다. 그곳을 점령해두면 크게 유용할 것입니다."

하진이 오천 군사를 이끌고 우명산성으로 진격하였다.

진평왕은 건품에게 대장군을 삼으려 하였지만 건품은 전에 고운이 거느린 고구려 군과 싸울 적에 입은 부상이 회복되지 않아서 출전할 수가 없었다.

아막산성 전투와 북한산성 전투에 참가하여 혁혁한 전공을 올린 무리굴을 대장으로 추천하였다. 그렇지만 무리굴은 항상 부장(副將)으로만 출전하여 주장(主將)으로 직접 군사를 지휘한 적이 없었다.

별다른 대안이 없는 진평왕으로서는 무리굴을 대장으로 삼을 수밖에 없었다. 그러나 걱정이 되는 것은 어쩔 수 없었다. 아찬 김적(金積)을 부장으로 딸려 보내면서, 단단히 다짐을 두었다

"무슨 희생을 치르더라도 우명산성은 사수해야 한다."

무리굴도 이러한 왕의 뜻을 알았기 때문에 오히려 투지가 더욱 타올랐다.

"이제야 말로 나의 진짜 실력을 보여줄 때다."

3만 대군을 재촉하여 밤낮으로 행군하여 달려 나아가 오시가 훌쩍 지나서 우명산성 30리 밖에서 하진의 군사와 만났다.

놀란 것은 하진의 군사 쪽이었다. 다섯 배가 넘는 신라의 대군을 만나게 되자 고구려 군사들은 사기가 떨어졌던 것이었다.

하진은 노련한 장수였다. 조금도 당황하는 기색이 없이 군사들을 격려했다.

"고윤 장군께 원병을 청했으니 금방 도착할 것이다. 그때까지만 버티면 우리가 승리할 수 있다."

이렇게 거짓으로 둘러대고 스스로 앞장서서 무리굴의 군사를 향해 돌진했다.

무리굴은 하진의 군사가 예상 외로 많지 않음을 보고 얕보는 마음이 생겼다.

"저 정도의 병력이라면 일시에 밀어붙여 단숨에 승패를 결정내면 된다."

3만 대군을 삼 면으로 나누어 놓고 총공격을 감행하려하자 우군 별장 창리(彰利)가 조심스레 간했다.

"적진을 살펴보니 선봉부대가 화살촉과 같은 모양으로 전진 배치되어 있습니다. 이것은 봉시진(鋒矢陣)의 형태로 결전을 다투려는 것입니다. 섣불리 공격하기보다는 적의 움직임을 보아가면서 그때그때마다 공수의 변화를 바꾸어가며 상대하는 것이 좋습니다."

창리는 오두품 출신이었기 때문에 벼슬은 대나마(大奈麻)에 불과했다. 그러나 용맹과 지략이 뛰어나고 군사들의 신망을 크게 얻었으므로 우군 별장으로 중요한 직책을 맡고 있었다.

봉시진이란 보통 우군의 세력이 강할 때, 돌격하기 위하여 펼치는 진법이기 때문에 창리는 고구려 군이 적은 군사로 봉시진을 펼치는 것에는 속임수가 있다고 생각했던 것이었다.

부장인 김적도 창리의 말에 동의했다.

"나마의 말이 옳습니다. 싸움은 이기는 것보다 지지 않는 것이 더 중요합니다."

두 장수가 함께 공격을 꺼리자 무리굴도 갑자기 자신이 없어졌다. 별로 내키지 않았지만 수비를 강화하여 전군을 6군으로 나누어 안행진(雁行陣)으로 대응했다.

그리고 전면에는 별군을 두어 큰 방패부대와 궁수들을 배치하고 또 기병과 전차병을 좌우로 두어 적의 공격방향에 따라 대처하게 하였다.

양쪽 진영에서는 잠시 긴장이 감돌았는데 창리의 예측대로 고구려 진영에서 먼저 북과 피리소리가 울렸다.

"와, 와!"

검은 깃발들이 물결을 이루며 한 무리 붉은 갑옷을 입은 철갑기병들이 광야를 메우며 내달았다.

그렇지만 언덕 아래에 배치되어 있던 신라 궁수들이 기다렸다는 듯이 화살을 퍼붓자 주춤거리고 물러났다. 무리굴은 기회를 놓치지 않았다. 황색 깃발을 흔들어 좌우에 포진하고 있던 전차병과 기병을 내어 돌격하자 고구려 군사들은 달아나버렸다.

무리굴은 으쓱해져서 신이 났다.

"보라. 내 판단이 옳았지 않은가."

이렇게 큰소리쳤다.

창리와 같은 오두품 출신인 대나마(大奈麻) 다물(鰭勿)에게 군사 오백을 주어 지름길로 달려가서 적의 퇴로를 끊게 하고 스스로 정병 삼천을 이끌고 고구려군의 후미에 바짝 따라 붙었다.

후퇴하던 하진은 방진(方陣)으로 진형을 바꾸고 때로는 후퇴하고 때로는 공격을 거듭하면서 질서정연하게 물러나자 오히려 신라군의 피해가 속출했다.

창리가 간했다.

"추격이 너무 깊습니다. 지금쯤은 군사를 물려야 합니다."

무리굴은 처음부터 세찬 기세로 공격하지 않은 일을 후회하고 있었기 때문의 그의 말을 들을 리 없었다.

"쓸데없는 소리 말라. 괜히 시간만 낭비했다."

창리의 말을 한마디로 잘라 무시해 버리고 10여리를 더 추격했다.

무리굴의 군사들이 들판을 가로질러 계곡 가까이 다다랐을 때였다. 달아나던 하진이 문득 발길을 멈추고 북을 치고 피리를 불면서 붉은 깃발을 흔들었다.

이에 고구려 군사들은 약속이나 한 듯이 일제히 방향을 바꾸어 반격을 개시했다. 하진은 보석처럼 빛나는 검은 말을 타고 긴 창을 휘두르며 돌진하여 무리굴의 부장 김적을 베고 뒤따르던 신라 장수 두 명을 차례로 죽였다.

전세는 완전히 뒤바뀌었고 역습에 놀란 신라 군사들을 우왕좌왕 흩어졌다. 별군을 이끌던 다물도 난군에 휘말려 악전고투로 버티면서 고구려 군의 진격을 저지하고 있었다.

언덕 위에서 전황을 지켜보던 무리굴은 승부수를 띄웠다. 군사를 둘로 나누어 좌우로 크게 공격하였으나 양군은 진퇴를 거듭하며 승부가 나지 않았다.

유시가 지나 황혼이 물들 무렵이었다.

신라군의 후미에서 일성포향이 울리면서 커다란 함성이 울렸다. 왼쪽으로 뻗친 조그만 물줄기를 따라 검은 깃발을 든 기병부대가 신라군의 좌익을 뚫고 짓쳐오고 있었다.

고윤이 이끄는 고구려 군이 정말로 구원하러 온 것이었다. 무리굴이 크게 당황하였다.

"부장군은 빨리 좌군을 구원하라."

김적을 찾자 곁에 있던 군사가 대답했다.

"부장군께서는 이미 전사하셨습니다."

무리굴은 정신이 아득하였다. 징을 쳐서 퇴각을 명하고 호위 군사들을 이끌고 산 아래로 달아나는데 갈림길을 만났다. 무리굴이 왼쪽으로 난 좁은 길로 달아나려 하자 창리가 말했다.

"이 길은 좁고 험하여 적이 매복하기 좋은 곳입니다."

그렇지만 무리굴은 좁은 길로 달아나 숨기를 원했다. 창리의 말을 무시하고 곧장 달려 백 마장 정도 갔을 때였다. 일성포향이 일어나면서 한 무리 군사들이 산비탈 아래로 쏟아져 나와 길을 막았다.

"쳐라! 모조리 죽여라."

고함을 지르며 쫓아오자 무리굴은 깜짝 놀랐다. 말머리를 되돌려서 오던 길로 달아나기 시작했는데 얼마 가지 못해서 또 한 무리 군사들이 그의 앞을 막았다.

"적장은 들어라. 내 여기서 오랫동안 너를 기다렸노라."

하진이 큰 창을 빗기 차고 수많은 군사들 사이를 헤치고 앞으로 나왔다. 진퇴양난에 빠진 무리굴이 당황하여 어쩔 줄 몰라 하다가 군사들을 향해 소리쳤다.

"두려워 할 것 없다. 앞을 가로막는 자는 무조건 죽여라."

장검을 휘두르며 분기탱천하여 달려 나가려 하자 곁에 있던 창리가 막았다.

"장군의 위엄은 태산과 같아서 함부로 움직여서는 안 됩니다. 저 자는 소장이 맡을 테니 그 사이에 포위를 뚫고 나가 후일을 도모하십시오."

창을 꼿꼿이 세우고 하진을 향해 달려 나갔다. 양군은 다시 치열한 접전을 벌였는데 무리굴은 그 틈을 타 포위망을 뚫고 달아날 수 있었다. 그렇지만 대부분의 군사들은 전사해버리고 살아남은 군사들이라곤 백여 명도 되지 못했다.

캄캄한 밤이 되어서야 지친 몸을 이끌고 우명산성에 도착했는데 그곳에는 부상당한 다물이 먼저 와 있었다.

무리굴이 대노하였다.

"장수가 되어 도망만 치다니 하늘이 부끄럽지 않은가?"

좌우에 명하여 다물을 끌어내어 처형하려 하는데 때마침 창리가 막 돌아와서 간했다.

"적의 공격이 급한데 우리 장수를 죽여서는 안 됩니다. 노여움을 거두십시오."

창리는 위급할 때 자신의 목숨을 구해준 은인이어서 그의 말을 무시할 수 없었다. 무리굴이 노여운 빛을 감추지 않고 다물을 노려보면서 말했다.

"별장이 말리지 않았다면 네 목은 땅에 떨어졌을 것이다."

칼집에 칼을 도로 넣고 홱 돌아서 나가 버렸다. 다물도 분을 참지 못하고 씩씩거리며 말했다.

"허 참. 뭐 묻은 개가 겨 묻은 개 나무란다더니 자기도 부하들을 버리고 도망친 주제에 누가 누구를 나무란단 말인가?"

"참게. 지금은 누구의 잘잘못을 따질 때가 아니지 않은가."

창리가 이렇게 타일렀지만 다물의 마음속에 맺힌 앙금은 더욱 깊어지기만 했다.

한편 성을 포위한 고윤은 서두르지 않았다. 세 대의 포차를 앞세워 밤낮으로 성벽을 두들겨 산성의 동쪽 성벽이 무너뜨린 후 힘센 도부수들을 앞세워 총공격을 감행했다.

날이 갈수록 신라 군사들의 희생은 말할 수 없이 늘어났다. 무리굴은 여러 개의 목책을 겹겹으로 세우고 죽기 살기로 저항하였으나 성 안의 상황은 점점 어려워지고 있었다. 무엇보다도 화살이 거의 다 떨어지고 창 자루와 칼도 부러져 싸우고자 해도 싸울 수도 없는 형편이었다.

그때 고윤이 투항하는 화살을 쏘아 보냈다.

"우리 대왕께서는 인을 사랑하시어 투항하는 자는 모두 용서하라 명하셨다. 너희들은 본래 어진 백성들로 나라의 부름을 받아 전쟁에 끌려왔을 뿐이니 무슨 죄가 있겠는가.

만약 항복한다면 목숨을 보전함은 물론이요 모두 양신(良臣)으로 삼아 그 직위에 따라 벼슬과 땅을 내릴 것이다. 하나 만약 끝까지 버티려 한다면 한 사람도 살아남지 못할 것이다. 목숨이란 귀중한 것이니 부디 잘 생각하라."

무리굴이 서신을 찢어버리고 단호하게 말했다.

"내 눈에 흙이 들어가기 전에는 항복이란 없다."

그러나 군사들의 마음은 크게 동요하고 있었다. 그날 밤 창리가 늦도록 순찰을 마친 후 잠을 이루지 못했는데 마침 다물이 건장한 군사 두 명을 대동하고 찾아왔다.

"밤이 늦은데 갑자기 무슨 일인가?"

심상치 않은 분위기에 창리가 약간 긴장했다. 어색한 분위기가 잠시 흘렀는데 다물이 입을 열었다.

"그대는 우리가 얼마나 버틸 수 있다고 생각하는가?"

무리굴에게 크게 혼난 다물은 앙심을 품고 항복할 마음을 가졌던 것이었다. 창리가 그 눈치를 알아채었다. 그 역시 무리굴의 무리한 작전에 불만이 없지 않았으나 투항은 생각해 본 적이 없었다. 잠시 머뭇거리다가 말했다.

"아무리 그렇다고 해도 투항할 수는 없지 않은가?"

"우리야 장수된 도리로 죽음도 불사한다고 하지만 억지로 전쟁에 끌려나온 저 군사들은 불쌍하지도 않은가."

"………"

창리가 미처 대답하지 못하자 다물이 다그치듯 말을 이었다.

"우리는 군사도 적고 부상병이 많아서 결국에는 모두 죽게 될 것은 불 보듯 뻔한 이치다. 죽을 줄 알면서도 끝까지 싸우는 것은 어리석은 일이 아닌가? 차라리 투항하여 많은 목숨을 구하는 것이 옳다고 생각한다."

말이야 그랬지만 기실은 위협에 가까웠다. 좌우에 서 있는 군사들의 눈에는 매서운 살기가 흐르고 있었다.

창리가 어쩌지 못하고 슬쩍 말을 돌렸다.

"그런 문제는 우리가 결정할 문제가 아니지 않는가. 대장군께서는 완강하게 싸우기를 원하고 계시니... ."

"대장군이란 자는 자신의 명예와 이익을 위해서라면 모든 군사들이 다 죽더라도 눈썹 하나 까딱하지 않을 위인이다. 그런 자와는 함께 일을 도모할 수 없다. 나는 이미 결심하였으니 그대는 이제 자신의 일을 알아서 결정하라."

다물의 오른 손은 어느새 검 위에 놓여 있었다.

양쪽 눈썹이 가늘게 떨리면서 금방이라도 칼을 빼어들고 나설 기세였다. 창리가 침을 꿀꺽 삼키고는 마지못해 찬성했다.

"좋다. 그대의 뜻에 따르겠다."

창리의 투항약속을 받아낸 다물은 검에 손을 놓으며 군막 밖에 배치해 두었던 자기의 군사들에게 연락하여 서쪽 망루에 백기를 올리고 성문을 열어젖혔다.

그 시각 허물어진 동쪽 성벽 쪽을 순시하고 있던 무리굴은 서쪽 성 안에 불길이 치솟자 깜짝 놀랐다. 수하 장수 몇 몇만 거느리고 황급히 달려갔으나 수많은 고구려 군사들에게 포위당하고 말았다.

앞에 있는 길잡이가 무리굴을 가리키며 고윤에게 고했다.

"저 자가 바로 무리굴입니다."

귀에 익은 목소리는 다물이 틀림없었다. 무리굴은 안색이 변하여 말을 잇지 못했다.

"다물, 네놈이 어찌...."

다물이 빈정대듯 말했다.

"수많은 부하들을 파리 목숨으로 취급하여 죽여 놓고 누굴 비난한단 말이냐?"

좌우에는 횃불이 대낮같이 활활 타오르고 있었다. 불빛에 비친 무리굴의 얼굴은 벌겋게 타올랐다.

"이 더러운 역적 놈. 네놈이 정녕...... ."

분기를 참지 못하고 칼을 번쩍 빼었지만 곁에 있던 군사 하나가 창을 던져 가슴을 꿰뚫었다.

"헉!"

붉은 피를 분수처럼 쏟아내며 무리굴이 땅바닥에 쓰러지자 다물의 뒤에 있던 창리가 달려 나와 부축하면서 일으켰다.

"장군!"

무리굴의 동공이 더 커졌다.

"그대마저도 적과 내통했다는 말인가?"

창리가 말을 못하고 고개를 떨어뜨렸다. 그때 다물이 칼을 번쩍 들어 무리굴을 내리쳤다. 뜨겁게 솟아나는 붉은 피는 창리의 앞가슴을 흥건히 적셔 내리고 있었다. 창리가 얼굴빛이 새파랗게 변하여 소리쳤다.

"천벌을 받을 놈! 어떻게 대장군을 죽일 수가 있단 말인가?"

창리가 칼을 뽑아들었지만 다물이 먼저 창리를 베어 죽였다.

무리굴과 창리가 죽자 나머지 신라 군사들은 모조리 투항해버렸고 우명산성은 함락되고 말았다.

고윤의 승전보가 날아들자 대대로 강이식이 말했다.

"서라벌을 완전히 짓밟아버려야 합니다. 이대로 놓아둔다면 신라는 독사와 같은 머리를 치켜들고 반드시 수에 의지하여 오늘의 원한을 갚으려 할 것입니다."

그렇지만 영양왕은 신라를 멸할 마음은 없었다.

"예로부터 왕은 왕을 예로써 대하고 서로 벌하지 않는 법이라 하였다. 신라의 행위가 비록 괘씸하다 하여도 더 이상 문죄하지 않을 것이다."

조명을 내려 회군하게 하고 전쟁에 참여한 말갈족 전사들에게도 은사금을 후히 내렸다. 때마침 바다 건너 왜(倭)에서 사신이 와서 조공을 바치고 또 불법을 청하자 담징과 법징 두 사람을 보내어 그들을 교화하였다.[138]

---

138) 왜의 추고천황(推古天皇) 18년 3월 조(條)에 보면 상승(上僧) 담징(曇徵), 법징(法徵) 두 사람이 본국(倭國)에 왔는데 특히 담징은 오경(五經)을 해득하고 채색(彩色)과 지묵(紙墨) 기타 맷돌을 만들 줄 알았다. 오늘날 일본이 자랑하는 나라현(奈良縣)에 있는 호류사(法隆寺) 벽화는 바로 이 담징의 작품으로 전하고 있다.

제 9 장

제1차 여수전쟁

대업 원년의 일이었다.

해사(海師)[139] 하만(何蠻) 등이 매양 봄, 가을 두 계절에 동쪽으로 희미한 것을 바라보았는데 연기나 안개 같은 기운과 비슷하여 천리의 조짐을 알지 못했다. 나중에 이 사실을 양제에게 보고하였는데 양제가 호기심이 생겼다.

우기위(羽騎尉) 주관(朱寬)을 보내어 이를 알아보게 하자 하만이 함께 가기를 청하였다. 둘이서 군사 오백을 거느리고 유구국에 이르렀는데 벌레나 뱀 문신을 한 아름다운 여인들이 많았다. 주관은 호색하고 음탕한 자였다.

"마음껏 즐겨도 좋다."

군사들에게 노략질을 허락하고는 자신들도 여인들을 붙잡아 겁탈을 자행하였다. 나중에 이 사실을 알게 된 유구국의 가노양(可老羊)[140]이 군사를 내어 내쫓았다.

---

139) 해군사령관
140) 왕을 말함

주관은 쫓기면서도 어여쁜 여인 한 사람을 잡아다 바쳤는데 그녀는 방중술에 매우 뛰어났다.

양제가 크게 기뻐하였다.

"숱한 여인들을 거느려 보았건만 참으로 기이한 여자로다."

수많은 후궁을 젖혀두고 매일 밤 그녀의 처소에 들었다. 이듬해 정월, 다시 주관에게 명하여 유구를 칠 것을 명하였다.

그러나 한번 수군의 기습을 당한 유구의 가노양이 경계를 철저히 하고 있었다. 수군이 섬으로 상륙하자 숲으로 끌어들이고 사방에서 활을 쏘아 수백 명을 죽였다. 주관은 간신히 목숨을 구하여 포(布)로 만든 갑옷 한 벌만 가지고 왔을 뿐이었다.

그로부터 5년이 지난 대업 6년 왜왕 다리사비고(多利思比孤)가 사신을 보내어 국서를 보내왔다.

"태양이 뜨는 곳의 천자가 태양이 지는 곳의 천자에게 글을 보낸다.[141] 바다 서쪽의 보살인 천자가 불법을 크게 일으킨다고 하니 승려 수십 명을 보내어 불법을 전하기를 바란다."

양제가 그 글을 보고 불쾌하게 생각하자 홍로경(鴻露卿)[142]이 말했다.

"만이(蠻夷)[143]의 서(書)에는 예(禮)가 없는 것이 있습니다. 다시는 그들의 글을 받을 필요가 없습니다."

조청대부(朝請大夫) 장진주(張鎭州)가 물었다.

---

141) 일출천자치서일몰처천자(日出處天子致書日沒處天子), 北史列傳 倭國篇
142) 벼슬 이름으로 11시(侍)의 하나
143) 오랑캐란 뜻

"유구란 나라와는 어떻게 통할 수 있는가?"

왜국 사신이 대답하기를 '이사석국(夷邪夕國)의 사람을 길잡이로 쓴다면 능히 의사소통을 할 수 있습니다.'라고 하였다.

양제는 5년 전 주관이 잡아다 바친 유구 여인에 대하여 매우 만족하였으므로 다시 유구 여인을 붙잡아오기를 원했다. 무분랑장(武賁郎將) 진릉(陳稜)과 조청대부(朝請大夫) 장진주(張鎮州)에게 군사 삼천 명 주어 정벌하게 하였다.

진릉 등이 의안(義安)에서 배를 띄워 고화서(高華嶼)에 이르러 다시 동쪽으로 이틀을 가서 구벽서(鼂僻嶼)에 이르고 다음날 마침내 유구에 이르렀다.

그리고 조공과 여자 백 명을 바칠 것을 요구하자 유구의 왕 갈랄두(渴剌兜)가 크게 노하여 사자를 줄에 매달아 놓고 길이가 일척 정도가 되는 큰 힘줄 같은 쇠 송곳으로 정수를 뚫어 죽였다. 그리고 그 시신을 소왕(小王)들에게 나누어 주어 뜯어먹게 하고 그 해골을 왕이 있는 곳에 쌓아놓았다.

유구는 본시 전쟁에서 죽은 자를 거두어 모여서 먹고 왕이 거처하는 곳의 벽 아래 해골을 많이 모아두는 것을 좋아하는 풍습이 있어 그것은 당연한 처사였다.

사자의 졸개가 돌아와 이 사실을 보고하자 진릉이 노하여 큰 전쟁이 벌어졌다. 소왕(小王)과 조료수(鳥了帥)[144]들이 모두 힘을 합하여 싸웠으나 중과부적이라 당할 수 없었다.

---

144) 유구의 장수 직함

진릉이 갈랄두가 거처하는 파라단동(波羅檀洞)[145]을 불사르고 남녀 수천 명을 잡아 돌아왔다.

양제가 흡족하여 말했다.

"짐이 오늘에야 유구의 여인도 즐기게 되었다."

진릉과 장진주에게 벼슬을 한 단계씩 높이고 비단 백 필을 내려 공을 치하하였다.

이듬해인 대업 7년 정월 신라와 백제에서 다투어 사신을 보내어 고구려 정토(征討)의 군사를 청하였다.[146]

고구려는 양제에게 악몽과 같은 존재였다. 옛날 문제 시절에 연자유가 대흥성에 와서 오만방자하게 굴던 일들과 양량이 30만 대군을 잃고 물에 빠진 생쥐처럼 초라하게 돌아오던 모습이 어제 일처럼 생생하게 떠올랐다.

그러므로 양제는 등극하자마자 통제거와 영제거를 개착하여 군수물자 수송을 원활히 하도록 힘썼고 많은 군사들을 양성하였다. 하지만 가장 믿고 있던 계민이 죽자 돌궐군사들을 동원할 수 없게 되어 양제는 섣불리 군사를 일으킬 수 없었는데 마침 서돌궐의 소카한인 처라가한(處羅可汗)과 그의 장수 사대나(史大奈)가 자신의 부족을 이끌고 투항해 왔다.

이에 이르러 양제는 천하의 운세가 자기에게 돌아오고 있다고 믿었다.

---

145) 유구의 왕성을 말함

146) 611년에 진평왕이 수에 고구려 정토(征討)의 군사를 청하고 무왕이 국지모(國智牟)를 보내어 군기(軍期)를 청함(삼국사기 진평왕, 무왕조)

"이제야 나의 뜻을 펼칠 때가 되었다."

문제 시절에 시행하던 부병제를 모병제로 전환하여 군사 수를 획기적으로 늘리고 종래의 병제를 바꾸어 기병과 보병을 1 : 2의 비율로 늘림으로써 전력도 크게 증강하였다.

자신만만해진 양제는 고구려 정벌의 뜻을 굳히고 2월 3일 양자진(楊子津) 강가에 있는 조대(釣臺)에 올라 문무백관들을 모아 놓고 크게 연회를 벌인 후에 조서를 내렸다.

"짐이 등극한지 오래지 않아 멀리 서역을 아우르고 바다로는 유구를 치고 왜를 평정하여 능히 사해를 통일하였다. 주위의 모든 나라가 천계(天階)[147] 아래에 머리를 조아렸으나 오로지 고구려만이 궁벽(窮僻)진 제학(鯷壑)[148]에 웅크리고 서서 짐의 법을 따르지 아니하니 충성스런 백제와 신라가 이를 두려워하여 고구려 정토를 목 놓아 기다린다.

이를 내버려둔다면 마침내 법이 무너지고 신라와 백제마저 이반하여 큰 혼란이 생길 것이다. 하늘이 기회를 만들고 영웅은 그것을 이룬다고 한다.

마침 신라와 백제에서 다투어 사신을 보내어 스스로 향도가 되어 군사지원을 약속하고 돌궐도 짐이 명령만 내리면 곧바로 대군을 이끌고 달려올 것이니 이것은 진실로 하늘이 내신 기회라. 이제 군사를 크게 일으켜 이를 토벌하려고 한다."

대부분의 신하들이 아첨의 말을 올렸다. 약삭빠른 배구가 먼저 양제의 비위를 맞추어 말했다.

---

147) 황제가 앉는 의자 아래 놓인 계단
148) 고구려를 지칭하던 말.

"고구려는 각부의 귀족들이 군사를 차지하고 있어 나라의 힘이 흩어져 뭉치기 어렵습니다. 하지만 우리의 군사는 산을 옮기고, 물줄기도 바꿀 수 있으니 이에 비하면 모래와 같은 존재에 불과합니다."

우중문도 지지 않고 아첨을 더했다.

"고구려 정벌은 선제의 오랜 숙원이었습니다. 폐하께서 이루신다면 효를 이루시게 되는 것입니다."

그러나 고구려 정벌을 염려하는 사람도 많았다. 특히 왕웅(王雄)은 지난 날 창려 전쟁에서 온달에게 크게 패한 경험이 있어서 고구려 군의 막강한 전력을 알고 있었다.

"전쟁에는 막대한 비용과 엄청난 희생이 따르는 법이라 신중하지 않을 수 없습니다. 고구려는 나라가 오래되어 평양에는 태학(太學)을 세우고, 지방마다 경당(扃堂)을 세워 모든 사내가 어릴 적부터 기마와 궁술 등 각종 무예를 익혀 전 국민이 전사(戰士)라 할 만합니다.

또 산성을 높이 쌓아 포차와 충거로써도 쉽사리 함락할 수 없는데, 군량과 병장기를 충분히 비축하고 있어 작은 군사로도 능히 대군을 맞아 싸울 수 있습니다.

그래서 수많은 중원의 대군이 고구려를 공략하였지만 성공한 장수가 없었던 것입니다. 전일에 양량이 패전한 것도 결코 우연이 아닐 것입니다. 강한 적은 맞서 싸우기 보다는 오히려 좋은 말로 타일러 회유함이 옳을 것입니다."

그러나 일단 전쟁을 하기로 마음을 굳힌 양제에게는 충심어린 왕웅의 말은 오히려 비위에 거슬릴 뿐이었다.

"고구려가 강하다고 하나 진(陳)만큼 나라가 큰가, 돌궐(突厥)만큼 사납기가 한가, 그들도 짐이 한번 일군(一軍)을 내자 바람 앞에 눈발 흩어지듯 토멸되었다. 평양성이 비록 난공불락이라고 하나 짐이 이제 백만 대군을 이끌고 친히 공격할 것이니 그 운수도 다한 것이다. 반드시 그 왕을 사로잡아 지난날의 죄를 물을 것이다."

꾸짖어 물리치고 이렇게 교서를 내렸다.

"고구려가 전에 우리의 영주와 창려를 기습하여 천리에 이르는 땅을 빼앗아 갔다. 그리고 거란과 말갈을 복속시키고 또 왜와 연합하여 신라와 백제를 핍박하니 변방에 전쟁이 그치지 않는다. 더 이상 내 버려두게 되면 천하의 법이 서지 않을 것이다.

이제 영제거 공사도 마무리 되어 군사와 물자수송에도 염려가 없다. 전국에 좋은 병장기를 모으고 천하의 용사를 모은다면 반드시 정벌할 수 있을 것이다. 그대들은 짐의 뜻을 받들어 성심을 다하라."

이때에 이르러 반대하는 신하들이 없었다.

그 후 양제는 영제거의 상황을 둘러보기 위하여 직접 시찰에 나섰는데 선부(選部), 문하(門下), 내사(內史), 어사(御史) 4부의 관리들 중에서 3천 명을 선발하여 도보로 배를 따라 삼천리나 걷게 하였는데 가다가 배를 얻어 타지 못하자 모진 추위를 견디지 못하고 얼어 죽는 자가 삼백 명이 되었다.

2월 26일 양제는 조서를 내려 전쟁을 선포했다.

"무(武)에는 일곱 가지의 덕이 있는데 백성들을 안정시키는 것이 우선이고 정(正)에는 여섯 가지의 근본이 있는데 의를 가르침으로써 흥기시키는 것이다.

고구려의 고원(高元)[149]은 번국으로서의 예의를 어그러뜨렸기에 장차 요좌(遼左)에서 죄를 물어 무력을 널리 펴고자 한다. 비록 다른 나라를 정벌하는 것이기는 하지만, 인하여 사방을 순시하는 것이기도 하다. 이에 이제 탁군(琢郡)에 가서 백성들의 풍속을 순무할 것이다.

짐이 오랫동안 고구려를 정벌코자 하여 준비하였다. 이제 곧 군사를 일으키려 하니 각 주 태수들은 전국의 모든 군사를 모아 탁군에 집중케 하라. 그리고 유주총관 원홍사(元弘嗣)는 동래로 나아가 병선 삼백 척을 만들어 수전(水戰)에 준비하라."

4월에 탁군(琢郡)의 계성(薊城)이르러 승리를 기원하는 마조제(馬祖祭)를 지내고 임삭궁(臨朔宮)에 거처하면서 구품 이상의 문무백관의 집을 지어 편안하게 쉬게 하였다. 그리고 원근을 불문하고 천하의 병력을 징발하여 총집결을 명하였다.

양제의 명이 떨어지자 지방을 다스리는 관리들은 열다섯 살 이상의 남자들을 징집하였다. 양량의 전투 이후로 수나라 백성들은 고구려를 매우 두려워하였는데 모든 사내들을 강제로 징집해가자 백성들의 불만과 원성이 하늘을 찔렀다.

그래서 징병하는 관리가 마을로 들어서면 오히려 관리를 쳐 죽이고 모두 산으로 도망쳐 그길로 반군이나 산적의 무리에 합세하는 일이 비일비재하였다.

추평(鄒平) 지방의 평민이었던 왕박(王薄)이라는 자는 스스로 지세랑(知世郎)이라 칭했다. 그리고 자신은 천신의 계시를 받아 세상일을 모두 꿰뚫어 본다고 선전하였다.

---

149) 영양왕을 말함

장백산을 거점으로 무리를 모아 무향요동랑사가(無向遼東浪死歌)라
는 노래를 지어 퍼뜨리자 수많은 징병 기피자들이 구름처럼 모였다.

長白山前知世郎	장백산전지세랑
身穿紅羅錦背心	신천홍라금배심
長矛侵天半	장모침전반
輪刀耀日光	윤도요일광
上山吃獐鹿	상산흘장록
下山吃牛羊	하산흘우양
忽聞官軍至	홀문관군지
提刀向前衝	제도향전충
譬如遼東死	비여요동사
斬頭何所傷	참두하소상

장백산 앞에 사는 지세랑은

온몸에 붉은 비단을 두르고 있다.

긴 창은 하늘을 찌르며

둥근 창날은 햇빛에 빛난다.

산에 올라가서는 사슴과 노루를 잡아먹고

산을 내려와서는 소와 양을 잡아먹는다.

홀연 관군이 쳐들어 왔다는 말을 듣고

칼을 높이 들고 앞을 향해 돌진한다.

요동 땅에 끌려가서 개죽음 당할 것에 비한다면

여기서 머리 잘린들 무슨 두려움이 있겠는가.

  평원군(平原郡) 동쪽에 두자강은 지형이 험하여 북제 이후로 도적들이 많았다. 유패도(劉覇道)란 자는 두자강 옆에 살았는데 대대로 관리로 지냈으므로 재산도 많았다.

  그는 즐겨 호걸을 많이 사귀어 그의 집에는 식객이 많았다. 때마침 많은 도적들이 일어나자 원근 마을의 수많은 사람들이 모두 그에게 의탁하였다. 그는 십만이나 되는 무리를 모아 아구적(阿舅賊)이라 하였다.

  장남(漳南)의 두건덕(竇建德)도 젊었을 때부터 호기가 있었고 의리를 숭상하였다. 담력이 뛰어나고 무예가 출중하여 모든 사람들이 그에게 모였다.

  조정에서 고구려 정벌군을 모을 때 모두 그를 장군으로 추대하여 200명의 우두머리로 뽑았다. 같은 현에 사는 손안조 역시 용감하여 정벌군사로 뽑혔는데 마침 그의 집이 홍수에 잠겨 처자가 굶어 죽게 되었다.

  손안조가 사양하여 출정을 거부하자 현령은 그를 잡아들여 매질을 하였다. 손안조가 분격하여 몰래 칼을 품고 들어가 현령을 찔러 죽이고 두건덕의 집에 숨었다.

  이때 관군이 손안조를 잡기 위해 두건덕 집에 오자 두건덕이 손안조에게 말했다.

  "선제 때에는 나라도 부강하고 인구도 많았다. 그래서 여러 나라를 정복하고, 일백 만이나 되는 장정을 동원하여 고구려를 쳤던 것이다

[150). 서쪽 토욕혼으로 갔던 병사들은 대부분 죽었고, 고구려로 간 병사들은 돌아온 자가 거의 없다.

게다가 지금은 엄청난 수재를 당하여 백성들은 먹을 것이 없어 굶주리는 자가 거리에 널려있다.

나라의 종기와 상처가 낫지도 않았는데 황제라는 자는 백성들의 고통은 아랑곳하지 않고 오히려 또다시 군사를 일으켜 고구려를 치려한다. 이제 천하는 대란에 빠질 것이다.

모름지기 사내로 태어나면 난세지간웅(亂世之奸雄)이요 치세지능신(治世之能臣)이 되어야 한다고 하였다. 어찌 궁벽한 시골구석에 숨어 도망병으로 마칠 것인가. 수하 몇 명을 내어 줄 터이니, 그들을 이끌고 고계박(高鷄泊)[151]으로 들어가서 은거하라.“

손안조가 그 말에 따라 도적이 되어 봉기하였다.

그때 유현(鄃縣)에서 장금칭(張金稱)이란 자가 하곡(河曲)의 무리를 모아 도적이 되었고, 고사달(高士達)은 스스로 동해공(東海公)을 칭하며 수군(蓚郡)에서 봉기했다.

한편 장남 현감은 두건덕이 도적과 내통하고 있다고 의심하여 그 가속을 모두 죽였다. 두건덕의 처 조씨는 수나라 대신인 조단(曹旦)의 동생으로 결단력이 빠르고 현명한 여자였다. 어린 두 아들을 안고 뒷산으로 빠져나와 이웃 마을에 놀러 가 있던 두건덕과 함께 몸을 피했다.

밤이 되자 두건덕은 장남 현감을 죽이고 원수를 갚은 뒤 부하 2백

---

150) 양량의 30만 대군에 후군의 보급부대를 합치면 동원당한 백성은 백만이 되었다.

151) 지금의 하북성 고성현 서남쪽이다.

명과 함께 고사달에게 의탁하였는데 고사달이 사병(司兵)[152]으로 임명하였다.

얼마 후 장금칭이 손안조를 죽이자 손안조를 따르던 무리들이 두건덕에게 가서 이 사실을 고했다. 두건덕은 얼굴을 붉히고 화를 내면서,

"내 친구의 원수는 곧 나의 원수이다."

무리를 이끌고 가서 장금칭을 잡아 죽였다. 다른 사람들은 이 일을 두고,

"두건덕은 매우 의리가 있는 사람이다."

라고 칭송하였다.

두건덕은 잡곡밥을 먹고, 움막에서 자면서 모든 생활을 병사들과 함께 하였으며, 전쟁에서 얻은 전리품들은 아낌없이 부하들에게 나누어 주었고, 그의 처 조씨도 비단옷을 걸치지 않고 검소하게 생활하여 모범을 보였다.

그의 이러한 행실이 알려지자 사람들이 다투어 달려와 부하가 되기를 청했다. 뒤에 두건덕이 고사달과 헤어져 스스로 자립하자 그의 군사들은 1만 명이나 되었다.

두건덕은 근처의 성이나 읍을 함락하면 언제나 창고를 털어서 백성들에게 나누어 주었으므로 농민군으로서는 백성들에게 가장 인기가 높았다.

도적들이 창궐하고 나라가 크게 어지러워졌지만 양제의 신하들은 모두 숨기고 보고하지 않았다. 그래서 양제는 이러한 사실을 알지 못

---

152) 군사를 감찰하는 직위.

하고 고구려 전쟁 준비에 열을 올렸다.

동래에서 전함을 만들던 원홍사는 주야로 쉬지 않고 일을 재촉하여 전함 3백 여척을 만들게 하였는데, 수중에서 일하던 인부들의 하체가 불어터져 썩어 죽는 자가 부지기수였다.

또 강회(江淮)[153] 이남에서는 뱃사공 만 명, 궁노수 삼만 명, 영남에서는 배참수[154] 삼만 명을 징발하였다.

또 하남, 회남, 강남에서 전차 오만을 만들어 고양(高陽)으로 모으게 하고, 동시에 군복, 갑옷, 만막을 싣고 군사들로 하여 끌게 하였다. 하남과 하북의 백성들에게는 군사들을 공양하게 하였으며, 장강과 회남의 백성을 동원하여 여양(黎陽)과 낙구(洛口)의 창고에 있는 양식을 탁군으로 수송하게 하였다.

수송 선박이 천리를 잇고 병갑 및 여러 장비를 수송하는 사람들은 수십만 명이 되었다. 심한 사역에 견디지 못하여 병들고 지친 자들은 머리를 서로 맞대고 누워 죽어갔고, 길가에는 시체가 아무렇게나 내버려져 썩은 냄새가 진동하였다.

고구려 조정에서 이 사실을 모를 리 없었다.

왕이 크게 걱정하여 중신들을 모았는데 마침 강이식은 병이 위중하여 조정에 나오지 못했다. 왕이 친히 찾아가 말했다.

"짐은 항상 경을 반석같이 믿었는데 이제는 누구를 의지해야 한단 말이오. 어서 병을 떨치고 일어서서 짐을 도우시오."

강이식은 쇠잔한 몸을 일으키며 말했다. 평소에 강기 흐르는 눈에는

---

153) 장강과 회강을 가리킴
154) 작은 창을 쓰는 자

여느 때와는 달리 비감이 서려 있었다.

"신은 이미 늙고 병들어 더 이상 쓸모가 없습니다. 다행히 패자 을지문덕은 가슴에는 신지(神之)와 명지(明之)[155]를 갖추고 머리에는 무궁무진한 지략을 담고 있어 천하의 기재(奇才)라 할 만합니다.

그를 대장군으로 임명하고 군중의 대소사를 맡긴다면 아무리 어려운 난관이라도 능히 해결하실 수 있을 것입니다."

왕궁으로 돌아간 왕은 을지문덕을 대대로로 임명하자 을지문덕이 사양하여 말했다.

"조정에는 병법과 용력이 뛰어난 신하들이 많습니다. 신은 아직 지혜가 부족하여 삼군을 통솔할 수 없으니 다만 창잡이로 삼아 주신다 해도 기쁘게 받아들이겠습니다."

"어진 이를 보고 능히 쓰지 못하며, 쓰되 능히 먼저 하지 못함은 명(命)이요, 옳지 못한 이를 보고 능히 물리치지 못하며 물리치되 능히 멀리하지 못함을 과(過)라 하였거니 짐을 어찌 어리석은 군주로 만들려고 하는가.

현사가 세상에 처함에 그 재주가 반드시 드러나게 마련이라 하였으니 그대는 더 이상 사양하지 말고 성심을 다하여 짐을 받들어 도우기를 바랄 뿐이다."

왕이 거듭 부탁하자 을지문덕이 거절하지 못하고 성지(聖志)를 받들어 말했다.

"비루하고 부족한 저를 마다하지 않으신다면 한 마디 말씀을 여쭐까 합니다. 옛 말에 이르기를 유능한 장수는 싸우기 전에 이긴다고 합

---

155) 육도삼략에 나오는 무적의 장수가 갖추어야 할 조건

니다. 그러므로 창칼을 겨누어 싸우는 것도 중요하지만 그 전에 불패의 태세를 갖추어야 합니다."

"불패의 태세란 말은 쉽지만 실제로는 제일 어려운 문제가 아닌가?"

영양왕이 부쩍 관심이 쏠려 되묻자 을지문덕이 차근차근하게 대답했다.

"우리가 수와 전쟁을 할 때마다 백제와 신라는 우리의 뒤에 있어 항상 걱정거리가 되어 왔습니다. 더구나 지금은 백제와 신라가 수에 사신을 보내어 수차례 군기를 청해 놓았으니 만약 전쟁을 벌어지게 되면 반드시 우리의 뒤를 치려 할 것입니다.

그러므로 우리는 동시에 세 곳의 전선에서 싸워야 됩니다. 모름지기 신라와 백제부터 제압해야 합니다."

왕이 미심쩍은 말투로 물었다.

"나라의 모든 병력을 서쪽으로 돌려도 부족한 판에 신라와 백제와 먼저 전쟁을 벌이자는 것인가?"

을지문덕이 빙그레 웃으며 말했다.

"신이 제압한다고 하는 것은 창칼로 싸우자는 것이 아니라 외교적으로 먼저 적들의 동맹을 끊어 버리자는 것입니다."

"신라와 백제를 분열시키자는 말인가?"

"참으로 영명하십니다."

"그것은 묘책이기는 하지만 신라나 백제가 어찌 짐의 말을 따르겠는가?"

"신이 짐작건대 늙고 교활한 신라왕은 수의 앞잡이 노릇을 포기하지 않을 것입니다. 하나 백제왕은 혈기 왕성한 젊은 왕입니다. 사신을 보내어 슬슬 부추긴다면 쉽사리 수의 수하 노릇을 하려 들지 않을 것입니다.

게다가 백제는 아리수 유역을 신라에 빼앗기고 관산성에서 성왕이 전사하였으니 백제왕은 이러한 치욕을 잊지않고 있습니다. 백제를 충동하여 신라를 치게 한다면 남쪽 전선의 문제는 저절로 해결됩니다."

"얼마 전에 석두성에서 우리 군사와 백제 군사가 크게 싸웠는데 백제왕이 과연 우리의 말을 따르겠는가?"

"나라 간에는 이해관계가 복잡하게 얽혀있어 어제의 동지가 오늘의 적이 되고 오늘의 적이 내일의 동지가 되는 것은 흔한 일입니다. 석두성 문제는 변방의 조그만 일이요, 성왕이 관산성에서 전사한 것은 불구대천의 원수입니다.

마침 주부(主簿) 해수전(解需顚)은 언변이 훌륭하고 학식도 뛰어난 인물입니다. 또 그 아내가 백제의 권신인 부여영의 딸이어서 그를 통해 부여영에게 선물을 보내고 구슬린다면 반드시 뜻을 이룰 수 있을 것입니다."

영양왕이 기뻐하며 대답했다.

"과연 훌륭하도다. 짐이 우매하여 그대와 같은 인재를 곁에 두고도 일찍이 알아보지 못하였구나. 이제부터 항상 나의 곁에서 보필하도록 하라."

해수전이 사비성으로 들어오자 무왕은 내심 놀랐다. 전에 양량이 고구려를 침공할 적에 왕효린과 연문진을 수에 보내어 청병한 사실이 알려지면서 송산성과 석두성 전투가 일어났는데 이제 수에 국지모를 보내어 청병한 사실을 알고 이를 따지러 오는 줄로만 알았던 것이었다.

해수전 일행을 왕성 밖에 있는 관사에 머무르게 하고 대신들에게 의견을 물었다.

"고구려는 자주 우리와 수나라의 외교문제를 빙자하여 수차례나 우리 변경을 노략질 했다. 그들이 이제 사신을 보낸 것은 무슨 연유인가?"

좌평 왕효린이 대답했다.

"우리가 수에 청병한 것을 따지려 했다면 사신이 오지 않고 군사를 보냈을 것입니다. 고구려는 수와의 전쟁이 임박하여 우리와 화친하려는 것입니다."

그 소리를 듣자 무왕은 은근히 부아가 치밀었다.

"저들이 석두성을 그토록 무참히 짓밟아 놓고서 무슨 낯짝으로 화친을 청한다는 말인가? 이제 수나라 대군이 안학궁을 쑥대밭으로 만들어 버릴 것이니 오만하게 굴던 그들이 어떻게 망하는 지 이 두 눈으로 똑똑히 지켜보겠다."

연문진이 나섰다.

"나랏일이란 한 때의 기분으로 처리해서는 안 됩니다. 고구려가 비록 괘씸하기는 하지만 그들이 망하게 되면 더 큰일입니다."

무왕의 눈이 샐쭉해지면서 물었다.

"무어라고? 고구려가 망하면 안 된다고?"

"옛 말에 이르기를 순망치한(脣亡齒寒)이라 합니다. 수는 오래전부터 량과 진을 멸하고 인근의 국가들을 정벌하여 번국으로 삼았으며 대항하는 나라는 사직을 빼앗기고 제사마저 끊어졌습니다. 우리가 이렇게 커다란 전쟁 없이 온전할 수 있었던 것은 고구려는 북쪽에 있어

수와 우리나라 사이를 가로막고 있었기 때문이라는 것을 잊어서는 안 됩니다."

무왕은 젊고 현명한 군주였다. 연문진의 말뜻을 알아차리고 그제야 노기를 누그러뜨리며 물었다.

"수의 황제가 백만 대군을 일으켜 고구려를 멸하려 한다. 그런데 우리가 가만히 있다면 반드시 그 죄를 물으려 할 것이니 그때는 어찌할 작정인가?"

"강이식은 요수에서 한 치의 땅도 내주지 않고 양량의 30만 대군을 몰살시켰습니다. 수 황제가 비록 백만 대군을 이끌고 침공한다고 하여도 변방의 수많은 고구려 성을 뚫고 진격하기란 매우 힘든 일입니다.

전쟁의 승패 역시 장담할 수 없습니다. 우리는 양단책(兩端策)을 잡고 한쪽의 승세가 굳어지면 그때 이긴 쪽의 편을 들면 됩니다."

왕이 그 말을 옳게 여겨 사신 일행을 왕궁으로 불러들이자 해수전이 영양왕의 서신을 전했다.

"그대의 조상은 추모성제의 후손으로 우리와는 한 겨레 한 핏줄이었다. 그런데 어찌하여 동족(同族)을 버리고 이족(異族)인 수에 붙어 우리 뒤를 치려하는가.

수주는 간악하기가 여우와 같고 잔인함은 늑대와 같아 제 아비를 죽이고 형제마저 도륙하여 왕위를 찬탈하였으며 주변의 모든 나라를 정벌하여 속국으로 삼았다.

어리석은 계민은 수주의 신하가 되었고 임읍과 유구의 여러 왕들은 목숨을 잃었으니 사직을 빼앗긴 나라가 어찌 한 둘에 그치겠는가?

진정한 자유와 독립은 주어지는 것이 아니라 쟁취해야 한다. 나는 일찍이 이러한 수주의 야욕을 간파하고 그들의 침략을 분쇄할 것이다.

수는 공공의 적이니 함께 대처하고자 한다. 만약 나의 간곡한 청을 거절한다면 피차간에 전쟁은 피할 수가 없다. 그대는 부디 현명하게 판단하기를 바란다.”

왕효린의 예상대로 화친을 청하는 내용이었지만 은근히 위협의 말도 잊지 않았다. 무왕이 천천히 편지를 읽어 본 후 해수전에게 물었다.

“지금 귀국(貴國)은 수의 침략에 임박하여 나라가 곤궁한데 신라가 수와 동맹을 맺고 남쪽을 노리고 있으니 누란지위에 빠져있다고 볼 것이다. 그러나 우리는 변방이 튼튼하고 백성들이 편안한데 귀국과 군사동맹을 맺는다면 무슨 득이 있을 것인가?”

해수전이 엷은 미소를 지으며 여유 있게 대답했다.

“신라는 배은망덕하여 신의가 없는 나라입니다. 옛날 왜구의 침입 받아 나라의 사직이 위험에 처했으나 우리 호태왕께서는 천 리를 멀다 않으시고 오만이나 되는 대군을 보내어 구원해 주었습니다. 그런데 은혜를 원수로 갚아 지금은 수에 붙어 우리의 뒤를 치려하고 있습니다.

대왕의 나라도 마찬가지입니다. 대왕의 고조부[156]께서는 신라와 동맹하여 우리의 한강유역을 빼앗아 갔지만 신라의 배신으로 인하여 땅도 도로 빼앗기고 오히려 관산성에서 흉계에 걸려 전사하고 말았습니다. 아직도 그 머리는 돌아오지 못하고 신라의 북청 계단 아래에서 수많은 사람들에게 짓밟히고 있으니 이러한 수모를 잊지 않으실 것입니다.

지금 대왕께서는 수의 핍박에 못 이겨 신라와 함께 우리의 뒤를 노

---

156) 백제 聖王

리려 하지만, 언젠가는 다시 신라가 배신할 것은 자명한 일입니다. 그때 뉘우친다 해도 이미 때는 늦을 것이니 부디 살펴 헤아리소서."

부여영이 옆에서 은근히 간하였다.

"신라는 불구대천의 원수입니다. 그런데 우리가 고구려와의 화친을 거절한다면 고구려는 아마도 신라와 연맹을 맺으려 할 것입니다. 그렇게 되면 우리는 진퇴양난에 처하게 됩니다.

더구나 이번에도 고구려가 수에 이긴다면 반드시 우리에게 보복하려 들 것이고, 진다고 하더라도 우리는 다시 신라와 싸워야 합니다. 그때가 되면 수주가 어느 나라를 도울 지 아무도 모릅니다.

지금 고구려가 북쪽 길을 가로막고 있으니, 우리가 바다 길을 막는다면 신라는 수와 연락이 두절되어 고립될 것입니다. 이 기회에 오히려 신라를 공격하여 구원(舊怨)을 갚는 것이 더 좋을 것입니다."

부여영의 적극적인 설득과 해수전의 능숙한 언변은 마침내 무왕의 마음을 움직였다. 무왕은 고구려와 동맹을 결심하고 신라를 공격하기로 하였다.

달솔(達率) 사윤(斯胤)에게 적암성(赤巖城)을 쌓게 한 뒤 그 해 10월에 가잠성을 치도록 명했다.

찬덕(讚德)[157]은 모량부 사람으로 용기와 영절이 높았는데 전년에 가잠성으로 부임하여 성주가 되었다. 그런데 일 년도 채 못 되어 사윤의 침공을 받게 되었다.

찬덕이 말했다.

---

157) 삼국사기 권 47 해론전(奚論傳)

"내가 서라벌에 구원을 요청했으니 조만간에 대군이 도착할 것이다. 그때까지만 버티면 된다."

이렇게 군사들을 독려하고 친히 성루에 올라 활을 쏘며 싸웠다. 그러나 석 달이 넘도록 구원병이 오지 않자 군사들은 태반이 죽고 살아남은 자들도 대부분 부상자들뿐이었다. 더구나 성 밖에 있는 논밭에서 곡식도 미처 모두 거두어들이지 못했기 때문에 식량도 모두 떨어지고 무기마저 부족했다.

찬덕은 몇 번이나 밀사를 보내어 구원을 청했지만 모조리 백제의 경계병에게 붙잡히고 말았다.

이때 사윤은 꾀를 내었다. 날래고 용감한 군사 한 명을 뽑아 찬덕의 밀사로 가장하여 상주로 보내어 구원병을 청했다.

때마침 신라 조정에서는 즉시 상주(上州), 하주(下州), 신주(新州)의 군사들 5만을 모아 가잠성을 구원하게 하였는데 이때 백제의 첩자는 신라군을 백제군이 매복하고 있는 곳으로 안내하였다.

신라군은 숫자가 많았지만 급작스레 모은 군사들이어서 지휘계통이 제멋대로였다. 기습을 받은 상주의 군사들은 갈팡질팡하면서 제멋대로 흩어졌고 뒤따라오던 하주와 신주의 군사들은 싸우지도 않고 달아났다.

대승을 거둔 사윤은 빼앗아 온 군기들과 대장인을 가져와서 성 앞에 던지면서 말했다.

"너희들의 구원군은 이미 도망가 버렸다."

찬덕은 사졸들을 모아놓고 비장하게 말했다.

"삼주(三州)의 장수들이 성이 위급함을 보고도 오히려 달아나 버렸으니 이것은 의가 없음이다. 의가 없이 사는 것은 의를 지니고 죽는 것만 못하다."

시신을 뜯어먹고 오줌을 마시며 힘을 다해 싸우기를 게을리 하지 아니하였다. 이듬해 정월이 되어 날씨는 몹시 추워 군사들이 추위에 떨고 굶주리어 결국 성이 파(破)하려 했다.

찬덕이 하늘을 우러러 크게 탄식했다.

"우리 임금님이 나에게 한 성을 맡기었는데 능히 보전하지 못하고 적에게 패하게 되었다. 죽어서라도 악귀가 되어 백제 사람들을 다 죽이고 이 성을 수복할 것이다."

말을 마치자 눈을 부릅뜨고 머리로 홰나무(槐樹)를 받아 골이 깨져 죽었다.[158]

서기 612년. 해가 바뀌자마자 수양제가 벼르고 별렀던 고구려 정벌에 나서기로 하였다. 그렇지만 양량의 패전을 거울삼아 양제는 신중에 신중을 기했다. 그래서 외교적으로 고구려를 고립시키고자 하여 신라와 백제에 사신을 보내어 고구려 남쪽 변방을 습격하도록 했다.

"짐은 이제 대군을 일으켜 고구려를 정벌할 것이다. 그대들도 군사를 일으켜 고구려의 남쪽을 쳐서 호응토록 하라."

이러한 계획은 절반의 성공이었다.

이미 고구려와 동맹을 맺은 백제의 무왕은 군사를 내지 않았지만, 신라 진평왕은 수장 우문술이 거느린 별동대가 압록수를 건널 때에 맞추어 군사 3만으로 고구려 남쪽을 쳤다.

남부욕살 고욱(高旭)이 사력을 다하여 막았으나 대부분의 정병들은

---

158) 가잠성은 지금의 괴산으로 찬덕이 괴수(홰나무)에 머리를 박아 죽었다고 해서 생긴 지명이다.

수와의 전쟁에 동원되었기 때문에 남아 있는 군사들이란 노약자와 어린 아이들 뿐이었다. 싸우다 물러서기를 반복하여 낭비성과 5백 리나 되는 땅을 빼앗겼다.[159]

그러나 다음 달인 7월에 우문술의 별동대가 을지문덕의 군사들에게 살수에서 몰살당하자 진평왕도 황급히 군사들을 후퇴시켰다.

영양왕은 이러한 신라의 비겁한 행동을 잊지 않았다. 수가 망하고 당이 서자 대군을 일으켜 낭비성을 다시 수복하였다. 이 때문에 신라는 당에 구원을 호소하였고 이후로 당과 고구려의 갈등은 점점 깊어지게 되었다.

고구려 정벌을 선포한 양제는 여러 장수들과 작전계획을 세우고 수륙 양동작전을 쓰기로 하였다. 래호아(來護兒)는 본시 장강을 지키던 주라후의 부장으로 진나라 출신의 장수였지만 항상 겸손하였기 때문에 항장이었으나 존경을 받았다.

한왕 양량을 따라 고구려 원정에 나선 주라후가 패전하여 실각한 뒤 래호아가 좌익위대장군(左翊衛大將軍)이 되었다.

우문술은 그를 높이 평가하여 말했다.

"래호아는 군사를 다스릴 줄 알고 또 병법을 안다."

래호아의 부하 중에는 제주(濟州) 역성(歷城) 출신으로 재주가 비범하고 무술이 출중한 진경(秦瓊)이란 자가 있었다.

래호아는 진경을 총애하여 자신의 휘하에 두었는데 진경이 모친상

---

159) 삼국사기 고구려본기와 신라본기에는 나타나지 않으나 구당서와 신당서의 동이신라와 동이고려조에 보임.

을 당하자 호아(護兒)가 관리를 보내 문상하였다. 부하 관리가 이상히 여겨 물었다.

"일개 병사의 죽음이나 상사(喪事)에는 장군께서 이제껏 조문하신 적이 없으셨는데, 이제 유독 진경에게만 문상을 하시니 어인 까닭입니까?"

래호아가 대답했다.

"진경은 재주가 뛰어나고 또 용감하고 절개가 곧으니 어찌 비천한 자리에 머물러 있겠는가?"

진경의 자(字)는 숙보(叔寶)로서 당태종 때 능연각 24공신이 된 진숙보를 말한다.

양제가 고구려 원정군을 일으킴에 수군대총관(水軍大總管)으로 삼고 부총관(副總管) 주법상과 더불어 강(剛), 회(淮)의 수군(水軍) 10만을 거느리고 양선(糧船)을 보호하여 동래를 출발하여 해로를 따라 패수로 먼저 나아가 기다리게 하였다.

육군(陸軍)은 양제가 친히 장령을 지휘하여 요수를 건너서 요동의 각 성을 함락하여 보급로와 퇴로를 확보한 다음 평양성을 향하여 진군하기로 하였다.

그리하여 200만 인부를 동원하여 천하의 군량과 병장기를 통제거와 영제거를 이용하여 탁군으로 운반하게 하였다.

정월이 되어 날이 풀리자[160] 전국 각지의 군사들이 탁군에 모여들었다. 탁군은 군사들로 가득 차서 저자거리보다 붐볐고 온갖 기치와 무

---

160) 당시 사용하던 대업력(大業曆)은 정월을 세수(歲首)로 하였고 입춘이 정월에 있어 정월에 봄이 시작되었다.

기들은 하늘을 가리고도 남았다.

양제는 자주 누대에 올라 이런 광경들을 둘러보면서 으스대기를 좋아했다.

"저 창검들을 보라. 숲보다 더 빽빽하지 않은가?"

좌우에 있는 시신들은 모두 아첨의 말을 아끼지 않았지만 합수령(合水令) 유질(庾質)만은 항상 대답하지 않았다. 양제가 괘씸하게 여겨 물었다.

"고구려 군사들은 우리 한 부대도 당해내지 못할 것인데, 이렇게 많은 군사들로 치니 경의 생각으로는 이번 전쟁에서 누가 이길 것 같은가?"

"신도 이길 것으로 생각합니다마는 폐하의 친정은 원하지 않습니다."

양제가 슬그머니 화가 났다.

"짐이 모든 군사들을 거느리고 이곳까지 왔다. 그런데 어찌 적을 보기도 전에 먼저 돌아가라는 말인가?"

"고구려는 강한 나라입니다. 만에 하나라도 싸워서 이기지 못할 경우에는 폐하의 위명에 손상을 입을까 두렵습니다.

모름지기 거가를 이곳에 머무르면서 용맹한 장수들과 힘센 군사들에게 명령을 내리시어 번개처럼 진격하고 적이 예상치 못하고 있을 때 들이친다면 틀림없이 승리할 것입니다. 일이란 신속히 해야 함으로 때를 놓칠 경우에는 성공치 못할 수도 있습니다."

양제가 마침내 안색을 바꾸어 말했다.

"고구려 인구는 우리의 1개 군에도 미치지 못한다. 오늘 짐이 이렇게 많은 군사를 거느리고 나아가는데 무엇이 근심인가. 너야말로 전쟁에 나서기를 두려워하고 있구나."

이렇게 꾸짖고 유질을 탁군에 머무르게 하였다. 그러자 우상방서감사(右尙方署監事) 경순(耿詢)이 봉사(奉事)를 올려 다시 친정을 말리고 나섰다.

양제가 발끈 화를 내었다.

"이것들이 서로 짜고 감히 짐을 놀리는 것이다."

당장 경순을 끌어내어 목을 베라고 하였는데 소부감(少府監) 하조(何稠)가 극력 나서서 변호하여 경순의 목숨을 구했다.

다음날 1월 2일 임오일, 날은 맑았으나 매우 추웠다.

양제는 아침부터 흥분을 감추지 못했다. 황금으로 장식한 화려한 투구와 갑옷으로 온 몸을 치장하고 화려한 보석이 일곱 개나 박힌 보검을 쥐고 옥좌에 거만하게 앉아 만당(滿堂)에 문무백관들을 가득히 세워놓고 출정을 선포했다.

이때 옛날 무왕이 상(商)을 정벌할 때 썼던 목서(牧誓)를 흉내 내어 영양왕의 죄를 논하면서 출사(出師)의 조(詔)를 내렸다.

"천자가 덕을 베풀어 가을에 큰 서리가 내렸노라. 성인 진리가 덕을 베풀어 여러 군사들이 형전(刑典)에 모였거늘 이리하여 그 조회를 알아보니, 숙살(肅殺)이 있겠으니 이는 의리가 사리사욕에 없도록 함이니라.

제왕이 전쟁을 일으키는 것은 그 무엇을 얻기 위함이 아니요 판천(版泉), 단포(丹浦)에 비적의 무리가 횡행하여 그 난이 혼잡하여 모두 순함을 거부하노니 감야(甘野)에서 선서하노라.

하(夏)나라는 대우의 업적으로 이루어졌고 상(商)나라의 죄를 물음에 주(周)나라가 성문왕의 뜻을 받듦이거늘 영원히 전자를 간직하여 짐이 친히 나설지어다.

(중략)

이곳은 소리치면 그 소리에 어느 곳이나 울렸고 혀를 내밀면 나무 가지에 닿는 자그마한 곳이었으나 먼 곳까지 안정하여 화목하지 않는 곳이 없어 그 공을 이루어 그 다스림이 정하여졌거늘 하찮은 고구려 무리들이 어리석고 공손하지 못하여 발해(渤海)와 갈석(碣石) 사이에 모여들어 요(遼)와 예(濊)의 경계를 거듭 잠식하였다.

비록 한(漢), 위(魏) 때 주륙을 거듭 당하여 그들의 소굴이 잠시 허물어졌으나, 병란이 오래되어 여러 해가 지남에 무리들이 다시 모여들어 지금은 지난 시대보다 더 많아졌다.

지난 세기에 물고기와 새 떼처럼 모였던 것이 오늘에 와서는 퍼지고 번식하여 우리의 아름다운 강토를 엿보아 돌아보니 중국의 땅이 잘리어 오랑캐 땅이 되었다.

세월이 흐르면서 악이 쌓이고 가득 차니, 하늘의 도는 음란한 자에게 재앙을 내리므로, 그들의 패망할 징조가 이미 드러났다. 도를 어지럽히고 덕을 무너뜨림이 헤아릴 수 없고, 악을 가리고 간사함을 품은 것이 하루를 세어도 다 모자랄 정도다.

일찍이 조서를 내려 타일러도 한 번도 조칙을 받아들인 적이 없고, 조회에 참가하는 의식에 친히 오기를 거부하였다. 수에서 도망간 자들을 받아들임이 그치지 않고, 변강에 떼를 지어 모여듦으로써 우리 봉화자를 수고롭게 하였다. 이로 말미암아 도망자들과 도둑들 때문에 관문과 딱다기[161]가 조용할 날이 없으니, 그로 인하여 백성들은 생업

---

161) 순찰군이 치는 막대기

을 폐하게 되었다.

옛날에 정벌하면서 하늘의 그물에서 빼주어, 사로잡힌 자의 죽음을 늦추어주고, 후에 항복한 자도 죽이지 않았는데, 그 관대한 은혜를 생각지 않고 도리어 악을 쌓아, 거란의 무리를 합쳐 바다의 수자리 군사들을 죽이고, 말갈의 습관을 익혀 요서를 침범하였다.

또 청구(靑丘)의 바깥에서 모두 직공(職貢)을 닦고, 함께 정삭(正朔)을 받드는데, 고구려는 오히려 정성을 바치러 오는 사람의 보물을 빼앗고 왕래하는 길을 막아, 죄 없는 사람들에게 잔학한 짓을 하였으니, 정성을 바치려는 사람들이 도리어 화를 당하였다.

수레를 탄 사신이 해동에 이르러, 번국의 경계를 지나려 해도 길을 막고 사신을 거절하여 임금을 섬길 마음이 없으니, 어떻게 신하의 예라고 할 수 있느냐?

이를 용인한다면 무엇인들 용서 못하랴? 또 법령이 가혹하고 조세가 무거우며, 힘센 신하와 호족들이 국정의 농단하고, 붕당끼리 결탁하며, 뇌물을 주고받음이 마치 시장에서 물건을 사고파는 것과 같으니, 백성들의 억울함이 풀어지지 않는다.

해마다 거듭된 재앙과 흉년으로 기근이 들고, 병사들은 토벌로 쉬지 못하며, 부역의 기한이 없고, 군량 운반으로 힘이 다하여, 몸뚱아리는 개천과 골짜기에 쓰러지고 있다.

고통스러운 백성들은 누구를 따를 것인가? 경내(境內)의 백성들이 그 폐해를 견디지 못하여 슬프고 두려워도. 생명을 도모하기 위하여 고개를 숙이고 머리를 돌리니, 늙은이와 어린이까지도 정사의 혹독함에 탄식한다.

나는 궁벽하고 멀리 떨어진 곳까지 그의 실정을 관찰하기 위하여 유주와 삭주(朔州)까지 왔는데, 고구려의 탄압에 죽은 사람을 조문하고, 그 죄를 묻는 것을 두 번 걸음을 하지는 않을 것이다.

친히 6군을 거느리고 9벌(九伐)을 펴서, 위급한 자를 구해주며, 하늘의 뜻에 따라 달아난 무리를 멸하여 선모(先謨)를 계승할 것이다.

이제 마땅히 군율에 따라 행군하되 대오를 나누어 목적지로 향할 것이니, 우레 같은 진군소리는 발해를 뒤덮게 하고, 부여를 지나 번개같이 휩쓸 것이다. 방패를 가지런히 하고 갑옷을 살피고, 군사들에게 경계하여 일러둔 후에 출행하며, 거듭 알리고 타일러서 필승을 기한 후에 싸우라."

그리고 유사를 불러 명했다.

"천산명신(天山明神)에 제사를 올리고 승리를 기원하라."

사람들을 각각 보내어 남쪽의 상건수 가에서 사제(社祭)를 지내고, 임삭궁 남쪽에서 상제(上帝)에 제사지내고, 계성(薊城) 북쪽에서 마조성(馬祖星)에 제사를 지냈다.

모든 준비가 끝나자 전군을 24군으로 하여 각각 12군씩 좌우군으로 나누었다.

이때 좌군 12군(軍)은 누방 · 장잠 · 명해 · 개마 · 건안 · 남소 · 요동 · 현도 · 부여 · 조선 · 옥저 · 낙랑(樂浪) 등의 길로 진군하고, 우군 12군은 점선 · 함자 · 혼미 · 임둔 · 후성 · 제해 · 답돈 · 숙신 · 갈석 · 동이 · 대방 · 양평 등의 길로 진군하게 하며 앞뒤 부대끼리 서로 연락이 끊어지지 않도록 하여 모두 평양에 집결하도록 하였다.

전투에 참가한 군사 수는 모두 113만 3천8백 명이나 되었고 각종 기치는 하늘을 메우고 창검은 산천을 뒤덮었다. 또 후군에서 군량을 나르는 자는 그 배가 되었으니 그 장대한 행렬은 고금에 없었다.

양제(煬帝)는 본래 의심이 많아 군중의 일을 친히 조절하여 좌우 12군마다 상장(上將)과 아장(亞將)을 각각 1명씩 두고, 기병은 40대(隊)로 하고, 각 대는 100명, 10대가 1단(團)이 되게 하였으며, 보병은 80대로 하고 나누어 4단으로 하였으며, 단마다 각각 편장(偏將) 1명을 두었다.

그리고 각 단은 그 갑옷, 투구, 갓끈, 인장끈, 깃발들이 색깔을 달리하여 멀리서도 구분할 수 있게 하였고 수항사자 한 사람이 조서를 받들어 위무하게 하였는데 그는 대장의 규제를 받지 않도록 하였다.

또한 치중병(輜重兵)과 산병(散兵)들도 4단으로 하고 보졸(步卒)이 좌우에서 호위하게 하였는데 행군과 야영은 각각의 상황에 따라 법도와 차등이 있었다.

계미일에 1군을 출발시켜 날마다 1군씩 출발시켰는데 40리 간격으로 파송하니, 40일 만에야 발진이 다 끝났고 깃발이 960리에 뻗쳤다.

양제가 이끄는 어영군(御營軍)은 12위(衛), 3대(臺), 5성(省), 9시(寺)를 두었고, 이들은 모두 내, 외, 전, 후, 좌, 우 6군으로 배속시켜 맨 나중에 차례로 출발시켰는데 그 행렬만 해도 80 리에 달하여 총 군사의 길이가 천리를 넘었다.[162]

양제가 사열식을 베풀고 크게 잔치를 열어 장수들을 위로한 뒤 떠나가는 대군을 바라보고 스스로 흥이 올라 친히 시를 지어 찬했다.

---

162) 해동역사 55권 예문지 14에 수양제의 조서에 상세한 경로가 나옴

遼東海北剪長鯨　　요동해북전장경
風雲萬里淸　　　　풍운만리청
方當銷鋒散馬牛　　방당소봉산마우
旋師宴鎬京　　　　선사연호경
前歌後舞振軍威　　전가후무진군위
飮至解戎衣　　　　음지해융의
判不徒行萬里去　　판불도행만리거
空道五原歸　　　　공도오원귀

요동이라 바다 북쪽 큰 고래를 자르니
만 리 밖의 풍운이 깨끗하게 맑아졌네.
칼 녹이고 마소를 풀어주는 때를 당하여
군사들 개선하여 호경에서 잔치하네.
앞뒤에서 가무하며 군대 위세 떨치고는
종묘에서 술 마시며 군복을 벗누나.
판이하네. 만 리 먼 길 괜스레 갔다가
부질없이 오원으로 돌아온 것과는.

秉旄仗節定遼東　　병모장절정요동
俘馘蠻夷風　　　　부괵만이풍
淸歌凱捷丸都水　　청가개첩환도수
歸宴雒陽宮　　　　귀연낙양궁
策功行賞不淹留　　책공행상불엄유

全軍藉智謨　　　전군자지모

詎似南宮複道上　거사남궁복도상

先封雍齒侯　　　선봉옹치후

깃발잡고 부절 들고 요동을 평정하니

목 베인 자 귀 바치는 오랑캐 풍속이네

맑은 노래 개선가를 환도 강에 울리고

돌아와서 낙양의 궁궐에서 잔치하네

책훈하고 상을 내림에 지체하지 않으니

모든 군사들 지혜와 꾀 힘입은 것이로다.

그러니 그 어찌 남궁의 복도 위에서

옹치에게 제후 먼저 봉한 것과 같겠는가.

양제의 노래가 끝나자마자 왕주(王冑)가 아부하여 일어섰다.

"폐하의 거룩하신 노래는 동천지감귀신(動天地感鬼神)[163]이라 화답
하지 않을 수 없습니다. 소신이 한 수 지어 바치겠습니다."

양제의 어깨가 으쓱했다.

호탕한 웃음을 터뜨리며 말했다.

"그대가 진정 흥을 아는구나. 어디 한번 읊조려 보라."

왕주가 연신 간사스런 웃음을 띠며 목청을 높여 노래했다.

遼東浿水事龔行　요동패수사공행

---

163) 천지를 움직이고 귀신을 감동시킨다는 뜻으로 훌륭한 시문을 말함.

俯拾信神兵	부습신신병
欲知振旅旋歸樂	욕지진여선귀락
爲聽凱歌聲	위청개가성
十秉元戎纔到遼	십병원융재도요
扶濊已冰消	부예이빙소
詎似百萬臨江水	거사백만임강수
按轡空回鑣	안비공회표

요동이라 패수에서 천명 받아 정벌하니
물건 줍듯 쉽사리 이긴 신병 미덥네.
군사 위세 떨치고서 돌아옴을 알려거든
개선가를 부르는 저 소리를 들어보라
황제의 군사들이 요동 땅에 도착하자
부여 예맥 이미 다 얼음 녹듯 녹았다네.
그러니 그 어찌 백만 군사 강가에서
고삐 잡고 괜히 말을 돌린 것과 비슷하리.

天威電邁擧朝鮮	천위전매거조선
信次卽言旋	신차즉언선
還笑魏家司馬懿	환소위가사마의
迢迢用一年	초초용일년
鳴鑾詔蹕發淆潼	명란조필발효동
合爵及疇庸	합작급주용

何必豊沛多相識　　　하필풍패다상식

比屋降堯封　　　　　비옥항요봉

천자위엄 번개 치듯 조선 땅에 갔다가는

삼사 일간 머물렀다 곧바로 돌아왔네.

도리어 우습구나. 위 나라 사마의가

아득하니 일 년이란 세월이 걸린 것이

방울 소리 울리면서 천자행차 효동[164] 뜨니.

작위 내려 그 공로에 보답함이 합당하네.

풍패[165]처럼 아는 사람 많을 필요 뭐 있으리.

집집마다 요임금의 봉작이 내려지리.

　왕주의 노래가 끝나기도 전에 다른 여러 신하들도 다투어 개선가를 불러올렸다. 양제의 마음이 한껏 풀어졌다. 좌우 신하들에게 술과 고기를 권하여 취하며, 궁녀들로 하여금 풍악을 울리게 하니 웃음소리가 하늘 높이 치솟았다.

　양제의 마음은 이미 요동을 달리고 있었다. 전날 양량이 이루지 못한 것을 자신이 보여주리라 스스로 다짐했다. 장수들을 둘러보며 호기롭게 말했다.

　"왕주의 말이 맞다. 이번 고구려 정벌을 마친 후에 공을 세운 장수

---

164) 효수와 동수(강이름)

165) 한고조 유방의 고향이름. 유방이 황제에 오른 뒤 고향에서 삼사일 머물면서 부로들과 즐김. 그리고 탕목읍으로 삼아 부역을 면제함

들에게는 집집마다 봉작이 내릴 것이다."

"성은이 하해와 같습니다."

좌우에 모신 신하들이 연신 굽실대며 성은을 칭송했다.

중국 역사상 엄청난 대군이 동원된 예가 있었지마는 실제로 그 수는 많지 않았다. 후한 말 관도대전에서 삼국지연의에서는 원소의 군이 80만이요 조조 군사가 8만이라 하였으나 진수가 지은 정사인 삼국지에서는 원소군은 10만이요 조조군은 1만이라 기록하고 있다. 또 유명한 적벽대전에서 조조의 군사들이 100만에 이른다 하였으나 기실은 18만 명에 불과했다.

가장 많은 대군을 동원한 것으로는 전진(前秦)의 부견(府堅)이라고 할 수 있다. 부견은 90만 대군을 거느리고 동진(東晉)을 공략하였으나 사현(謝玄)이 이끄는 8만 군사에게 비수(淝水)에서 대패하고 말았다. 그렇지만 이 비수대전도 군사 수가 부풀려진 것이라는 설명이 많다.

그렇지만 수양제의 대군은 수서에서 숫자와 편제까지 상세하게 기록되어 있어 의심의 여지가 없다. 따라서 단일 전쟁으로서 113만 3천 8백 명의 군사가 동원된 것은 전무후무한 일이었다.

그러므로 양제는 물론이고 당시 대부분의 장수들도 110만이 넘는 어마어마한 병력에 도취되어 고구려 따위는 낭중취물(囊中取物) 정도로만 알았다.

양제는 허영심이 강한 자였다. 승리는 처음부터 문제 삼지 않았고 점령하거나 항복받는 절차에 대해 예법에 맞추어 실시할 것을 염려했다. 그래서 어영군과 24군의 모든 상장(上將)들을 불러 모아 엄중히 명령을 내렸다.

"일체 군사의 진격과 멈춤은 다 상주(上奏)하여 회답을 기다리되 독단으로 행하지 말라."

스스로 모든 군사의 지휘권을 한 손에 쥐고 군사 일을 전단하였다. 그리고 백 마리 군마가 끄는 화려한 수레를 만들어 애첩 오봉선을 비롯하여 이백 여명이 넘는 궁녀와 환관들을 수행케 하여 한껏 위용을 부리며 군의 선두에 섰다.

전에 북평양후(北平襄侯) 단문진(段文振)은 병부상서로 있었는데 양제에게 글을 올렸다.

"폐하께서 돌궐 부족들에게 지나치게 후한 은총을 베풀어 주시어, 그들을 새내(塞內)[166]에 살게 하고 무기와 양식까지 대어 주셨습니다. 그러하나 본래 오랑캐들이란 그 성질이 친함을 모르고 탐욕만 많아서 후일에 자칫 나라의 우환이 될 것입니다.

기회를 보아 유지를 내려 그들을 모두 새외(塞外)로 쫓아 보내고, 봉화대를 설치하고 변경을 따라 진방을 설치하여 엄중히 지키는 것이 진실로 만대의 계책이 될 것입니다."

양제가 이를 기특하게 여겼다.

또 병부시랑 곡사정(斛斯政)은 총명하고 재능이 있어 양제가 총애하여 군사의 일을 전적으로 맡겼다. 이때 단문진은 곡사정의 성품이 음험하고 거짓이 많은 줄 알고 곡사정에게 군사의 기밀을 맡겨서는 안 된다고 누차 간언을 올렸다.

그렇지만 양제는 듣지 않고 단문진을 좌후위대장군(左候衛大將軍)으로 삼아 남소(南蘇) 방면으로 나아가게 하여 두 사람을 떨어뜨려

---

166) 수나라 영역 안을 말함.

놓았다.

단문진은 전쟁에 나아가기도 전에 병에 걸려 위독하게 되어 다음과 같은 표문을 올렸다.

"신은 용렬하고 미천한 몸으로 다행히도 성스러운 세상을 만나 외람되이 장려하고 발탁해 주는 은혜를 받아 영광스럽게도 군대의 우두머리가 되었습니다. 그러나 지혜와 재능은 취할 만한 것이 없고 공은 훔친 것이 많아 나라에서 받은 은혜를 생각하매 침식을 잊을 정도입니다.

이에 항상 하찮은 재주나마 바쳐서 그 은덕에 만분의 일이나마 보답하려고 생각하였습니다. 그런데 조섭을 잘못해 병이 위독해진 탓에 가슴 속에 깊은 부끄러움을 품고 영원히 황천으로 돌아가게 되어, 여한을 금치 못하고 좁은 소견이나마 진달(進達)드립니다.

삼가 살펴보건대, 요동의 하찮은 도적이 엄한 형벌에 복종치 않아 멀리 천자의 군대를 보내면서 황제께서 직접 출정하시게 되었습니다. 다만 이적(夷狄)들은 본디 속임수가 많으니 모름지기 이간책을 방비해야 할 것입니다. 그리고 입으로는 항복하겠다고 하면서도 마음속으로는 배반할 생각을 품고 있으며, 간사한 술책을 갖가지로 부리니, 선뜻 받아들이지 말아야 할 것입니다.

장맛비가 쏟아질 때여서 지체시킬 수가 없으니, 제군(諸軍)을 엄하게 독려해서 빨리 출정하되, 수로와 육로 두 길로 함께 전진해서 그들이 생각지 못하고 있을 때에 들이친다면, 형세 상으로 외로운 평양성을 함락시킬 수 있을 것입니다.

고구려의 근본이 기울어지면 나머지 도적들은 저절로 무너질 것입니다. 만약 제때에 평정하지 못하여 가을 장마철을 지나게 될 경우, 행군하기가 몹시 어려울 것이며, 군량도 고갈될 것입니다. 강한 적이 앞에 있고 말갈이 뒤에서 나올 것인데, 머뭇거리면서 결단을 내리지 않는 것은 상책이 아닙니다.”

이 표문을 올리고 며칠 되지 않아 3월 12일에 단문진이 죽었다. 원덕태자의 죽음에도 슬퍼하지 않던 양제가 몹시 슬퍼하며 하루 종일 아무 것도 먹지 않았다.

위위경(衛尉卿) 우세기가 양제를 근심하여 말했다.

“단문진은 용렬한 인물일 뿐입니다. 너무 상심하시면 옥체에 해로울까 걱정됩니다.”

양제가 대답했다.

“나는 단문진의 재주를 아까워하는 것이 아니라 앞으로 그 만큼 진실한 충신을 찾지 못할까 걱정하는 것이다.”

한편 고구려 영양왕은 양제가 그 아비를 죽이고 황제로 등극하자 반드시 큰 전쟁이 일어날 것을 예상했다. 변방의 여러 성에 비상령을 내리고 전쟁준비를 하게 하는 한편 수많은 세작들을 수나라로 보내어 군사들의 동향을 철저히 파악하고 있었다.

그래서 수나라 군사들이 탁군에 집결할 때 고구려 군사들 역시 전시체제를 갖추고 전쟁 준비에 돌입하고 있었다. 그러나 대다수 군신들은 113만이라는 수나라 군사의 위용에 두려움을 갖지 않을 수가 없었다.

“나라가 작으면서도 큰 나라에 대항하는 것은 멸망을 자초할 뿐입니다.”

"우리 군사들이 아무리 용맹하고 충성스럽다고는 하지만 113만이나 되는 군사를 감당하기는 어렵습니다. 지금이라도 청항사신(請抗使臣)을 보내어 무모한 전쟁은 멈추어야 합니다."

이렇게 투항할 것을 권하는 자가 줄을 이었지만 삼군의 군권을 쥐고 있는 을지문덕은 눈썹하나 까딱하지 않았다.

"전쟁이란 군사의 머릿수로 싸우는 것이 아니다. 90만이 넘는 부견의 대군도 비수(淝水)의 외로운 혼이 되었고, 조조의 100만 대군도 적벽 아래에서 모두 스러졌다.

어리석은 장수가 많은 군사를 거느리면 오히려 제 힘을 과신한 나머지 스스로 파멸에 이르게 된다. 싸울 때를 알고 싸울 장소를 알며 싸우는 방법까지 세워놓았다면 그따위 적군의 숫자야 문제 될 것이 없다."

영양왕은 내심 걱정을 하고 있었는데 단호한 을지문덕의 말을 듣자 자신을 얻었다. 신하들을 모아 놓고 전쟁을 선포했다.

"화살은 이미 시위를 떠났다. 전쟁은 돌이킬 수 없는 일이니 모두들 힘을 다하여 부모형제와 조국을 지켜야 한다."

왕제 건무를 수군원수로 삼고 을지문덕을 육군원수로 임명하여 삼군을 지휘하게 하였다.

이때 많은 장수들은 고래(古來)의 전법을 본받아 단단대령(單單大嶺)을 지키자고 하였지만 을지문덕의 생각은 달랐다.

"전쟁이란 형세와 변화가 무궁무진하여 특별한 형태가 없다. 그래서 옛날에 사용하여 이긴 전법이라고 오늘날에도 이길 수가 없는 것이다."

이렇게 말하고 요동의 여러 성에 명령을 내려 군사와 백성들을 모두

산성으로 옮기고[167] 청야입보(淸野入保)의 전략으로 성을 지키게 하는 한편 친히 삼군을 이끌고 요수에 나아가 진을 쳤다.

3월 14일. 정오가 지나서 날이 여름처럼 더웠다.

수나라 백만 대군이 요수에 집결했는데 강이 넓고 물이 깊어 건너기 어려웠다. 게다가 강 건너편에는 고구려 을지문덕이 미리 와서 진을 치고 있었기 때문에 모든 장수들이 두려워했다.

우익위대장군(右翊衛大將軍) 우중문이 여러 장수들의 뜻을 모아 양제에게 간했다.

"병법에도 아무리 많은 군사를 거느리고 있더라도 강을 건너거나 협곡을 지나갈 때는 반드시 조심해야 한다고 하였습니다. 지금 적들이 미리 와서 강변을 지키고 있으니 무작정 돌격하다가는 큰 피해를 입게 됩니다. 일군을 우회시켜 협공하는 것이 어떻겠습니까?"

양제가 일언지하에 물리쳤다.

"우리 군사는 바다도 메울 수 있다. 이까짓 강줄기 따위를 두려워하여 군사를 돌린단 말이냐. 쓸데없는 소리는 하지 말고 일제히 공격한다."

공부상서 우문개(宇文愷)에게 명을 내려 부교 셋을 만들게 한 뒤 요수의 동쪽 기슭에 설치하고 일제히 건너게 하였다.

이때 좌둔위장군 맥철장(麥鐵杖)과 호분랑장(虎賁郎將) 전사웅(錢士雄), 장군(將軍) 맹차(孟叉)에게 각각 일군을 주면서 다음과 같이 말했다.

"건너편 강가에 먼저 깃발을 꽂는 장수에게 만호(萬戶)의 벼슬을 내

---

167) 고구려에서는 평지성과 산성을 두어 전시에는 산성에서 거주하며 싸웠다. 졸본성과 오녀산성, 국내성과 위나암성 등이 대표적이다.

리겠노라."

맥철장은 출정하기에 앞서 그의 친척들을 모아놓고 잔치를 벌인 적이 있었다. 잔치가 파할 무렵 엄숙한 얼굴로 말했다.

"대장부의 목숨은 이미 정해져 있는데 어찌 열병을 고치려고 콧등에 뜸을 뜨고, 참외 꼭지로 막힌 코를 뚫으려다가 낫지 않는다고 해서 아녀자의 품안에서 죽을 수 있겠는가?"

그리고 그의 세 아들과 함께 종군하였다.

양제의 명령이 떨어지자 갑옷을 걸치고 나서며 아들들을 불러 놓고 말했다.

"나는 나라의 은혜를 입었으니 오늘이 바로 나라를 위해 죽을 날이다. 내가 죽어야 할 곳에 죽는다면 너희들은 부귀를 누릴 수가 있다."

선봉군을 거느리고 용감하게 부교를 건넜다.

그런데 맥철장이 전혀 예상하지 못한 일이 생겼다. 부교의 길이가 세 자 정도 짧아 강을 건널 수 없었던 것이었다. 앞서 가던 군사들은 제자리에서 멈추었으나 뒤따라오던 군사들이 계속 떠밀어 붙이는 바람에 속절없이 물속으로 빠져 죽었다.

맥철장도 선두에 섰기 때문에 마찬가지였다. 군사들에게 떠밀려 물에 빠진 채 허우적거리다가 빗발치듯 쏟아지는 화살에 맞아 허무하게 죽고 말았다.

간신히 강을 건넌 전사웅(錢士雄)과 맹차(孟叉)도 마찬가지였다. 포위를 당한 전사웅은 사력을 다해서 싸웠지만 대형(大兄) 윤제(潤醍)가 던진 창에 맞아 그 자리에서 죽었고 맹차는 온 몸에 피를 흘리면서 강둑을 따라 달아났으나 깊은 함정에 빠져 쇠꼬챙이에 찔려 죽었다. 장수를 잃은 수군들은 들개의 무리처럼 흩어져 달아났으나 좌우에 포진하고 있던 고구려 궁병들에 의해 모두 사살되었다.

양제는 능수능란한 전략가였다.

도강 작전의 실패를 장졸들의 책임으로 돌리지 않고 모두 부교를 잘못 만든 탓으로 돌렸다.

"우문개 이놈 때문에 대사를 망쳤다."

우문개를 형리에 붙이고 소부감(少府監) 하조(何稠)에게 다시 부교를 만들게 하면서 덧붙여 명하였다.

"산을 만드는데 구인(九仞)의 공을 들이고도 한 삼태기의 흙으로 이지러뜨렸으니[168] 이것이 우문개의 죄였다. 이를 명심하고 이번에는 결코 실패를 해서는 안 된다."

그리고 전사자를 위하여 제를 지내게 하고 술과 음식을 내어 장병들을 위로하였다.

또한 전사한 맥철장을 숙공(宿公)으로 추증하고 그의 첫째 아들 맥맹재(麥孟才)로 하여금 그 직위를 잇게 하였으며, 또 둘째 맥중재(麥仲才)와 셋째 맥계재(麥季才)에게는 정의대부를 하사하여 만군의 모범으로 삼았다.

이윽고 사흘 뒤 부교가 다시 완성되자 양제는 제장들을 모아놓고 엄명을 내렸다.

"두 번 다시 실수는 용납하지 않는다. 만약 후퇴하는 자가 있다면 지위고하를 막론하고 내 손에 죽게 될 것이다."

이판사판으로 몰린 수나라 장수들은 무자비하게 군사들을 몰아대었

---

168) 위산구인(爲山九仞) 공휴일궤(功虧一簣)

다. 비 오듯 쏟아지는 각종 화살과 쇠뇌 살을 뚫고 열하루 동안 밤낮 없이 치열한 공격이 계속되었는데 이때 죽은 군사만 해도 십만이 넘었다. 강물을 피로 물들어 붉게 변했고 시체는 강줄기를 가로막아 커다란 댐을 이루었다.

공명심에 눈이 멀어버린 좌효위대장군(左驍衛大將軍) 형원항(荊元恒)은 아들인 형도겸이 죽었으나 조금도 슬퍼하는 빛을 보이지 않고 오히려 자랑스레 말했다.

"보라 나의 아들 도겸도 폐하를 위해 목숨을 바쳤다."

그런 형원항에게 군사들의 희생 따위는 안중에도 없었다. 휘하의 군사들이 2만 명이나 죽었으나 조금도 아랑곳하지 않고 물러나는 군사들을 가차 없이 베어 죽였다.

이렇게 해서 형원항의 부대가 제일 먼저 강을 건너자 나머지 수군들도 물밀듯이 몰려왔다.

그러나 을지문덕은 태연하기만 했다.

"전쟁은 이제부터다."

침착하게 퇴각명령을 내리고 군사를 거두어 압록수로 물러났다. 이때 을지문덕은 군사를 가지런히 정렬하여 방진을 치고 적의 추격에 대비하는 것도 잊지 않았다.

제1차 려수전쟁(麗隋戰爭)에서 을지문덕은 113만이나 되는 수의 대군을 맞아 처음부터 건곤일척(乾坤一擲)의 결전을 벌일 생각은 전혀 없었다. 개전 초부터 세 군데 방어선을 미리 정해 두고 수의 대군을 점점 내륙 깊숙이 끌어 들인 뒤 그들의 보급로를 끊고 그 세력이 약해지기를 기다려 일시에 반격하여 섬멸하고자 하였던 것이었다.

요수는 그 첫 번째 전선으로써 수군의 예봉을 꺾어 놓고 전의를 꺾는 것이 주요 목표였다. 따라서 맥철장과 전사웅, 맹차 등을 죽이고 수의 선봉군을 괴멸시킨 을지문덕에게는 요수는 이미 전략상의 가치가 끝난 곳이었다.

우여곡절 끝에 형원항이 언덕 위에 올라가 깃발을 꽂고 요수 동쪽 연안을 점령한 것은 공격을 시작한 열하루 후인 삼월 임진일(壬辰日)이었고 양제가 거가(車駕)를 거느리고 요수를 건넌 것은 3월 갑오일(甲午日)이었다.[169]

당시 양제는 갈살나(葛薩那)의 카한(可汗)과 고창국왕(高昌國王) 국백아(國伯雅)를 대동하고 자랑을 늘어놓았다.

"내가 전에 진을 멸할 때에 12월에 장강에 집결하여 한 달 보름 만에 건강을 함락하였다. 고구려가 아무리 버텨 보아도 석 달 이내에 무릎을 꿇게 될 것이다."

사실 양제는 수군들의 위용을 과시함으로써 그들에게 두려운 마음을 심어주기 위한 것이었다.

그렇지만 첫 전투인 요수전쟁에서 10만이 넘는 사상자가 발생하고 고전을 면치 못하자 황제의 체면이 말이 아니었다.

"못된 놈들, 반드시 혼 줄을 내어야 한다."

을지문덕을 잡아 실추된 위신을 만회하고자 하였다. 기마교위(騎馬校衛) 조충(曹沖)으로 하여금 을지문덕을 뒤쫓게 하여 박작성 근처에서 따라잡았지만 오히려 고구려 군의 역습을 당하여 크게 패하고 말았다.

---

169) 수서(隋書) 제기제사(帝紀第四) 양제하 팔년조(煬帝下 八年條) 갑오 거가도료 대전어동안 격적파지 진위료동(甲午 車駕渡遼 大戰於東岸 擊賊破之 進圍遼東)」

조충은 고작 십여 기만 이끌고 산길을 따라 달아났으나 을지문덕은 그마저도 용납하지 않았다. 태대사자 미축에게 명을 내려 지름길로 나아가 퇴로를 끊어버리게 하였다.

사면초가에 몰린 조충은 분연하게 외쳤다.

"포로가 되어 치욕을 당하는 것보다는 차라리 죽는 게 낫다."

절벽에 뛰어 내려 두개골이 깨어져 죽었다.

구사일생으로 살아 돌아온 몇 몇 군사들이 이 사실을 보고하자 고창의 왕 국백아가 양제를 위로했다.

"전쟁이란 때로는 예상대로 되지 않을 수도 있습니다."

양제는 껄껄 웃으며 대답했다.

"벌을 잡으려면 자칫하여 쏘일 수도 있는 법이 아닌가."

겉으론 이렇게 태연하게 말했지만 속으로는 치밀어 오르는 분기를 참지 못했다. 장수들에게 명하여 지나는 촌락이나 모든 사원들을 모조리 불 지르게 하였는데 상서우승(尙書右丞) 유사룡(劉士龍)이 간곡하게 반대했다.

"점령지에서는 먼저 선무공작을 한다고 합니다. 만약 폐하께서 분기를 참지 못하고 백성들을 해한다면 요동에 있는 여러 성에서 죽기로 싸우게 될 것입니다. 오히려 그들에게 은혜를 베푸시는 것이 옳습니다."

양제는 성격이 급했지만 옳다고 생각하면 즉시로 시행하는 성격이었다. 명을 바꾸어 군현을 설치하고 군사들에게 명하여 민폐를 일절 금하고 도리어 요수 인근의 백성들에게 10년 동안 부역을 면제해 주겠다고 공표하였다.

정상규 장편소설

通天門 ❷

초판인쇄   2011년 12월 28일
초판발행   2011년 12월 28일

지은이   정상규
펴낸이   김재광
펴낸곳   솔과학

출판등록   제 10-140호 1997년 2월 22일
주소   서울시 마포구 염리동 164-4 삼부골든타워 302호
대표전화   02)714-8655
팩스   02)711-4656

ISBN   978-89-92988-68